国家出版基金项目
NATIONAL PUBLICATION FOUNDATION

主　编　赵晓耕

时　晨　著

中国共产党法治思想史稿

从理念到实践

宪法卷

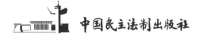

中国民主法制出版社

图书在版编目（CIP）数据

中国共产党法治思想史稿：从理念到实践．宪法卷/

时晨著．—北京：中国民主法制出版社，2023.10

ISBN 978-7-5162-3373-3

Ⅰ．①中… Ⅱ．①时… Ⅲ．①中国共产党—法律—思

想史—研究②社会主义法制—法的理论—中国③中华人民

共和国宪法—研究 Ⅳ．①D909.2②D920.0

中国国家版本馆 CIP 数据核字（2023）第 167516 号

图书出品人：刘海涛
责 任 编 辑：庞贺鑫 李郎

书名/ 中国共产党法治思想史稿——从理念到实践（宪法卷）

作者/ 时晨 著

出版·发行/中国民主法制出版社
地址/北京市丰台区右安门外玉林里 7 号 （100069）
电话/ （010）63055259（总编室） 63058068 63057714（营销中心）
传真/ （010）63055259
http：// www.npcpub.com
E-mail：mzfz@ npcpub.com
经销/新华书店
开本/16 开 787 毫米×960 毫米
印张/18 字数/264 千字
版本/2024 年 1 月第 1 版 2024 年 1 月第 1 次印刷
印刷/北京天宇万达印刷有限公司

书号/ ISBN 978-7-5162-3373-3
定价/ 88.00 元

序

在法律史的研究中，制度和思想作为一体两翼，共同构建了一个时代法律的样貌，也为我们提供了还原当时法律全貌的不同视角。近年来，法律史的教学科研非常重视制度与思想的融合研究，也更加强调思想史作为法律有机组成部分的重要性。无论是研究中华传统法律的意义和价值，还是对中国共产党百年红色法治的本质和特点进行归纳，都应该将思想史纳入研究的视野中。这不仅可以在法律史的研究中突出法学的研究方法，也是法律研究和历史研究以人为本、坚持人民性的题中之义。

我国现行的法律制度、理念等的构建，革命根据地法律制度、思想和实践起到了举足轻重的作用。在中华人民共和国成立后的数十年时间中，适应社会各方面的现实发展情况、源于革命根据地而超越革命根据地的法律体系逐步形成。我们现实的法治状况与革命根据地时期的法治建设状况有千丝万缕的联系。因此，在法律史研究中，对于当下许多制度的理解和溯源，都可以从革命根据地时期找到依据，以探明其产生时的形态、产生原因和产生条件等。对于法律思想的流变，就更加能够体现法学乃至于整个法律体系与社会之间的良善互动。当然，厘清现实法制与革命根据地时期法制的各种关系，不仅包含对宏观法律体系延续和变革的研究，还包括对各种具体制度承接的辨析和明确，更应该注重思想的传承。从中国共产党革命法律史的研究中对现有制度、机构、规范、思想、实践效果等进行探源，无疑可以加深对现实法律体系本身及其形成背景、发展过程等方方面面的理解，从而更好地理解制度、运用制度、完善制度，以指导现实的法治建设和思想建设。

中国共产党对于党史、国史、革命史的研究非常重视。作为党史、国史的有机组成部分，党领导下的革命根据地法律史的研究近年来也取得了相当的成绩。自20世纪70年代开始，以韩延龙先生、常兆儒先生、张希坡先生等为代表的法律史研究者，将革命根据地的法律史料进行了整编，系统梳理了从中国共产党成立以来至新中国成立之前的各革命根据地的法律、法规、条令，对其出处来源和原字原句进行了反复校对，形成了多套极具覆盖广度和厚重分量的革命根据地法律文献汇编著作。可以说，就法律的正式条文方面，当前研究者获取史料已经不存在障碍了。同时，法律史研究与党史研究和政史研究紧密配合，对于领导人的文集、传记和回忆录也进行了较为系统的整理、结集、出版，配合以各革命根据地和地方编纂的文史资料，在制度体系研究构建的基础上，为法律思想研究和法律实践的研究提供了重要素材。在获得难度略大的档案方面，许多研究者认为革命根据地时期以及中华人民共和国成立以后的许多档案看不到，未免有些以偏概全。尽管目前各地的档案开放仍受限制，部分档案处于佚散或封闭状态，但若将视野扩大，思路更新，不仅仅以档案馆所保存档案的全面开放为获取资料的主要途径，那么获取质量可靠的研究资料也并非难以实现。当下各地陆陆续续建了许多类似于地方党校的培训机构和展览机构，这类设施往往对公众展示一些历史资料，其中就包含大量中央档案馆的复印件。通过这些纪念馆或展览馆而间接看到相关档案和资料，或许能弥补一些史料上的缺憾。

由此，"中国共产党法治思想史稿——从理念到实践"丛书特别关注革命根据地法律史中的中国共产党的法律思想，且以中国共产党作为一个整体，探讨范围横跨建党伊始到构建中国特色社会主义法治体系和习近平法治思想形成的整个过程，这是之前的研究所未曾着力的领域。我们希望，能够通过对中国共产党法治思想的分类整理和系统阐述，呈现制度与思想的良性互动，勾勒出中国共产党从马列主义法律观开始，艰难探索，不懈努力，至当下形成的习近平法治思想的历史征程。

在对待史料的基本态度上，本丛书坚持鲜明的政治性、严谨的学术性和客观的历史研究的基本立场，同时还突出了法律史研究的特点，尤其是革命根据地法史研究的基本特点。在对相关史料进行收集以后，真实性的判断是第一要义，这也是研究中容易被忽视的。对档案的真实性保持适当的谨慎与合理的怀疑，并不仅是对某一份档案的真伪存疑，而是不能将档案认为是当时社会状况的最真实表达，即不可尽信档案。历史的真实不等于真实的历史。在此基础上，我们应首先着眼于对既有史料的分析视角的自我检讨上：是不是还有一些由于我们各自学科眼界或者主观认识上的限制而没有被正确解读的史料文献呢？我们对于既有史料的分析方法、阐述逻辑是否受其他因素影响？不断挖掘、开发、整理新史料固然重要，但既有资料的反复利用同样不可忽视。从更加独特和全新的视角来解读同样的史料，革命根据地档案史料的"再认识"将继续推动研究领域的创新。本丛书希望从历史出发，还原法律规范应有的样貌，并进一步在这一基础上总结出思想的流变以及思想与制度的交互关系，尤其应注意在前述过程中均坚持对于历史的尊重。这是对于老前辈们研究梳理成果的尊重，更是对党的历史和革命的历史进行学习阐述时应该保有的态度。

基于现有史料对于当前制度进行证成或者证伪的过程中，许多概念的阐述乃至于性质的判断，都有赖于对史料进行细致的解读。以古鉴今虽然是一种有效的研究方式和理念，但以今度古也不能忽视，甚至可以使我们在面对史料的时候会有一种警惕和应有的分析。我们应该通过"古今"联系，将现实法制问题和革命根据地法制问题联系起来，在对史料进行审慎分析的基础上，对当下的法律作出批判与历史的分析，这同样是史料要服务于现实法律体系的应有之义。如此，可以为我们的研究提供新的思路。我们也欣喜地看到，随着新技术的发展，研究者已经可以使用越来越多的数据模型和分析软件对史料进行分析整合，大大节省了从巨量的史料中析出具有统计意义的结论的时间。通过对革命根据地法律文献的电子化，我们也可以将数据抓取和数据处理软件应用于对史料和法律条文的处理当中，通过"词频""词云""导图"等多种呈现形式，更好地厘清制度的源流，并且更直观地表达革命时期制度和思想乃至于整个社会的巨大变革。这种新的"镜头"和新的"映像",为革命根据地法律史研究赋予了新的、无限的可能性,使之焕发了蓬勃的生命力。

在有了相对充足的史料以后,下一步应该被探讨的则是对于史料进行分析的视角、立场和评价问题。从整体上看,革命根据地的研究成果形成了"在价值评价上肯定多于反思""在研究对象上宏观多于微观""在研究角度上单向多于多维"的特点。革命根据地的法律制度经历苏维埃时期、抗日战争时期和解放战争时期三个阶段,值得研究、关注、肯定的对象很多,但是制度的制定和实施同样存在一些深刻的教训。对于所谓"教训",往往因人而异,看法各不相同。具体来说,针对"教训"的探讨涉及一些技术性的操作问题,例如行文方面,这是首先需要注意并妥善处理的,即如何将"教训"合理地表达出来。由于涉及主体身份、话语体系和更加广泛的社会因素,此类研究常常会囿于特别的表达技术而须格外注意措辞,因而许多用词、观点等都是在具体的行文中不得不权衡的。许多学者或是选择回避此类话题,或是仅关注积极因素而忽略许多颇具价值、有待讨论的问题。应当明确,在探讨一个时期的法律历史之时,人不可能完全摆脱自己的主体性视角,在探讨中相对简单的论断,实际也往往需要非常复杂的逻辑过程加以证明。这也同时决定了我们在梳理当中,不可避免地将面对研究视角和行文表述契合与否的矛盾。在此,"述而不作"是一个较为合适的做法。

我们视野所见的各种法律史的史料之本身就具有实际的意义。正如我们可以将以人民解放军总部名义发表的文件列在宪法性法律文件当中一样,这种对于史实的忠实记录,完全可以被认为已经起到了基础性的分析效果。以特殊的方式,表达了我们认为人民解放军发布的《中国人民解放军宣言》和《中国人民解放军布告》具有宪法性质这一基本的观点。面对史论所可能受到的诸多影响,"述而不作"不仅是一种审慎明智之举,而且也更加能够体现著述者对于历史本身的尊重。这种对于历史的忠实,恰如中国共产党对于社会公平正义的追求一样,都经过了实践的反复锤炼。在本丛书的编纂过程中,"述而不作"的原则在诸多问题上体现得较为明显，我们希望这种审慎的态度能够确保本书坚定的政治性和学术性，也能够为后来的研究者提供材料上的助益。

在表达的角度上，我们应该首先匡正一个认识：既有的以部门法为基础的法律研究结构被认为是学科与学科之间天然地、具有不容置疑的合理性的界分。但是，此种合理性并不会当然地延展至法律史的研究中。在革命根据地当中，一项制度很可能并不会被非常明确地归类。例如，《中华苏维埃共和国惩治反革命条例》不仅有现代意义上刑法的内容，也包括很多刑事诉讼法和行政法的内容。还有很多以"训令""命令"等为名的文件，如果以法律形式为纲，则属于行政法；但是其内容包罗万象，甚至包括了宪法性的规范。因此，界分应该以方便探讨为直接目的。因此，在本丛书的编纂过程中，我们初步进行了宪法法治、土地法治、刑事法治、民事法治、行政与司法法治的基本划分。

宪法是革命根据地的基本大法，也是最能够体现革命根据地法律与其他法律性质根本区别的法律门类。中国共产党非常重视宪法的制定工作，形成了诸多具有自身特点的宪法立法思想和宪法实施的思想。在革命的各个时期，宪法思想的侧重也各有不同。在土地革命时期，中国共产党主要关注苏维埃国家的政治结构、基层苏维埃的建制、对党员领导干部的监督监察、人民基本权利等方面，不仅推出了真正的人民的宪法，也在实践领域大力推动了宪法中的基本规定落到实处。在抗日民主政权时期，由于与国民党的合作，中国共产党的革命根据地名义上服从国民党中央的统一领导。因此，这一时期的宪法建构则主要关注民主选举、人民的政治权利、人权保障、"三三制"的政权建构、合理化稳定化的劳资关系和租佃关系等。抗日革命根据地在进行艰苦卓绝的战斗的同时，宪法法治建设方面也有声有色，各地纷纷出台人权保障的相关条例，充分体现了中国共产党建设宪法、维护人权的坚定决心和高超技术。与国民党的"伪立宪""宪政褴褛"等形成了鲜明对比，使全国人民人心向党、心向进步，延安成为全国乃至世界同时期宪法立法和实施的榜样。在解放区人民民主政权时期，中国共产党的宪法思想从地方逐步扩展到全国，进一步关注政权内部的组织和原则规范，强调民主建政和民主协商，为新中国的成立和新中国的宪法建设奠定了极为坚实的基础。

尤其值得一提的是，本丛书将土地法治思想单独成卷，其原因有三。首先，革命根据地的土地法律制度是所有法律规范中对革命的回应最为直接、迅猛的。革命形势和中国共产党的方针的变化，往往可以在土地法中寻得证据，而土地法治基本原则的变化，也被作为划分革命基本阶段的一个重要依据。其次，中国共产党的土地法律包罗万象，不仅有对于田地如何划分等基础性的内容，也包括农村阶级如何划分、农民革命如何开展、农民素质如何提高等多种问题，可谓乡村革命之百科全书。最后，一段时期以来，"三农"问题是党中央高度关注的基础问题，在推动国家发展和社会进步领域有着极为重要的地位。而土地法律关系及依托土地而产生的人与人的法律关系，在相当长的时间内又具有明显的传承性。因此，我们将中国共产党土地法治思想单独加以讨论，以突出其在革命根据地历史中及实践中的重要意义。

在刑事法治方面，中国共产党坚持高度的政治性，在坚持依法裁断的基础上，考虑犯罪对于社会的破坏与对于革命的破坏的同质性。在对反革命进行严厉打击的过程中，逐步将对各种犯罪行为的惩处纳入制度框架内，并将刑罚进行适应性的调整，以满足生产、革命、劳动和社会治理的多方面需求。从苏区开始，中国共产党逐步总结出一套以死刑和自由刑为主刑、以财产刑和褫夺政治权利为从刑的刑罚体系，创造了"管制"等新的刑种，逐步确立了"法律面前人人平等""惩前毖后、治病救人""少捕慎捕、少杀慎杀"等刑法适用原则。特别强调对于犯人的改造，将其与党的群众路线紧密地结合起来。新中国成立以来，中国共产党领导中国人民对刑法进行了多次修改。当前，刑法已经成为打击犯罪、保障公民合法权利的国之利器，将为国家和民族的长治久安发挥基础性的作用。

在民事法治方面，中国共产党坚持以人为本、实事求是，特别强调以民事立法改革社会风气。中国共产党非常注重革命根据地婚姻立法的建设，贯彻了男女平等、婚姻自由、恋爱自由、财产平均等民法的基本观点。在陕甘宁边区，高等法院进行了较大规模的民事习惯调查，充分表现了因地制宜、为民便民的立法思想。当前，《中华人民共和国民法典》是新中国成立以来第一部以法典命名的法律，在法律体系中居于基础性地位，也是市场经济的基本法。民法典的出台，不仅是社会主义市场经济的制度建设的经验总结，也是革命根据地以来中国共产党在民事立法方面经验教训和智慧的总结。

在行政司法方面，必须强调，行政与司法不分一直是中国传统法治尤其是基层法治的重要特点。自清末变法修律以来，独立公正的司法逐渐成为法律从业者和社会管理者的共同需求。在革命根据地中，军事斗争的残酷和革命形势的复杂决定了难以将司法机关推广到最基层。在革命根据地的组织建构和机构设置中，一般也将司法机关作为"政务部门"的有机组成部分。从司法实践上看，二者的联系就更为紧密，刑事判决以后，相当多的犯人不在司法机关或者监狱进行服刑，而是被下放至乡村进行劳动改造，并由基层政府进行监督管理。此故，我们将行政与司法放置在同一语境下进行探讨，以期能够更好地揭示革命根据地时期政权建构的具体形态及其流变，并为回答新中国成立后政法系统何以呈现该样貌，提供历史的经验。

本丛书最终能付梓刊行离不开中国民主法制出版社刘海涛社长的鼎力支持和庞贺鑫编辑的辛勤付出，在此表示诚挚的感谢。

本丛书开始编纂之时，学界尚在对法律史之前路进行艰难探索；待到序言撰写之今日，习近平法治思想和民法典等中国共产党在法律领域的新成就已经呈现于世，在中华人民共和国法律发展的道路上留下了深刻的印迹。这之中又承载着多少共产党人、多少代法律工作者的精彩人生。在这种时间跨度和法律逻辑所带来的厚重历史面前，我们回望历史是为了开拓未来，同时也是在探讨我们在不断前行的路上，如何将本就活在我们血肉中的历史内化于心、外化于行。

本丛书资料浩繁，体量庞大，错漏之处在所难免，还望读者们不吝赐教。我们希望，对于中国共产党法治思想的探索，可以作为一个良好的开端，日后能涌现出更多在革命根据地法律史研究和中国共产党制度研究当中有分量、有深度、站得稳、看得远的研究成果。乘建党百年之东风，为法治社会作出新的、更大的贡献。

　　是为序。

赵晓耕

2022 年 3 月

目　录

绪　论

一

宪法对于整个 20 世纪的中国人来说，是一个带有某种情怀的名词。各种身份的民众都倾向于相信，会有一种较为良善的办法来解决当时社会所面临的种种问题，他们更加倾向于相信，这个办法如果经过外邦的实际检验，那便更是苦口的良药。带着一种憧憬、理想和某种意义上的迷信，上至封建帝王，中有官僚商贾，下到黎民百姓，基本都对于宪法和依据宪法所建立起的新的社会制度有着自己的期待，他们也克服种种困难，将这种期待不断地变为现实。某种意义上可以说，中国内忧外患的近代历史，也就是中国宪法从启蒙到实践、螺旋上升不断探索的历史。虽然，囿于时代和阶级的限制，帝王君主和资产阶级所提出的宪法主张，最终并不能够准确地厘定中国道路的方向，但是他们所作出的艰苦探索和为日后中国共产党主导下宪法的制定和执行所起到的开拓作用，仍然是值得肯定的。

值得注意的是，在近代中国，前述诸多主体对于西方宪法的学习并不是仅仅学习其条文或者文本组织形式，而是对于宪法制定的背景、宪法背后的伦理逻辑和社会思潮以及宪法与政治相互关系等都有一个较为深入的学习和理解的过程。虽然不同阶级对于宪法的各种内部要素和外部环境的理解有一定区别，甚至还可能有所冲突，但是客观上看，这仍然构成了一种特定形式的"宪法思想解放"。譬如，严复在其译著《天演论》中谈道，"物竞天择，适者生存"，这一道理绝不仅仅适用于自然界，更是人类社会的变化规律，在社会上引起了巨大轰动，甚至被编入教材，以至童子学生都读此书、讨论此书。① 成为一个"适应者"，便意味着改弦更张，力行变法；而西方的宪法制度，又是变法图强的模本范例，此书能够在社会中产生比较大的影响力，足见民众对于宪法、变法等概念的接受程度，以及民众宪法意识某种意义上的觉醒。自然，这种觉醒同西方曾经出现过的"天赋人权""社会契约"等思潮所带来的冲击和解放不可同日而语，但是唯有首先让民众从原有的相对僵化的等级观念和家族观念之束缚中挣脱出来，才能够谈到后续的宪法制定和宪法实施。与更加宏大的历史叙事和背景铺陈相比，似乎这一点与之后中国共产党较为成功的宪法思想和宪法实践有着更为紧密的联系。

在种种涌入中国的宪法思想当中，马克思主义的宪法思想和马克思主义所描绘的社会蓝图，是比较能够直接反映广大民众的需求的，尤其是灾难深重的底层民众。更加重要的是，在中国共产党领导中国革命的整个历程当中，对于马克思主义的宪法思想的理解不断加深，应用手段灵活，而且能够随着时代和社会的不断变化发展而精确地进行调试，因而使这一宪法思想一直保持着较为旺盛的生命力。更进一步地说，在实践当中，正因为中国共产党秉持了实事求是的精神，保持着从中国革命的实际出发的严谨态度，才最终使得马克思主义的宪法思想在中国以中国共产党的宪法思想这一表现形式被具象化出来，并且被拓展得更宽，挖掘得更深。正如中国共产党一直以来所坚持的马克思主义观点一样，这些原本特定化的概念因为在实践中的卓有成效的灵活应用而被赋予崭新的内涵，并且最终反哺于宏大的思想本体，成为历史带给理论框架体系最为宝贵的财富。从另一方面看，这也成就了中国共产党宪法思想和宪法实践的特殊性与时代烙印。这是一种与丛林之产生规律比较类似的原理：诸多宪法的种子被吹到一片土地上，中国国情的土地和思想解放的雨水给予每颗宪法种子生长的

---

① 参见庄俞：《初级蒙学修身教科书》，人演社 1903 年版。

有利条件，但最终能够脱颖而出的必然是更加适应本地的品种。而在这一相对漫长的过程中，中国共产党的宪法思想深刻塑造了诸般作物的最终面貌。

大体上看，在中国共产党的宪法思想萌生以后，其发展脉络与中国革命的脉络大体一致。概括而言，大致经历了如下的发展历程：

第一个时期为 1927 年以前。在第一次国共合作时期，中国共产党与国民党面对共同的敌人，在民众权利方面有诸多的相同或者相似的主张，如消灭军阀独裁统治、争取民众的自由等。尤其值得一提的是，中国共产党通过个人担任国民党机构工作以及政府工作要职的方式，实际上将很多自己的主张以国民党的名义进行了推广，包括对于工人、妇女权利之保护，以及对于落后社会风气的纠正等。这一时期的中国共产党在宪法思想方面呈现出恪守自身共产主义理想的同时，也具有追求当前迫切的民主革命任务的时代特点。

第二个时期为 1927 年开始至 1937 年前后。从 1927 年起，中国共产党领导中国革命进入了工农苏维埃政权时期。在这一时期，中国共产党在宪法方面以学习苏联经验为主。从苏区的政权组织形式之建构，到苏维埃体制的具体执行和落实，基本都体现出这一特点。苏联宪法①的条文结构和成功实践不仅为中国共产党提供了相对比较成熟的无产阶级专政宪法实施模式，更为中国共产党巩固自己的政权、搞自己的宪法提供了相当充足的信心。值得注意的是，此时的中国共产党特别注意宪法理论的创新以及宪法依托本区域具体实践而对苏联原有宪法条文或者原有执行方式的突破。

---

① 苏联在 1922 年成立以后，于 1924 年制定了第一部国家根本法《苏维埃社会主义共和国联盟根本法（宪法）》（Основной Закон Конституция Союза Советских Социалистичесних Республик）。宪法继承了苏俄 1918 年宪法的苏维埃原则。第二篇规定了国家制度：建立由联盟苏维埃和民族苏维埃两部分构成的苏维埃代表大会，作为联盟的最高权力机关；在苏维埃代表大会下，保留 1918 年苏俄宪法的中央执行委员会，享有立法权、命令权和监督权，其他国家机关都要向它负责，其主席团有权停止联盟人民委员会的决定和命令；联盟的人民委员会是最高执行机关，负责国家管理；设立联盟最高法院，有权解释法律和对各加盟共和国的法律或法令是否合宪提出意见；联盟总检察署是最高法律监督机关。参见北京大学法学百科全书编委会编：《北京大学法学百科全书：宪法学 行政法学》，北京大学出版社 1999 年版，第 439 页。

这种因地制宜、实事求是、一切从现实条件出发的立场，也正是此后诸多革命根据地依据宪法进行治理之时，宪法之实践较之于宪法之文本，往往更具有闪光点的重要原因。虽然从客观上看，中华苏维埃共和国的疆域面积并不是非常广大，但是中国共产党仍然建立起了非常严密且科学的地方数级苏维埃政权体系，并设立有各种专门委员会等一系列职能部门，既解决了实际问题，又为日后的政权建设、制度建设和宪法体系建设奠定了坚实的基础。在公民权利的保护方面，也深刻体现出了无产阶级专政的特点，尤其是在保障劳动权利等方面，其认识可谓相当超前。

从思想的角度看，这一时期中国共产党的宪法法治思想集中体现为工农武装割据的理论。我们所认知的所谓工农武装割据，更多的情况下应该属于一种革命道路或者革命思想，因为其核心内涵是关注于中国革命应该选取怎样的道路之问题。如果将之与中华苏维埃共和国的具体实践相结合，则有助于对宪法法治思想的讨论。这种互为证成的交互关系主要体现为如下几个方面。

首先，工农武装割据解决了革命根据地的合理性问题，这种割据自然是为了推翻一个全国性的反动政权而进行斗争，但这并不意味着割据本身就取得了相应的合理性。唯有当革命根据地所立足的地方有着极雄厚的革命的群众基础之时，这种政权才具备可以自处的合理性。一旦人民对于这种政权是不信服的，那么这种割据就与先前大革命时期所打倒的诸多大小军阀等毫无二致。换言之，也就是可以明确地看出，正是因为有着人民的认可，割据才具有客观上的独立性和可能性，并且具有合理性。这实质上是近代以来民定宪法的思想之不断发展的结果，也顺应了其时世界民主立宪的潮流。

其次，工农武装割据解决了革命根据地的存续性问题。一个独立的政权想要存续，不仅要向民众证明自身的合理性，还要向民众证明自身具备保障他们权利的客观条件。这种客观条件不仅包括政权组织等，还包括军队等革命力量的建设。当然，这种革命的话语体系具有极其鲜明的时代性，然而面对其时纷繁的斗争形势，保障人民权利的最好方式不仅是在根据地内部进行建设，更重要的是能够保卫政权并不断以军事斗争的方式，将革命推行下去。

最后，工农武装割据要求党的政策正确，且执行得力。纵观诸个革命根据地的军事斗争历史，如果政策制定比较得当，而且执行过程中军民上下齐心，一般都会取得比较好的效果，获得革命根据地保卫战的胜利。例如毛泽东谈道："对统治势力比较强大的湖南取守势，对统治势力比较薄弱的江西取攻势；用大力经营永新，创造群众的割据，布置长期斗争；集中红军相机迎击当前之敌，反对分兵，避免被敌人各个击破；割据地区的扩大采取波浪式的推进政策，反对冒进政策。"① 如果采取了错误的斗争方针或者执行当中存在问题，则以敌人之强大，很快便会将根据地拔除，甚至是采取进攻大城市这样的冒进方针，则根本就不会有革命根据地的存在，遑论取得革命之胜利了。具体到宪法思想的角度上，作为中国革命和革命根据地实际领导者的中国共产党，必须不断加强自身的建设。在军事斗争、经济斗争、政治斗争和文化斗争等诸多领域，实事求是，因地制宜，不能有任何投降或者冒进的错误。一旦中国共产党当中的某些人因为自身的认识不及或者能力不及，而犯了领导方向上的错误，那么自然也就会失去对革命的领导地位。因而，中国共产党在极度严苛而无情的事实面前认识到，政党对于国家的领导绝不仅仅是一个时间点，而应该是一个具体的过程，不应该以一个"建立政权即可证成合理性"的简单逻辑来看待自身，而是要认识到应该不断加强自身的建设，不断加强自身与群众的联系。这并不是在宪法法治思想领域论述党领导国家的唯一合理性来源，但这是党能够取得这样领导地位的前提和基础。

第三个时期则是全民族抗日战争的时期。在本时期内，敌后抗日根据地在名义上服从于国民政府的统一抗战部署，最主要的敌后抗日根据地往往以"边区"作为对外宣传的名称。在宪法领域，为了维护名义上国民政府的伪法统，中国共产党并没有如中华苏维埃共和国时期一样颁布宪法，

---

① 毛泽东：《井冈山的斗争》，载《毛泽东选集》（第一卷），人民出版社 1991 年版，第 59 页。

但仍有《陕甘宁边区抗战时期施政纲领》、《陕甘宁边区宪法原则》以及各个边区制定的《人权保障条例》等宪法性质的规范性法律文件。这些宪法性法律文件的内容与先前存在着方向性的区别，更加关注本政权内部的机构设置、权利保护和经济文化建设。尤其是，对于人民权利的保护，真正落到了实处。例如就选举权的保护来看，由于边区的整体经济水平仍然不发达，采用写票计票等方式实属不便，中国共产党就创造性地使用了票箱选举、"豆选"等选举方式[1]，既保证了选举结果的公平公正，同时也彰显出自身力图在边区推行民主、力图为边区人民争取权益的决心和能力。

从政权组织的人员分配上看，本时期也非常注重政权建设的民主性。按照一个较早的表述，政权组织的人员分配应该坚持"三三制"的原则，即共产党员占三分之一，非共产党员的左派进步分子占三分之一，不左不右的中间派占三分之一。但此后，该原则在运用中变得更为强调政治性，实际上是共产党员占三分之一，其他抗日党派及无党派人士占三分之二。但无论采用何种表述，中国共产党希望在政权建设中引入新鲜血液的意图都是非常明显的，这种开明而有效率的政权组织形式相比国民党的伪法统而言有着极为巨大的差异，政治和宪法对于人民权益的保障力度甚至直接影响到了整个社会的氛围。这也直接促成了延安成为当时进步青年非常向往的自由之地。[2]

自由的基础之一是平等。在革命的话语体系下，我们实在难以期待完全抛却一个阶级剥削压榨另一个阶级这类表述，也更难以期待在政权建设以及宪法的表达中，赋予全部主体超越阶级限制超越身份限制的一些平等权利。那我们又何以期待我们所说的宪法之于他人或者先前出现的社会形态下的宪法更为先进呢？实际上这可以被看作一个纵向比较的过程，即相

---

[1] 关于陕甘宁边区极具地方特色的选举方式的论述为数不少，学界对于一些观点也达成了共识。此类史料记述，可以参考中国科学院历史研究所第三所编：《陕甘宁边区参议会文献汇辑》，科学出版社1958年版；《陕甘宁边区政权建设》编辑组：《陕甘宁边区参议会〈资料选辑〉》，中共中央党校科研办公室1985年；宋金寿、李忠全主编：《陕甘宁边区政权建设史》，陕西人民出版社1990年版。

[2] 参见共青团中央青运史研究室、中央档案馆编：《中共中央青年运动文件选编（1921年7月—1949年9月）》，中国青年出版社1988年版，第507页。

较于中华苏维埃共和国等时间段内，中国共产党对于群众基础或者其可以保护的对象的认知，以及中国共产党领导下的宪法对于前述法学意义内的特定范畴的认知，是否在逐渐深化。这一问题的答案是显而易见的。在陕甘宁边区立法司法的具体实践当中，对于一些先前打击的对象，采取了有策略、有限度、有目的的团结方式。这固然体现出中国共产党希望团结一切可以团结的力量共同抗日的政治主张，但更为关键的是，这反映出中国共产党对于民主革命和民主革命后社会存续的形态、样貌乃至于社会主体在特定身份地位下能够为政权建设付出的相应努力都有了较为深刻的认识。即使是对于那些显著破坏社会秩序、违背了中国共产党制定的基本政策和基本原则的所谓"犯罪者""反革命分子""汉奸"等，我们也力图在保障法律的公平正义以及敌后抗日根据地政权和社会稳定的基础上采取宽大的、平等的政策进行处理。在审判中，中国共产党特别重视对上述主体进行"平等武装"，给予他们辩论、辩护以及其他人道主义待遇。对于损害平等主体之间信赖利益以及侵害主体权益的违法犯罪行为，中国共产党都进行了坚决的斗争。其中不乏一些身份地位显赫甚至身经百战、为革命立下功劳的人，在违反法律时，仍然受到了党和人民的严惩。① 因此，我们在陕甘宁边区以及其他各个同时期的敌后抗日根据地当中所能够看出的平等是基于宪法性法律文件规定，并为诸多法律文件所构成的法律体系所保障的一种平等，是宪法上的平等，也是法律面前人人平等。

在所有的规则的基础上，需要考虑的则是规则落到实处的能力，也就是敌后抗日根据地的建设问题。事实上一个较为广泛认同的观点是，这一时期的党领导敌后抗日根据地建设成就是非常令人瞩目的。如果考虑在同一时间单位内增长的幅度和速度则可以大略进行同样位阶的比较，那么本时期内宪法以及宪法思想落到实处的能力比照前一个时期确有极大的提升。同时，也应注意到，这一时期内国民政府在宪政领域也进行了一些积

---

① 可资参考的案例如非常著名的黄克功案、肖玉璧案、"学疗人命案"等，参见艾绍润等编：《陕甘宁边区判例案例选》，陕西人民出版社 2007 年版。

极的努力，但是因为其理论建设和实践有着较大程度的差距，因而不仅没有让民众对宪法本身更为接受，反而削弱了宪法在公众心目中的地位。长久以来，封建政权、军阀政权等政权都不厌其烦地试图通过宪法确立其政权的合法地位，而从宪法的合法性以及文本规定上看，也不乏一些合理、完整甚至可以说是精致的宪法文本。但是，无论是哪个政权，无论是哪个宪法文本，都未能解决宪法文本和实践之间的关系。尤其是，都未能相对有效地让民众切实感受到宪法文本正在逐渐变为事实，在这一点上，以陕甘宁边区为代表的敌后抗日根据地的表现还是可圈可点的。

第四个时期是解放战争时期。在本时期内，虽然军事斗争仍然存在并且是中国共产党工作的最重要部分，但是党已经开始有计划有目的地对于工作重心进行了从乡村到城市的移转，在一些已经连成一片的解放区当中，党还领导人民进行了人民政府政权建设的尝试，并在特定的城市和农村进行了一定的制度创新。这不仅为新中国全国性政权的制度设计奠定了基础，也为其制度实施积累了相当的经验。同时，这一过程也最终厘定了新中国诸多政治体系结构化的样貌，一些在当前宪法序言当中有明确表述的概念、提法和表述结构，也逐步形成。最重要的是，华北人民政府等诸多解放区人民民主政权的宪法治理和宪法建构使得中国共产党在面对全国性政权的宪法创制和实施时，显得更为自信。

在毛泽东著名的"关于跳出历史周期率"的表述①中，人民以及以人民为代表的一系列政治学意义上的范畴和宪法意义上的范畴被中国共产党提到了前所未有的高度上，中国共产党开始将先前数个阶段不断积累的宝贵经验和实践中解决的诸多问题归纳成为一种具有高度凝练和高度感召力的理论体系，并以此种理论体系为基础开始建构一整套制度以及与此类体系相关联的思想文化等诸多上层建筑。由此，宪法也就不可能不具有非常鲜明的时代特征。在诸多制度创新当中，尤其以人民代表会议制度和政治

---

① 毛泽东的原话为："我们已经找到新路，我们能跳出这周期率。这条新路，就是民主。只有让人民来监督政府，政府才不敢松懈。只有人人起来负责，才不会人亡政息……"在强调人民的地位以外，更着重突出了监督的重要性，成为一系列政治制度建设和实践的理论渊源。参见黄炎培：《延安归来》，重庆国讯书店1945年版。

协商制度最具代表性，人民代表会议直接承袭苏维埃的表现形式，并且同时具备苏维埃的诸多优势。人民代表会议的代表来源更为广泛，其制度本身具有比苏维埃更广更坚实的群众基础，并在此后经过不断的整改、完善，逐步演变为人民代表大会制度，成为中国根本的政治制度。政治协商会议是中国共产党领导多党合作下的一种极富特点和适应性的制度，在新中国成立之初，《中国人民政治协商会议共同纲领》（以下简称《共同纲领》）起到了"建国"大纲的临时宪法的作用。此后，政治协商在诸多领域都发挥着极具建设性的作用，成为中国宪法治理不可或缺的重要组成部分。

在对于工作重心和面对崭新工作任务所应该使用的新的工作方法的不断摸索中，中国共产党的宪法思想完成了由关注政权内部建设和稳定群众基础到关注全局性的政权结构并不断扩大、增强群众基础的逻辑过程。在这一过程中，包括毛泽东、董必武等在内的老一辈无产阶级革命家、理论家都作出了突出的贡献。但我们必须看到的是，长期的军事斗争和长期紧张的根据地建设基本统摄于革命的话语体系之下，这种话语体系所衍生出的"斗争哲学""运动哲学"等极为个性化的思维方式客观上需要相当的时间和努力才能够逐步转向为治国理政、宪法治理以及依法治国等当代政治的新的表现方式。中国共产党对这一过程有着极为深刻的认识。在面对复杂多变的政治形势和风云诡谲的国际形势时，中国共产党能够坚定宪法的自信，引领了新的无产阶级宪法和宪法治理的潮流。

第五个时期是新中国成立以后。前已述及，在积累了宝贵经验之后，中国共产党领导中国人民开始进行宪法确立的征程。在《共同纲领》实施后的几年里，我国人民胜利地进行了土地改革、镇压反革命和抗美援朝的斗争，实现了国家财经状况的根本好转，恢复了国民经济。这一时期在经济领域里除了存在着社会主义和半社会主义的经济外，还存在着在国营经济领导下包括合作社经济、个体经济、资本主义经济在内的多种经济成分。社会主义和半社会主义经济在国民经济中的比重还不够大。在国内阶级关系方面也已发生了深刻的变化。经过"三反""五反"运动，人民政权进一步巩固，人民群众的觉悟程度和组织程度空前提高。1953 年到 1954 年 8 月，在全国范围内开展了普选工作，除个别地区外，全国各省、自治区、直辖市普遍召开了普选的地方各级人民代表大会，实现了地方基层政权的民主化。在国民经济恢复的基础上，从 1953 年开始，我国进入了有计划的经济建设时期和全面实行社会主义改造的时期，并提出了党在过渡时期的总路线，"要在一个相当长的时期内，逐步实现国家的社会主义工业化，并逐步实现国家对农业、对手工业和对资本主义工商业的社会主义改造"，反映了全国人民要求建设社会主义的强烈意愿。在这种新的历史条件下，《共同纲领》已经远远不能适应客观形势的需要。为了反映新中国成立以来各条战线所取得的巨大成就，反映全国人民建设社会主义的要求，以便进一步巩固人民民主专政的国家制度，完善社会主义法制，保障社会主义改造和社会主义建设的顺利进行，制定一部正式的、完善的宪法不仅必要，而且可能。

1953 年 1 月，中央人民政府委员会第二十次会议决定成立以毛泽东为首的宪法起草委员会。1954 年 3 月，毛泽东向宪法起草委员会提交了中共中央拟定的宪法草案初稿，并被接受作为起草宪法的基础。为了广泛征求各方面的意见，在北京和全国各大城市组织了各民主党派、人民团体和各方面代表人物共 8000 多人，用了 2 个多月的时间对宪法草案初稿进行了认真的讨论，共提出了近 6000 条修改意见。经宪法起草委员会进一步修改后，1954 年 6 月由中央人民政府委员会第三十次会议通过并公布草案，全国有 1.5 亿多人经过 2 个多月的讨论，宪法起草委员会根据提出的意见再次进行了修改，并于 1954 年 9 月由中央人民政府委员会第三十四次会议通过，决定提交全国人民代表大会进行审议。第一届全国人民代表大会第一次会议经过认真讨论后，于 1954 年 9 月 20 日一致通过。这是我国历史上第一部社会主义类型的宪法。

1954 年宪法是在《共同纲领》的基础上产生的。《共同纲领》中规定的关于国家制度、社会制度的基本原则和各项基本政策，经过实践的检验被证明是正确的和符合全国各族人民利益的，由宪法重新加以确认，并使之进一步充实和完善。1954 年宪法同时又是对《共同纲领》的发展。《共同纲领》提出"发展新民主主义的人民经济，稳步地变农业国为工业国"的目标，确认社会主义性质的国营经济为经济的领导力量，要"扶助"并"优待""半社会主义性质的"合作社经济，"引导农民逐步地按照自愿和互利的原则，组织各种形式的劳动互助和生产合作"，"鼓励私人资本向国家资本主义方向发展"，等等。这些实际上包含着社会主义工业化和社会主义改造的内容。1954 年宪法在此基础上明确地提出了建设社会主义的目标和实现这一目标的方法、步骤；在关于国家机构和公民的权利和义务等方面也都进一步发展了《共同纲领》的规定。

1954 年宪法除序言外，分总纲、国家机构、公民的基本权利和义务以及国旗、国徽、首都共 4 章 106 条。其主要内容是：规定了新中国的国家制度。它确认了中华人民共和国是工人阶级领导的、以工农联盟为基础的人民民主国家；规定了我国的政权组织形式是实行民主集中制的人民代表大会制度；它还确认了单一制的国家结构，确认在统一的多民族国家内部实行民族区域自治的基本制度；确认了生产资料的全民所有制、合作社所有制、个体劳动者所有制和资本家所有制；规定了国营经济在国民经济中的领导地位，国家保证优先发展国营经济；规定了过渡到社会主义的方法、步骤；确认了要"依靠国家机关和社会力量，通过社会主义工业化和社会主义改造，保证逐步消灭剥削制度，建立社会主义社会"；确认了"公民在法律上一律平等"和公民广泛的权利和自由。

1954 年宪法所确认的基本原则主要是人民民主原则和社会主义原则。宪法所确认的人民民主原则与一切资产阶级民主有着根本的区别，它是一种新型的民主，即广大人民的民主。宪法确认国家的"一切权力属于人民"，人民通过各级人民代表大会代表人民行使国家权力。人民民主原则在国家生活中的体现主要有以下三点：（1）人民选举产生人大代表组成各级人民代表大会，人民有权监督并依法撤换不称职的人大代表；（2）各级人民代表大会产生本级政府，政府必须向人民代表大会负责并报告工作；（3）一切国家机关都要实行民主集中制，接受群众的监督，努力为人民服务。1954 年宪法赋予公民广泛的权利和自由。1954 年宪法所确认的人民民主是一种极为广泛的民主，民主的主体不仅包括了工农劳动人民，还包括了"可以合作的非劳动人民"，主要是民族资产阶级。因而，新政权是一个"以中国共产党为领导的各民主阶级、各民主党派、各人民团体的广泛的人民民主统一战线"的政权。相应地，专政的对象也不是全体资产阶级，而只是官僚资产阶级。这些都表现了它既坚持了原则性，同时又具有极大的灵活性。

1954 年宪法所确认的社会主义原则主要体现在以下三点：（1）宪法明确提出了建设社会主义的总任务，规定了要"依靠国家机关和社会力量，通过社会主义工业化和社会主义改造，保证逐步消灭剥削制度，建立社会主义社会"；（2）宪法明确规定了全民所有制的国营经济是国民经济的领导力量和国家实现社会主义改造的物质基础，要优先发展；（3）基于当时的认识水平，宪法还规定了国家用计划经济指导国民经济的发展和改造。但是，1954 年宪法对待民族资本主义并没有像苏联那样采取剥夺的办法，而是在保护资本家所有权的同时采取"和平改造"的方针，通过国家行政机关的管理、国营经济的领导和工人群众的监督，利用资本主义工商业有利于国计民生的积极作用，限制其不利于国计民生的消极作用，鼓励并指导它们转变为各种不同形式的国家资本主义经济，逐步以全民所有制代替资本家所有制。对农业的社会主义改造也是这样，并没有采取苏联"集体化"的方针，而是在依法保护农民、手工业者和其他非农业个体劳动者的土地所有权和其他生产资料所有权的同时，鼓励他们"根据自愿的原则组织生产合作、供销合作和信用合作"，通过"鼓励、指导和帮助合作社经济的发展，并且以发展生产合作为改造个体农业和个体手工业的主要道路"。这些也无不体现了它既坚持了原则性，同时又具有极大的灵活性。

上述两个原则，从中国的现实出发，在实现人民民主和社会主义制度的方法和步骤上灵活多样，不拘泥于某种固定的模式，从而独具特色，切合实际，具有原则性和灵活性相结合的特点。

1954 年宪法总结了人民革命的历史经验和社会主义建设与社会主义改

造的经验，以根本法的形式巩固了人民革命的胜利成果，并且规定了国家在过渡时期的总任务，为我国的进一步发展指明了正确的方向和道路，它对于巩固人民民主专政、促进社会主义经济的发展、团结全国各族人民进行社会主义革命和建设起了巨大的推动作用。它的基本原则和结构，以及关于国家组织的基本结构为以后的几部宪法确立了基本的模式。1954 年宪法是我国第一部社会主义类型的宪法。它确认了生产资料的社会主义公有制，确认了社会主义建设和社会主义改造的基本路线，保证消灭剥削制度和建立社会主义社会；它确认了工人阶级领导的人民民主政权，规定对一小撮敌对分子进行专政；反映了工人阶级的根本意志；因而它不同于资本主义类型的宪法。但它又不是完全社会主义的宪法，因为它反映了我国过渡时期各种所有制并存和阶级关系复杂的历史现实；它还"保护资本家的生产资料所有权和其他资本所有权"；民族资产阶级还是人民的一部分并依法享有政治权利，他们的代表还参加了政权；等等。由于种种原因，从50 年代后期起，这部宪法的实施遭到了破坏，人民民主与社会主义法制受到了践踏，宪法被束之高阁。

在全党重新树立起实事求是的思想路线以后，我们对于宪法的理解和认识也到了一个新的阶段，我们认识到，宪法以及宪法所带来的独特政治秩序并不专属于某种政体、某种意识形态，也不属于某种政治团体。宪法应该标志着对于人民权利的具体的、历史的保护，标志着任何主体的行为都要受到合理合法的监督和控制。1976 年 10 月粉碎"四人帮"之后，全国广大干部群众强烈要求纠正"文化大革命"的错误，彻底扭转"文化大革命"造成的严重局势，使党和国家从危难中重新奋起。在邓小平领导下和其他老一辈革命家支持下，党的十一届三中全会开始全面认真纠正"文化大革命"中及其以前的"左"倾错误，坚决批判了"两个凡是"的错误方针，充分肯定了必须完整、准确地掌握毛泽东思想的科学体系，高度评价了关于真理标准问题的讨论，确定了"解放思想、开动脑筋、实事求是、团结一致向前看"的指导方针，果断停止使用"以阶级斗争为纲"的口号，作出了把党和国家工作中心转移到经济建设上来、实行改革开放的历史性决策。党的十一届三中全会标志着我们党重新确立了马克思主义的思想路线、政治路线、组织路线，标志着中国共产党人在新的时代条件下的伟大觉醒，显示了我们党顺应时代潮流和人民愿望，勇敢开辟建设社会主义新路的坚强决心。在党的十一届三中全会春风吹拂下，神州大地万物复苏、生机勃发，拨乱反正全面展开，解决历史遗留问题有步骤地进行，社会主义民主法制建设重新走上正轨，党和国家领导制度和领导体制得到健全，国家各项事业蓬勃发展。我们伟大的祖国迎来了思想的解放、经济的发展、政治的昌明、教育的勃兴、文艺的繁荣、科学的春天。

党的十一届三中全会结束了粉碎"四人帮"后党和国家工作在徘徊中前进的局面，党在思想、政治、组织等领域的拨乱反正全面展开。党内外思想活跃，但也出现了值得警觉的"左"的和右的错误思想倾向。如何把全党全国各族人民的思想统一到党的十一届三中全会确定的路线方针政策上来？正确认识新中国成立以来党所走过的道路、科学总结党在这个时期的历史经验，成为摆在中国共产党人面前的"必答题"。1981 年 6 月 27 日，党的十一届六中全会一致通过了《关于建国以来党的若干历史问题的决议》，这一文件从根本上否定了"文化大革命"和"无产阶级专政下继续革命"的错误理论，实事求是地评价毛泽东的历史地位，充分肯定毛泽东思想作为党的指导思想的伟大意义，科学总结了新中国成立以来社会主义革命和社会主义建设的历史经验，初步概括了党的十一届三中全会开创新道路的要点，进一步指明了我国社会主义事业和党的工作继续前进的方向。

1980 年 9 月，第五届全国人民代表大会第三次会议接受中共中央建议，决定修改宪法，并成立了宪法修改委员会。宪法修改委员会在广泛征求并认真研究各方面意见的基础上，于 1982 年 2 月提出《中华人民共和国宪法修改草案》讨论稿，经再一次征求意见并进行修改后于 1982 年 4 月提交第五届全国人民代表大会常务委员会第二十三次会议通过，并决定将宪法修改草案公布并交付全国各族人民讨论。在历时 4 个月的全民讨论中，广大群众表现了高度的政治热情和积极性，提出了大量的意见。经宪法修改委员会对该草案再次修改后，决定提请第五届全国人民代表大会第五次会议审议。开会期间，全体代表进行了热烈的讨论并又作了多处修改之后，于 12 月 4 日正式通过并公布实施。

1982 年宪法公布施行后，根据我国改革开放和社会主义现代化建设的实践和发展需要，分别于 1988 年、1993 年、1999 年和 2004 年进行了 4 次修改。这 4 次修改，总结了党领导人民进行改革开放和社会主义现代化建设的成功经验，体现了中国特色社会主义道路、理论、制度、文化的发展成果，有力推动和保障了党和国家事业的发展，有力推动和加强了我国社会主义法治建设。实践证明，我国宪法是随着时代进步、党和人民事业发展而不断发展的。

自 2004 年宪法修改以来，党和国家事业又有了许多重要发展变化。特别是党的十八大以来，以习近平同志为核心的党中央团结带领全国各族人民毫不动摇地坚持和发展中国特色社会主义，统筹推进"五位一体"总体布局、协调推进"四个全面"战略布局，形成一系列治国理政新理念新思想新战略，推动党和国家事业取得历史性成就、发生历史性变革。由宪法及时确认党和人民创造的来之不易的伟大成就和宝贵经验，以更好地发挥宪法的规范、引领、推动、保障作用，是实践发展的必然要求。2017 年 10 月，党的十九大在新的历史起点上对新时代坚持和发展中国特色社会主义作出重大战略部署，提出了一系列重大政治论断，确立了习近平新时代中国特色社会主义思想在全党的指导地位，确定了新的奋斗目标，对党和国家事业发展具有重大指导和引领意义。在党的十九大文件起草和形成过程中，在全党全国上下学习贯彻党的十九大精神过程中，许多地方、部门和单位都提出，应该对我国现行宪法作出必要的修改完善，把党和人民在实践中取得的重大理论创新、实践创新、制度创新成果通过国家根本法确认下来，使之成为全国各族人民的共同遵循，成为国家各项事业、各方面工作的活动准则。

2018 年 3 月 11 日，第十三届全国人民代表大会第一次会议表决通过了《中华人民共和国宪法修正案》。宪法修改，是党和国家政治生活中的一件大事，是以习近平同志为核心的党中央从新时代坚持和发展中国特色社会主义全局和战略高度作出的重大决策，体现了科学立法、民主立法、依法立法的要求。宪法修正案共 21 条，内容包括：确立科学发展观、习近平新时代中国特色社会主义思想在国家政治和社会生活中的指导地位，调整充实中国特色社会主义事业总体布局和第二个百年奋斗目标的内容，完善依法治国和宪法实施举措，充实完善我国革命和建设发展历程的内容，充实完善爱国统一战线和民族关系的内容，充实和平外交政策方面的内容，充实坚持和加强中国共产党全面领导的内容，增加倡导社会主义核心价值观的内容，修改国家主席任职方面的有关规定，增加设区的市制定地方性法规的规定，增加有关监察委员会的各项规定，修改全国人大专门委员会的有关规定，等等。

"法与时转则治，治与世宜则有功。"宪法是治国安邦的总章程，是党和人民意志的集中体现，在中国共产党治国理政活动中具有十分重要的地位和作用。在保持宪法连续性、稳定性、权威性的基础上，推动宪法与时俱进、完善发展，是我国法治实践的一条基本规律。通过修改，我国宪法在中国特色社会主义伟大实践中紧跟时代步伐，为改革开放和社会主义现代化建设提供了根本法治保障。实践证明，及时把党和人民创造的伟大成就和宝贵经验上升为国家宪法规定，实现党的主张、国家意志、人民意愿的有机统一，是我们党治国理政的一条成功经验。

二

思想史的研究方法与其他社会科学的研究方法有很多相似之处，但是也有很多自身特有的表述方式和逻辑体系。大致看来，除却前述以时间作为明确线索从而进行组织的叙事方式以外，还有从人物思想角度出发，以各个时期人物思想的变动作为叙事流转的结构的。但是在本书中，笔者未采用前述两种叙事结构，而是希望以宪法当中的具体思想、原则或者"范畴"作为一种特定的纲目，以其流变作为一种线索，进而阐述中国共产党在各个不同的历史时期宪法思想的传承与变化。

具体言之，其原因大致有四个方面。

其一，从主体上看，我们所关注的是中国共产党的法治思想，这就是在说，我们以中国共产党作为一个相对统一的整体，作为一个在行为模式上具备与人一样的主体性的独特研究对象在进行研究。我们并非关注中国共产党之中某些领导人或者法学家的思想，而是更加关注中国共产党在宪法领域进行努力直至当下的完整过程。所以，这一过程的重点必然要落脚于在实定的宪法或者宪法性文件当中能够反映出什么样的法律思想上来，而将具有特殊叙事结构的"伟人传记"式的思想史探讨，留于本系列的其他研究中，以作为实定法研究的填补。同时，笔者仍然希望能够对这种选择进行补强。我们在探讨某个人的思想之时，往往是一种主观见之于客观、再由客观还原为主观的活动。也就是说，实际上我们将一个人的文本、语言、著述以及他人对其活动的记录等，作为一种思想的载体，而这样做的前提条件是我们清楚地明白，无论是从客观的可能性的角度还是从必要性的角度，我们对完全还原一个人的思想都是无能为力的。但是，我们仍然可以通过对于载体的检索和解释，来试图不断接近其思想的真相。前述过程的前提则是，我们希望投射的过程是在我们已经掌握的人类思维规律和表达规律的控制之下的，简言之，我们希望研究对象所表达的是其内心的真意，也更希望研究对象的表达方式与所有正常的方式比较类同。[①]但是问题恰恰在于，我们并不能够完全期待这一模式能够适用于对于中国共产党尤其是中国共产党中代表人物的研究。由于斗争形势的复杂、记录获取的难度以及独特的时代背景，我们难以推知，研究对象的某些特定话语即表达了其心声。事实上，必须清醒地认识到，我们在厘定主体话语所表达出的主题思想方面，走过相当多的弯路。统括观之，盖棺定论式的研究，从某种意义上看，对于一个领导了整个中国革命和建设且当前仍在带

---

① 参见［英］伯特兰·罗素：《论指称》，载《逻辑与知识》，苑莉均译，商务印书馆 1996 年版。

领全国人民不断前进的主体而言，也显得比较单薄。

其二，从史料来源上看，无论是革命的法律思想史还是建设时期的法律思想史，与现阶段都相去未远，诸多文字材料现已存在作准的文本，某些问题的定性也有业已形成的广泛共识和官方口径。这些具有严格程序性限制和专门表现形式的法律条文、政策文件或者其他文本，应该成为研究最为直接的来源。事实上，从一个相对比较偏向教义学的观点上来看，虽然思想史与对于法律条文本身的研究有所不同，但是如果希望能够对法律思想进行准确的表达，则不得不对法律之文本进行解读或者解释，以厘定其背后的立法思想和宗旨，这便是法律思想的重要表现形式。由此，我们需要在最低限度上承认现有规则体系以及史料体系的合理性，从而以个案导向或者实证导向的倾向性，将之与一般意义上对于某一个人的法律思想之研究，区分开来。①

其三，从表达方式上看，我们着力强调的是，我们所曾经确立、现已完善且将不断深化的宪法治理，与世界历史上出现的任何一种宪法治理都有所不同，尤其是，不同于任何一种资产阶级的宪法。但是，我国宪法的发展史与世界上其他先进民族的宪法发展史一样，也都是人民求自由解放、国家求独立富强的历史，其进程也都伴随着无数仁人志士的奋斗乃至流血牺牲。同时，从历史的角度看，我国宪法之所以能有今天这般的成就，一个很重要的原因就是在发展的进程中能够尊重传统、博采众长。宪法当中很重要的一些思想，在我国都可以找到思想渊源，例如"民本"的思想等；并且，在宪法引入之时，能够兼顾西方的先进法理和我国的具体国情。② 因此，我国的宪法以及中国共产党的宪法思想绝不可能是空穴来风、空中楼阁，更不是一种割裂的、片面的、形而上学的法律体系和思想体系。中国共产党的宪法法治思想必然包括了世所共知的种种原则、理念，并且将这些都创造性地运用在了宪法当中，使宪法文本得以以一种非

---

① 参见雷磊：《法教义学的基本立场》，载《中外法学》2015年第1期。

② 当然，我们必须同时认识到，在不同语境下，宪法文本和宪法思想当中某些特定语汇的概念内涵和外延完全不同。强调二者之间具有的传承性就如同在传统中国法中寻找民法一样，违背历史逻辑的基本规律，是不负责任的。因而在讨论这些问题的时候，应该尽量保持谨慎的措辞和研究进路。

常独特的方式呈现出了这些优良价值。因此,其内容不仅是与现代意义上的国家宪法一脉相承的,更是有所创见的,这种创见唯有通过以传统的价值体系为线索进行阐述,并且将中国共产党对于传统价值体系的创新表达着重突出,方能够全方位地展现其面貌。

其四,从现有研究状况的角度看,目前对于中国共产党宪法法治思想相关问题的研究,基本还是集中于党史和政治制度史等角度,从法律思想史角度开展研究的相对较少。近一个时期以来,我们对于革命根据地法律史的研究有了长足的进步,从整个时间线上来看,基本能够涵盖中国共产党从诞生直到当下的全部范围。因而更多情况下,我们还是更加习惯于将一种政治制度在特定历史时期内进行集中表述,以期深刻体现此种制度在构建新的社会形态或者巩固特定的阶级关系等方面所具有的不可替代的作用。从而,我们也更加习惯于以时间为顺序,将一种更为合理化的对于制度演进以及社会前进的专门的期待与类似于"不断倒退的桅顶"一样的历史叙事相结合。例如,特定的革命任务和革命对象往往因为时代的特征而被染上极为鲜明的色彩,甚至获得了某些本不属于它们的较高地位,在这一过程当中,我们弱化甚至有意识地消弭了在整个意识形态表达当中一以贯之的一些经验、原则以及政治理想。当这些表述为时代特征所冲淡时,客观上确有因为主体现阶段选择动机之不同所导致的提法、概念与政策等的变化,但是从整个历史演进的角度看,这些问题往往被细化为一些专门的政治原则和法律原则。具体到宪法法治思想领域,对于共产主义和最高阶段社会形态的追求具化为对于民主、自由、独立、富强等具有鲜明时代特征的范畴的追求,从而在宪法上以及在一切与宪法具有相关性的思想上表现出对于前述范畴的追求与落实。由此我们更加可以说,苏维埃宪法以及苏维埃宪法体系下构建起的国家制度所体现的工农武装割据的思想也正是中国共产党追求共产主义的一种实践的表现。然而,出于各种原因,假如我们在时代化的叙事当中着力强调苏维埃时期立宪的重要特征是追求共产主义的话,则未免在逻辑上未尽周严,对于此后乃至于新中国成立后的诸多宪法法治思想更是如此。

　　另外一个必须关注的问题是，不同时期，宪法法治思想所关注的核心内容迥然不同，而且，由于战争等形势的不断变化，同一个时期内宪法不能够体现出传统意义上宪法的全部特征，即便是以一个历史的视角检视，也不能够说，不同历史时期的宪法拼凑在一起的历史，就展现了宪法思想和原则的全貌。因而，实际上我们也难以完全意义上地认为，这种不同时期的宪法文件，能够以一种宪法全体的原则都包含在内并且表现出来的宏观态势，在一个相当长的历史时期内发挥自身的功用。也就是说，在很多情况下，中国共产党主导制定的宪法，都更加明确地体现出了一类原则和特点，而相对弱化了另一类原则和特点，这与世界上其他任何意识形态的宪法都是类似的。因此，笔者在此选取了数个相关的侧面：其一为人民主权思想，主要探讨中国共产党领导下人民的内涵以及国家政权归属人民的具体表述；其二为民主监督思想，主要探讨中国共产党在执政当中，不断完善自身与其他主体的团结和协作，提高效率，让各类主体监督自身行为，并不断进步的思想观念；其三为人权保障思想，主要探讨中国共产党在革命根据地锲而不舍地进行的人权保障事业和人权保障思想；其四为根据地建设和经济建设思想，主要探讨革命根据地建设的大政方针和新时期经济建设、改革开放等经济建设和社会建设方面的思想；其五为军事斗争和国防建设思想，主要探讨革命根据地时期军事斗争和军队建设、国防建设等思想，以及新时期军队建设等思想；其六为改革社会关系的种种思想和实践，尤其关注到改革开放这一前所未有的创举上，具体到宪法中，则是锐意改革的勇气、实践以及将改革的成果用宪法等方式进行固化的制度设计和实际执行。

　　出于前述可被理解的诸多理由，笔者在此暂时采纳以宪法法治思想和宪法固有的特质等形式价值和目的价值作为线索的叙事结构，并希望通过此种叙事结构，明晰主要宪法思想在中国共产党发展壮大的历史——当然也是中国革命波澜壮阔的历史之中不断发展、流变、沉淀的逻辑进程和实践进程。并且通过对于文本的实证研究与解释，为阐述和理解中国共产党宪法法治思想提供一些有益的管窥和洞见。

三

必须认识到的是，宪法的发展以及宪法思想的变化，是一个流动的过程，而此过程必然是与政治和社会的进步紧紧相连的。一段时间以来，我们在经济建设等方面取得了长足的进步，相应地，宪法制度和宪法思想也有了长足的发展。但是必须看到，瞬息万变的经济形势和国际形势对中国共产党的执政能力提出了更高的要求，我国的法律体系需要面对的问题也更多。法律能否适应新的社会和历史的发展，也是摆在宪法和宪法思想面前的一个重要问题。在当前，此问题集中体现为宪法的进一步完善以及树立宪法权威两个方面上。

关于树立宪法权威的问题，党的十八届四中全会提出，将每年12月4日定为国家宪法日。十二届全国人大常委会十一次会议通过了关于设立国家宪法日的决定，以立法形式将12月4日设为国家宪法日，并规定国家通过多种形式开展宪法宣传教育活动。在第一个国家宪法日来临之际，习近平总书记作出重要指示，强调宪法是国家的根本法，在依法治国中具有突出地位和首要意义；指出我国宪法是符合国情、符合实际、符合时代发展要求的好宪法，是我们国家和人民经受住各种困难和风险考验、始终沿着中国特色社会主义道路前进的根本法制保证；提出要坚持党的领导、人民当家作主、依法治国有机统一，坚定不移走中国特色社会主义法治道路，坚决维护宪法法律权威；要求以设立国家宪法日为契机，深入开展宪法宣传教育，大力弘扬宪法精神，切实增强宪法意识，更好发挥宪法在全面建成小康社会、全面深化改革、全面推进依法治国中的重大作用。习近平总书记的重要指示，深刻阐述了宪法的重要地位，明确指出了宪法的重要作用，对新形势下加强宪法宣传教育、维护宪法法律权威、全面贯彻实施宪法、更好发挥宪法作用，提出了新的更高要求。我们一定要认真学习、深刻领会、全面贯彻落实。

改革开放四十多年来，我们以宪法为国家根本法，从立法立制、依法行政、公正司法、全民守法等各个方面各个环节不断推进社会主义法治建设，取得了巨大成效和显著进步。我们严格按照宪法规定的权限和程序，大力加强立法工作，着力解决有法可依问题，通过完备的法律推动宪法的实施。截至 2021 年 12 月，我国现行有效法律 291 件，行政法规和监察法规 611 件，地方性法规 1.2 万余件①，以宪法为核心的中国特色社会主义法律体系已经形成并不断完善，国家和社会生活实现了有法可依。我们积极推进依法行政，加快法治政府建设，行政体制改革和政府职能转变不断取得新进展，行政决策、执行、监督逐步纳入法治轨道，权力运行得到有效监督和制约。我们建立起完整的司法系统，不断推进司法体制和机制改革，完善政法队伍管理体制，加强法律服务体系建设，保证审判机关、检察机关依法独立行使审判权、检察权。我们在全社会持续开展普法活动，把加强法治宣传教育和推进各层次各领域依法治理结合起来，弘扬社会主义法治精神，努力营造学法尊法守法用法的社会氛围。我国宪法同法治建设的各个方面都具有直接的、密切的关系。国家各个方面的制度机制和行为规范，在法治上的直接体现，往往是各种专门的、具体的法律法规和规范性文件，但追根溯源，它们都以宪法作为根本立法依据，是宪法制度和原则的具体展开、延伸和深化，也是宪法实施的重要体现。紧密结合我国全面推进依法治国的实践成果来开展宪法宣传教育，就能够把宪法宣传教育引向深入，使全党全国各族人民深刻认识我国宪法在中国特色社会主义法治体系中的至上地位和最高权威，深刻认识"坚持依法治国首先要坚持依宪治国，坚持依法执政首先要坚持依宪执政"的重大现实意义，自觉增强国家根本法意识，在宪法的统领下加快建设社会主义法治国家。

法律思想是一个社会当中，相对比较稳固的意识形态表现，也是一个社会当中，更容易为民众所直接体会到的。中国共产党的法治思想史，无论从哪个方面看，都是一个相当宏大的历史叙事，而在这样宏大的叙事面

---

① 参见陈一新：《深学笃行习近平法治思想　更好推进中国特色社会主义法治体系建设》，载《求是》2022 年第 4 期。

前，实际上仅仅讨论法律本身，是远远不够的，更应该关注的是思想作为一种社会共通性价值认同的成因和导向。但是，这种研究的体量过于庞大。在本研究中，笔者通过梳理中国共产党宪法思想尤其是党在革命根据地时期的宪法思想，所希望达成的目的，基本上还是从思想具化的文本载体出发，为推动宪法实施和树立宪法权威，提供一种在历史上行之有效的助益。

第一章　中国共产党人民主权
思想的宪法表述及演进

一、 人民主权思想的由来

人民是历史的主人，也是现代宪法当中，国家体系构建的直接力量。自思想家们提出"天赋人权""主权在民"等原则以后，以宪法的形式对于这些原则进行实现和固化，就成为社会进步的主流。在西方，资产阶级革命和改革强有力地摇撼了西方传统的封建制度和神权体系，在变革的巨大浪潮当中，民众的思想呈现出跳跃式的进步，而进步的基础即是对于自身国家主人地位的日益深化的认识。

（一）人民主权思想之渊源

按照启蒙思想家们的观点，人民作为宪法意义上的国家权力的直接承载者，实际上是通过社会契约的方式来行使的。例如，卢梭认为，人人生而自由，且享有各种权利，而这些权利的实现方式则可以通过国家与人民之间的关系来完成。实际上，我们可以认为，虽然这种理念仍然显得比较理想化，且在之后的实践中也被不断地赋予新的内涵，但是它仍然激起了广大人民维护自身权益、反抗专制统治的无穷斗志。按照卢梭的理论，国家与人民之间的交互关系更多地体现在社会契约之中，这实际上是人民主权理论最早、最直接的理论渊源之一。① 卢梭认为，国家的权力与人民的权利具有相分离的趋势，而这种相分离的趋势又直接来源于国家权力的主动性和扩张性。如果政治实体是被动的，那么其具体的表现形式，尤其是个体的表现形式即是国家。在这样一种政治架构中，无论国家或者主权体能否行使自身的权力，客观上都会危害人民的权利。唯有通过自愿的、联合的方式结成的契约共同体，特别是，此共同体应该是基于一种普遍性的意志而结合形成了一种权力体系，这种权力才真正地可以为人民服务。与此相适应地，人民也需要将自身的一切权利让渡给共同体，在这一过程中，如果他们有所保留，那么这种让渡就会威胁到人民的权利；只有当他们完全无所保留之时，才可以在真正意义上取得平等的、同样的甚至是"同仇敌忾般的"权利。② 不仅是权利体系中的全体性，在数量方面仍然需要得到保证，即需要人民之全体都进行让渡，而非绝大部分或者一部分人，否则社会契约就不会成立。

由此，人民主权的基础内涵在哲学的逻辑上实际是以一种演绎的方式被进行阐述的：其一，人民让渡权利，形成主权体；其二，主权体的命令和领导，人民集体应该服从；其三，服从的原因乃是因为主权体之主权即权利本身，如若这种权力并非权利（而无论瑕疵出于权力方或者权利方），那么这都并不能够具备约束力，人民即可起来反抗。这三者可以互为前提和证成，例如以人民具有权利并让渡权利以及主权体的主权乃是人民权利自身，则唯一可能的结论是人民应出于"良善的愿望"而对自身的权利进行保有和运用，那么这一主体就应该服从于自己为自己设定的权利执行方式，因此也就必须尊重和服从国家的命令和领导。相反地，如果国家试图证明自身的权力具有某种之于人民的强制力，而这种强制力又必然伴随着滥用而致民众抵触、反抗之风险，那么他们能够赖以向人民进行说明的唯一渠道，就是权利和权力的同源性和同质性。否则，无论何种方式最终都将沦为公权力对私权利的侵害，且会使民众失去对于国家的信心。

---

① 参见［法］卢梭：《社会契约论》，何兆武译，商务印书馆 2003 年版，第 37 页。
② 参见［法］卢梭：《社会契约论》，何兆武译，商务印书馆 2003 年版，第 106 页。

此外，诸多法律思想家在论证自身自然法观点及社会建构观点之时，基本都会对于人、人民以及人与社会之关系等进行或多或少的探讨和论证。其中一些有代表性的如下：

格老秀斯在其自然法观点中更加强调人的自然社会性，因为人与群居动物的习性相似，都具有群居的自然属性，这是人类天性当中无法抹去的重要部分。正是由于人类的社会性以群居之自然属性作为基础，因而这就不是完整的社会属性，而是一种"自然的"社会性。以此作为出发点，格老秀斯就非常容易地论证了人类的群体也是一种"自然物"。人民在"自然物"的定义域下，可以拥有一种实体化而非范畴化或者政治上的属性，因而也就具备了主权依附于其上的直接的可能性。①

霍布斯在人民主权的问题上显然要比其他思想家更为保守和苛刻。他直接继承了希腊罗马法学家以及经院法学家们对于自然状态的阐述，认为人在最原始的状态下，人人互不干预互相不产生法律意义上的关系，因而是绝对自由的。但是同时，他们具有互相侵犯甚至是互相杀害的可能。②这种危险是特殊社会形态靠自身所无法解决的，如果希望构建人与人之间的和平状态，则只能够通过创造一个力量和地位都高于人类的主体来制止人类的不当行为，此即其"利维坦"概念的来源之一。从此种角度看，利维坦是人类所构筑的，自然也就带有主权属性和独立性，但是由于人民权利内容空泛且无法进行专门化的、对于社会的控制，因而也就不能作为直接的政治工具，只有通过共同体的方式才能够完成权威的塑造，这样才能够以一种更大或更高的力度和广度，维护社会和公民的权益。但是问题在于，这个"利维坦"本身为全部人所创造，其属性无论如何高或者具有强力，始终都具有第二性，又如何能够强调某个单个的个体必须服从利维坦的约束呢？霍布斯在此处着意强调被创建了并赋予了权利的新的主体的出现，即"人民"，由此来行使主体的权利，这样就克服了原有社会结构的障碍。而洛克在霍布斯的基础上更加强调了社会运作的某种程度的灵活

---

① 参见［荷］格老秀斯：《战争与和平法》，何勤华等译，上海人民出版社 2013 年版，第 79 页。

② 参见［英］霍布斯：《利维坦》，黎思复、黎廷弼译，商务印书馆 1985 年版，第 103 页。

性，社会和主权不仅可以通过较为柔和的社会契约建立起来，这种契约也可以通过革命的形式进行解除。① 可以看出，法律思想家在人民的之于自然意义上的人类的原始状态与之于社会意义上的群聚的政治实体之间左右摇摆，这种摇摆不定实际上反映出此时法律思想之人民性的一定程度上的妥协；同时，其丰富性也为之后马克思主义人民主权思想奠定了坚实的基础。

（二）马克思和恩格斯的人民主权思想

在此基础上，马克思和恩格斯也对相关问题进行了很深入的探讨。在欧洲被资产阶级革命的大潮裹挟的 19 世纪三四十年代，马克思和恩格斯数次利用主权在民的思想的阐述，表达了其反封建反专制的革命主张。

在反对普鲁士书报检查的斗争中，马克思首先明确了当局所谓的"书报检查制度"实质上是一种扼杀革命、钳制思想的制度，并第一次以政论文的形式，表达了自己的主张。在《评普鲁士最近的书报检查令》当中，马克思阐述了作为公民基本权利的出版自由与所谓的书报检查构成了根本性质上的矛盾，此举实际上是以给人民言论自由为名，行侵害人民权利之实。② 在这一过程中，马克思强调了作为公民一般性权利的言论自由，是公民基本权利的重要组成部分，且与人民主权具有高度相关性。人民主权的地位是极其崇高、不可侵犯的，因为它不仅仅是国家政权合理性的直接来源，更是公民基本权利的保障。如果国家的主权未掌握在人民手中，保障公民的基本权利就是无稽之谈；而如果一国公民的基本权利屡遭侵犯、无法保障，人民无法自处，那么这个国家也就根本不可能是一个人民主权的国家。③ 究其原因，马克思认为，人民对于国家的主权是所有基本权利当中最为初始，却也最为根本的权利，这种权利自然而然地与国家政权发生着紧密的关系。同时，因为它可能导致厘定国家大政方针甚至国家样貌的伟大成果，故而也在所有权利当中列于相当高或相当靠前的位置和次序

---

① 参见［英］洛克：《政府论》（上篇），瞿菊农、叶启芳译，商务印书馆 1982 年版，第 66 页。
② 参见《马克思恩格斯全集》（第一卷），人民出版社 1995 年版，第 107 页。
③ 参见《马克思恩格斯全集》（第一卷），人民出版社 1995 年版，第 126 页。

上。那么一旦此种权利未能得到保证，相应地，下位的权利是否合法，就很值得怀疑了。同时，公民的权利和自由是一个完全不能被剥离的整体，任何权利的分割都不只是会导致公民丧失某一项专门的权利，而是会威胁到整个公民的基本权利全体之实现。因此，如果要实现公民基本权利的完整而不加损害的实现，最基础的奋斗方向便是首先保证人民享有国家的主权。也就是说，一种专制的政体下，根本不可能有国家主权在民的情况发生，更何谈公民的基本权利！因此，德国其时最为重要的任务，便是推翻普鲁士君主的封建专制，建立起民主的、以共和制度为基础的国家，使政权真正掌握在民众手中。

在对黑格尔进行批判地继承的过程中，马克思进一步加深了自己对于主权在民思想的认识。在马克思的著作《黑格尔法哲学批判》当中，他从根本上否定了所谓"君民共主"，即君主的王权和人民的主权并行不悖的论点。[1] 在这一点上我们已经完全不需要再过多地进行解释——君主的权力和人民的主权在任何的意义上都不可能是重合的，因为无论是主权本身还是行使主权的主体，在一国之内同一时间都只可能有一个，这和所有权有某种意义上的相似性。假如一个国家既有君主，又有人民，还可以谈到都具有主权而不互相侵犯的话，那么唯一的可能就是，或者君主或者人民，其手中的权能根本就不是主权，而是被限制了的权力。这种妥协在现代民主制度下也仍然存在，但这并不能够从根本上证明其合理性，而仅仅能够说明其过渡性质而已。因此，人民主权就必然要求将那个"已被君主颠覆了的世界"重新匡正过来。

但是妥协的势力还是过于强大。在1848年以后，德国的资产阶级面对革命的发展态势，呈现出了妥协的一些倾向。因此马克思以人民作为立场，以主权在民思想作为出发点，系统地批判了资产阶级的妥协退让。作为代议机关的议会等机关，不仅仅是领导人民进行政治生活的一种代表机构和领导机构，更是在革命中人民用无畏的流血牺牲而争取来的革命的主

---

① 参见〔德〕马克思：《黑格尔法哲学批判》，人民出版社1963年版，第66页。

权的象征。那么如若这个机关希望将人民的利益出卖给某些人民利益潜在的破坏者和专制者的话，那么自然"人民便有权起来"，以自己的意志来将君主、背叛的议会以及由此而形成的政府等全部推翻，因为人民捍卫自身主权的合理方式就是进行革命。

巴黎公社失败以后，马克思和恩格斯总结了无产阶级革命的经验教训，进一步发展了民主的理论，正式向世界宣告，人民应该当家作主。马克思和恩格斯对于公社进行了深刻剖析和高度赞美，马克思认为，公社给新的无产阶级政权奠定了政权民主化的基础①，公社绝不仅仅是通常意义上的政府，而是人民自己当家作主。实际上，这种表述暗含的逻辑在于，强调政权的无产阶级性质，正是由于政权是掌握在无产阶级手中的，我们才能够谈到，它具备了无产阶级共和国的基本雏形。马克思将公社的特点也进行了高度凝练的概括，简言之，大致包括以下几个方面：①以人民武装取代了传统军事力量；②以无产阶级担任城市代表，对人民负责，受人民监督；③政府官员随时可以被撤职，且也要受到人民的监督；④所有公社的公务员和服务人员，无论职位高低，都领取与工人阶级工资水平相当的薪水，取消原有的一切特权；⑤法官不再具有形式上的独立性，而是由人民选举、受人民监督、对人民负责。② 因此，其整个体系恰如列宁所描述的那样，是一种完全意义上的、彻底的民主制度，而此民主制度正是落脚于真正的人民主权上的，那么也就必然要求这种民主制度的性质是无产阶级的民主制度。这是马克思主义人民主权说的重要内涵，如果希望建立一个无产阶级作为领导者的共和国家，那么就只有坚持让人民当家作主。事实上马克思也曾经直接写明此问题的性质，即民主就是人民掌权。

可以看出，虽然马克思和恩格斯没有直接对"人民主权"思想原则进行论述，也没有对概念本身进行辩难，但是他们基本上是一步到位地掌握了人民主权思想的内涵，并将人民主权思想合理运用到社会当中。因此可以说，他们是批判地继承了卢梭的人民主权思想。其核心观点包括以下三

---

① 参见《马克思恩格斯选集》（第二卷），人民出版社1995年版，第56页。
② 参见《马克思恩格斯选集》（第四卷），人民出版社1995年版，第207页。

个方面。首先，在人民的内涵角度，马克思将人民直接用于指代无产阶级和无产阶级的亲密战友——各类劳动者。但卢梭显然更加强调资产阶级政体下或者代议制度下，阶级的一种团结力与集合属性。其次，在建政领域，马克思强调主权在民的直接表现形式不应该是人民与敌对势力的媾和，而是应该以革命的方式推翻压迫和专制统治，建立起一个自己当家作主的国家，自己对这个国家行使管理的权力，唯有如此，才能够确保政权的性质不改变，也唯有如此，才能够使无产阶级的共和国具有真正意义上的民主。由于意识形态的区别，资产阶级往往对于人民的力量认识得很不到位，认为人民属于蒙昧而未开化的愚者，唯有依靠智者对国家进行统治，才能够使社会获得公平正义。这显然与历史发展的规律不相符合。最后，在人民对于国家政权的管理方面，强调所有的公务员都是人民的公仆，而非这个国家实际的主人，因为主人只能是人民。马克思和恩格斯为此特意设计了一些专门的制度，以防止人民公仆的性质之异化。例如，不仅是立法和司法等重要部门，而且也要将其他各类行政机关的工作人员都变为人民选举出来的公仆，且受人民的监督，同时对他们的工资进行严格的限制，避免他们腐化堕落等。

马克思和恩格斯作为无产阶级革命的伟大导师，将人民主权的思想作为革命的一种大方向和政治理想，进行了全面阐述，应该说，是真正意义上完成了人民主权理论的创新和进化。

二、 近代以来 "人民" 内涵之演变

"人民"概念的缘起，理论上看，可以追溯到民与君的关系方面，在古代先贤关于民贵君轻以及载舟覆舟等问题的表述当中。在这些理想化的论述里，民的地位和作用虽然极为重要，但是这并不意味着民可以当然地与君处于同一地位，更不意味着民是社会的主要推动力量。至少在政治统治方面，即使统治者将百姓作为保护的对象而呵护备至，那也只能意味着

他们掌握了矛盾辩证法一般的逻辑原理，即在统治与被统治的关系中，被统治的对象一旦过弱、不存在或者过强，那么统治者本身的地位和其统治的施行必然受阻，最终祸及己身。因而，对于这些民是要进行保护的，即使是自己的权力并不直接来源于他们。一言以蔽之，统治者本身以及统治者所代表的国家机器以一个隐蔽者的形象出现，他们主观上希望民以一种极端诚挚的态度归顺他们、尊重他们、信仰他们，甚至跟他们保持长久而稳定的人身依附关系。因而，此时的"民"虽然也是"民"，但更多的是偏向"子民""臣民"等意义上的。

随着近代以来统治危机的加深，以及西方政治理论、社会理论，尤其是天赋人权和社会契约等理论的传入，一批较为先进的思想家开始打破原有的君民关系，而是从国家、社会等角度开始思考民在具体历史背景下的重要意义。在这一过程中，一些具有崭新内涵的"民"的概念被提起，较为有代表性的当属"公民""国民"等，最为具有代表性的便是杨度等在法律方面破旧立新的一些主张。[①] 虽然这些表述的意义都比较集中于对抗以君权为代表的传统社会结构，但是仍然为开启"人民"这一概念提供了较为坚实的基础。

为"民"赋予某种政治化的属性，并不是中国近代的专利，甚至首先将其与"人"这一极具广泛性和宣示性的概念连用从而构成"人民"这一语汇，也并不是在人民当家作主的意义上提出，而是在旧民主主义尤其是反对君主专制的意义上而首先提出的。早在 1912 年，国民党宣告诞生之时，就曾经宣告：

今夫国家之所以成立，盖不外乎国民之合成心力。其统治国家之权力，与夫左右此统治权力之人，亦恒存乎国民合成心力之主宰而纲维之。其在君主专制国，国民合成心力趋重于一阶级、一部分，故左右统治权力者，常为阀族、为官僚。其在共和立宪国，国民合成心力普遍于全部，故左右统治权力者，常为多数之国民。诚以共和立宪国者，法律上国家之主

权在国民全体，实事上统治国家之机关，均由国民之意思构成之，国民为国家之主人翁，固不得不起而负此维持国家之责，间接以维持国民自身之安宁幸福也。

惟是国民合成心力之作用，非必能使国民人人皆直接发动之者。同此圆顶方趾之类，其思想知识能力不能一一相等伦者众矣。是故有优秀特出者焉，有寻常一般者焉。而优秀特出者，视寻常一般者恒为少数。虽在共和立宪国，其直接发动其合成心力之作用，而实际左右其统治权力者，亦恒在优秀特出之少数国民。在法律上，则由此少数优秀特出者，组织为议会与政府，以代表全部之国民。在实事上，则由此少数优秀特出者集合为政党，以领导全部之国民。而法律上之议会与政府，又不过籍法力，俾其意思与行为，为正式有效之器械，其真能发纵指示为代议机关或政府之脑海者，则仍为实事上之政党也。是故政党在共和立宪国，实可谓为直接发动其合成心力作用之主体，亦可谓为实际左右其统治权力之机关。

……共和之制，国民为国主体，吾党欲使人不忘斯义也，故颜其名曰国民党。[①]

按照该宣言的含义及背景，可以明显地看出，国民党不仅将国民在社会中角色的转变作为政治生活和国家样态区别于以往"君主专制国"的一个根本性的因素，而且还强调，作为国民当中脱颖而出的优秀代表，他们要集合为一个政党，来领导全部之国民。按照这一逻辑，国民党既然是国民之优秀代表，那么首先它的本质就是国民本身。既然是国民来领导国民，则断不存在国民会拒绝或者国民党作为一个如旧有官僚系统一类主体来压榨国民、欺凌国民的可能。其次，既然是优秀国民来领导广大国民，那么他们就可以将国民作为一个具有标志性和宣示性的口号，以显示自身与原有社会和原有阶级的彻底决裂。在这个角度上看，任何"非国民"的，或者任何"家族"的以及"官僚"的，都是其针对的目标，似乎就当然地具有了某种落后的属性和表现，因而堪可成为被革命的对象。仔细

---

① 原名称为《国民党宣言》，见《孙中山全集》（第二卷），中华书局1982年版，第372页。

考虑，这些问题的逻辑链条实际上是比较长的，首先是需要论证国民为国家之基础；其次，还要证明国民党具有国民性；最后，还要强调具有国民性的政党是唯一（按照某些极端的理论）能够领导革命而且在革命胜利后继续作为国家主要领导力量的主体。事实上，国民党以及其前身或者组成部分的兴中会等，已经通过自身的宗旨阐述得较为明晰了，在此不一一列明。但是仍有一些问题他们没有说明，而且这些问题似乎都还是非常关键的。例如，他们可否代表国民？是否优秀的就可以代表国民？又是谁可以判定他们是否优秀？这些问题都被选择性地忽略了，按照当时的特定历史情境，也不会有人去考虑这些问题。理论上，如果国民党尚不能代表国民，那么似乎唯有指望国民自身，依据代议制或者别的制度推选代议士等，然后由这样一批人组成一个合宜的团体，以合宜的制度统治国家，这在当时恐怕是不可能的。

与"国民"内涵相似的，还有"人民"。值得注意的是，此时的"人民"虽然已经出现，但在用法上和出现的频率方面，与"国民"还是存在一定的区别。例如，孙中山先生就谈道：

> 专制国以君主为主体，人民皆其奴隶。共和国以人民为主体。①

因此在这里可以看出，虽然"人民"之"人"似乎比"国民"之"国"更具有广泛性，但是很明显，有些阶层或者特定的主体并不必然包括在"人民"这一内涵当中，而"国民"是在特定的领土四至内除却统治者之外的"民"而具有更为广阔的范围。也就是说，似乎在"人民"具备了社会某些特定主体的指代意义之初，它就天生地具备了某些区辨的能力，但这并不意味着所谓"人民"的内涵是有选择地进行纳入的，也就是说，我们可以说"统治者的对立面是人民"，但我们很难去定义"什么是人民或者何者属于人民"。即便是如孙中山先生所谈到的，资产阶级和小资产阶级乃是国民的中坚力量，也不是说剩下的一些人就被排除在国民以外了，或者说，在推翻特定统治者而以国民为名义求得解放之际，国民

---

① 《孙中山全集》（第二卷），中华书局 1982 年版，第 482 页。

或者人民所强调的乃是共同的敌人，而非在某一领导团体的话语体系下所选择的特定群体。

在这一逻辑被逐渐确定和接受以后，中间的诸多环节都被省略或者不再讨论了，最后被接受的是"国民"不仅具有形式上的正当性，更具有了极为深广的内涵。国民党在1925年多次强调国民和人民的重要性，用来表明其争取独立的正当性。按照国民党的理解，所谓人民的政府或者国民的政府，应该是某个与专制政府相对立的概念，这未免失之狭隘。在其时国共合作的大背景下，中国共产党为国民党带来的最为重大的改变之一，就是使一批原来较为"高高在上搞革命"的国民党人开始真正重视政府治理的社会基础和群众基础。也正因为他们在此问题所代表的价值体系上保持了一定的一致，国民党人和共产党人才能在面对共同的强大敌人时同仇敌忾。

在这一历史时期，中国共产党提出了适应当时中国具体实际的革命纲领，主要为完成反帝反封建的国民革命任务、统一中国为真正的民主共和国，这与其时国民党的政治主张具有相似性。因此，组建"民"之政府、争取"民"之权益，开始成为他们共同的关注点和斗争方向。但是值得注意的是，在斗争的过程当中，国民党和共产党的群众基础和指导思想等都有所不同，中国共产党的群众基础显然更为广泛和稳固，这就表明他们所依靠的具体的"民"的内涵，也有所不同。例如，共产党在成立之初特别重视在工人阶级为代表的无产阶级当中进行活动，因而他们也就自然而然地成为共产党在其纲领中载明并在活动中进行贯彻的一支革命的领导力量。而对于广大农民阶级的认识，在建党之初虽有不同看法，但是中国共产党迅速调整纲领和革命的方针，将广大农民以最大的热情和力度组织在了一起，从而大大拓展了群众的基础和被拥护的力度。此外，对于一些压迫工人阶级的资产阶级和压迫农民阶级的地主阶级等，虽然其时进行民主革命不得不团结他们，面对共同的敌人，中国共产党也允许他们发挥自身的作用，并不一味强调对他们的人身消灭或者彻底否定，但是随着革命的发展，在迈向社会主义乃至共产主义的过程当中，中国共产党对于这部分群体的处理也是适当的。这种团结斗争相结合，带有明显辩证法气质的

"阶级区分",实际上为日后中国共产党话语体系下"人民"一词概念的变化提供了一种基础。

同时还应该注意到,在前述逻辑演变到最终的时候,群众基础已经将革命与虚拟或者实际的政治体连接在一起了,而政治体是属于"民"的这一论断早已深入人心,就已经完全无须对"国家究竟应不应该属于民"这样一个理论问题进行论述了。对于国民党而言,他们认为自己已经找到了特定范围内的群众基础,但显然仍然没有回答"国家究竟是不是民的"这一实质问题,如果将"民"类比为传统社会话语体系中的"民心",那么,显然中国共产党对于民众的号召能力要远强于国民党。国民党本质上是一个资产阶级的政党,虽然名义上它是以国民全体作为代表和服务的对象的,但这并不意味着国民党乃是代表全体国民的党派。伴随着认识的深入和革命实践的推进,中国共产党在革命根据地的统治的社会层次和结构进一步科学化、完整化,中国共产党对"人民"内涵的认识也不断深化。在这样的过程中,中国共产党强调自己的统治具有深而广的社会基础,并对"人民"之内涵进行进一步的明确,二者相互依托、互相促进,这也可以被视为是"人民"内涵变化的又一个动因。

研究中国共产党的相关理论和主要领导人的著述,会看出其演变的脉络大体与整个中国革命的进程相一致,与民众意识的觉醒和马列主义的传播趋势也大体上具有同步性,但是,就不断拓宽"国民"意涵的概念这一点,又比社会的任何主体或者思潮都更科学、更果断。例如,在毛泽东的著作当中,1935年以前,"人民"一词出现的频率非常低。即便是在一些相对较为"红色"或者与国民党之政治主张决然相反的著述当中,毛泽东也并未使用"人民"一词,而是使用了"群众"、"民众"或者"大众"等词汇,例如在1928年的著作《中国的红色政权为什么能够存在?》之中,完全没有出现"人民"一词①,在之后的著作如《井冈山的斗争》之中,"群众""民众"等词汇大量涌现,特别是"群众",出现了22次,

---

① 参见毛泽东:《中国的红色政权为什么能够存在?》,载《毛泽东选集》(第一卷),人民出版社1991年版,第47—56页。

但是"人民"一词仅仅出现了 5 次①。从阶级基础方面看，这时的苏维埃政权属于"工农政权"，理论上不太可能将较为宽泛的"国民"或者"人民"当中所包含的全部内容都纳入政权的基础当中，这是可以被理解的。

到了 1935 年，情况发生了巨大的改变。毛泽东在《论反对日本帝国主义的策略》中表示：

> 我们的政府不但是代表工农的，而且是代表民族的。这个意义，是在工农民主共和国的口号里原来就包括了的，因为工人、农民占了全民族人口的百分之八十至九十。
>
> ……我们要把这个口号改变一下，改变为人民共和国。这是因为日本侵略的情况变动了中国的阶级关系，不但小资产阶级，而且民族资产阶级，有了参加抗日斗争的可能性。
>
> ……革命的动力，基本上依然是工人、农民和城市小资产阶级，现在则可能增加一个民族资产阶级。②

与北伐战争时期类似，既然整个中国之国民都有了共同的敌人，那么与之相应地，只要是同仇敌忾可以为援手或者斗争的参与者的，均可以被认为是人民的组成部分。而大地主、大资产阶级等，因为某种程度上表现出了一些妥协退让甚至是投降的倾向，而且这部分人与原有的工农阶级仇恨也最深，因而暂时被排除出此时"人民"的内涵之内了。理论上，即便是按照预测，日本侵略者终将失败，那么嗣其失败以后重新建立或者继续保持一个以工农民主政权为表现形式的国家也未尝不可，但是毛泽东的选择是将整个政权的形态转变为"人民共和国"，这不仅仅是对于新加入的几类阶级在反侵略斗争上起到巨大作用的一种认可，更是因为政权建设的"广泛的人民性"的需要，也就是说从这以后，中国共产党对于"人民"概念的选择就开始带有极强的针对性，无论是该概念内涵日后的扩张还是收缩，也无论这种扩张或者收缩是正确或者错误，都带有非常强烈的政治方面的考量和明确意图，这一点，与自清末革命斗争以来形成的"国民"

---

① 毛泽东：《毛泽东选集》（第一卷），人民出版社 1991 年版，第 57—84 页。
② 毛泽东：《毛泽东选集》（第一卷），人民出版社 1991 年版，第 158—160 页。

之概念，有着本质上的区别。可以这样理解，如果说"国民"的概念之得出，靠的是归纳，那么"人民"则无疑属于一种演绎。

从 1945 年到 1949 年的几年间，"人民"这一概念在站稳脚跟以后，并没有像其他概念一样，开始拓展广度和深度，反而出现了一定程度的反复。受此时土地政策、政治倾向左右摇摆等的影响，"人民"的内涵也在不断进行收缩或者扩大。1948 年以来，党内和解放区人民民主政权的具体实践当中出现了一些错误的倾向，集中表现为在军事胜利以后，一些解放区出现了"贫雇穷打江山坐江山"的错误思潮。在新生的解放区当中或者在老解放区转变政权形态的过程当中，"人民"的概念开始收缩，甚至比原来抗日时期在边区等的表述更为狭窄了。虽然中央力图扭转这一局面，但是这种思潮的出现就意味着"人民"人为化的痕迹更重，其作为一个政治概念的性质更加明显了。根据中央对此种问题的批评可以看出，有些人民民主政权在政权组织的时候，不仅没有将小资产阶级、中等资产阶级等纳入到体系当中，甚至连小商业者、自由职业者和知识分子乃至于中农都被排除在政权之外了。[①] 这种将农民地位极端抬升的倾向甚至危及到了代议机构。例如某些地区的最高政权机关是农民代表大会（如贫农团等）选出来的，但是实际上他们应该由边区人民代表大会选出。连政府的产生形式都可以受到如此影响，在土地改革等问题上，所出现的以农民代替人民或者人民内涵的收缩就更为明显，甚至中共中央都在某种程度上认同了这一观点，直接导致了中农等一大批本应属于人民范畴的主体，被强制性地排除在外。例如，在 1947 年，中央工委强调：

> 乡村中一切工作，特别关于土地改革中的一切问题，必须先经贫农团的发启和赞成，否则，就不能办。[②]

另一个可以佐证人民作为一个政治概念而不是法律概念的史实读来有趣之余，也让人比较遗憾。因为在实践当中，恰恰不是二者的分界清楚明

[①] 参见《中央关于边区政权机关性质给邯郸局的指示》，载《中共中央文件选集》（第十七册），中共中央党校出版社 1992 年版，第 14 页。

[②]《中央工委关于树立贫雇农在土改中的领导及召开各级代表会等问题给晋绥分局的指示》，载《中共中央文件选集》（第十六册），中共中央党校出版社 1992 年版，第 598—599 页。

晰，而是两者往往会被混同。因为"左倾"的影响，作为政治概念的人民和作为法律概念的"公民"经常混用，例如在选举中谈到不用给地主、富农选举权和被选举权，经过了农村法庭的审判，甚至可以剥夺反动的地主富农的公民权。以至于到了 1949 年《共同纲领》的起草过程中，官僚资产阶级和地主阶级仍然不能成为人民的主体，而不享有人民的权利，也就不享有国民的权利，却要遵守国民的义务，这样的行为被认定为人民民主专政。①

　　实际上，早在华北人民政府之前，"人民政府"一词就已经被广泛认可了。最被广为接受的一个来源指出，实际上人民政府并不是中国共产党的创造，而是人民给予它们的一种赞许。1944 年，吴满有作为劳动英雄参加了宪政问题座谈会，以普通老百姓自我定位的吴满有，用非常朴实的话谈到了民众心目当中民主的表现和对于美好生活的愿景。例如他谈道，普通农民能够登堂入室，与党和国家重要领导人一起讨论问题，就是一种民主，边区的政府为人民办了好事，是人民的政府，只要政府、军队、老百姓齐心合力就能够取得更大的成绩，等等。从中国共产党这一方面来看，虽然吴满有是否是首次提出"人民政府"这个概念尚不能有最为明确的解答，但至少此事经《解放日报》报道以及经过谢觉哉日记两份证据证明，可信度较高。② 此后，在 1948 年 9 月 8 日中共中央政治局会议的报告当中，毛泽东指出：

　　我们是人民民主专政，各级政府都要加上"人民"二字，各种政权机关都要加上"人民"二字，如法院叫人民法院，军队叫人民解放军，以示与蒋介石政权不同。

　　……现在我们就用"人民代表会议"这一名词。

　　在新中国成立以后，"人民"一词的概念内涵也在不断地进行变化。

---

　　① 参见周恩来：《人民政协共同纲领草案的特点》，载《周恩来选集》（上卷），人民出版社 1980 年版，第 369 页。
　　② 参见《延安各界人士举行宪政问题座谈会》，载《解放日报》1944 年 2 月 29 日，头版头条。关于谢觉哉的日记之描述，可以参见谢觉哉：《谢觉哉日记》（上册），人民出版社 1984 年版，第 581—582 页。

在新中国成立之前，毛泽东首先将人民之内涵的厘定上升到了巩固和建设新民主主义社会并且体现我国的国家性质的高度上。具体执行当中则强调要善于使用以生产资料的所有程度作为物质标准的阶级划分方法，以及以是否拥护党和政府、是否反革命等作为思想裁量标准的敌我划分方法。具体而言，将全体国民大体上分为敌我两类，分别对应敌人和人民。在新民主主义革命当中，人民主要指的是拥护新民主主义的工人、农民以及小资产阶级和民族资产阶级，而敌人则主要是指"三座大山"，即帝国主义列强的代言人、地主以及官僚资产阶级，具体到当时阶段，更多地表现为他们利益的代言人——国民党反动派。当然，人民在历史中所起到的是一种推动的作用，而敌人则是在阻碍历史的发展。

如果希望实现人民当家作主的权利，那么就必须有与之相适应的国家政权的民主和专政制度，具体而言就是对人民讲求民主，对敌人实施专政，这被称为"人民民主的独裁"。事实上，我们并不在此强调对于敌人人身的消灭，而是在其阶级本身和人民阶级有着根本矛盾从而不能在新政权内继续存续的前提下，可以通过改造和劳动，转变为人民。这样，实际上就是充实壮大了人民的力量，而削弱了敌人的力量。从现阶段看，工人阶级作为人民的领导，带领着主体为工农联盟的人民群众，不仅要对于敌人进行教育，对于自身也要不断地进行教育和提高，此种教育和提高尤其对于农民阶级和资产阶级更为必要，因为他们受压迫阶级的影响最为深重。

按照此种分类方法，新中国成立之初的人口调查表明，中国总人口的9成以上属于人民，总数在 5.2 亿人以上。而敌人的总数量则不到 6000 万，连总人口的 10% 都不到，这种分类方法和划分很准确地体现我国的社会现实，而且对于巩固政权以及号召全体国民来参与新中国建设方面，起到了巨大的推动作用。

到了社会主义制度在中国基本确立起来以后，我国的政治生活出现了新的情况。原有的民族资产阶级和小资产阶级是否还可以被划入人民之范畴，以及先前的地主和官僚资产阶级等"三座大山"被扳倒以后，这些主体是否接受了良善的改造等，都是值得探讨的问题。再加之此时其他社会主义强国在其领导人的个人意志的左右下，所呈现出的令人惊骇的政治局面，中国共产党适时地对于人民范围问题进行了新的探索。毛泽东指出，在新中国成立后的一段时间内，党和国家执行了调动一切积极力量建设国家的方针政策，取得了很好的效果。现阶段，更需要调动各方力量，将我国迅速建设成一个强大的社会主义国家。同时，由于我国已经建成了社会主义制度，那么即可从社会主义制度出发，重新划分敌我。在社会主义的建设阶段，所有拥护社会主义、积极参与建设社会主义国家的主体，都应该属于人民；反之，所有仇视社会主义制度、破坏社会主义制度、阻碍社会主义国家建设的主体，就变成了敌人。在人民内部实施民主，由人民对敌人实施专政。这样，实际上是说明了人民的范围在原有的以工人阶级为领导、工农联盟为主体的基础上，又有了一个非常大范围的延展。而且毛泽东还进一步强调，在这种相对宽泛的人民的范围确定的前提下，当前社会主体间的大量矛盾基本都属于人民内部矛盾，那么就应该以人民内部矛盾的处理办法来解决，不应扩大专政的覆盖面。在此基础上，刘少奇在党的八大上明确指出，原有的民族资产阶级、小资产阶级以及各民主党派等，不仅有参与民主斗争的光荣传统，而且也可以用自身的科学知识和技能，为社会主义建设服务。只要他们愿意与我们进行团结，并接受教育，为社会主义作出自己的贡献，那么在社会主义国家的发展以及社会主义民主制度的发展当中，亦应该使他们可以积极参与。到了1956年，周恩来也专门提出了知识分子在阶级属性上已经属于工人阶级这样的观点，其实质是表明知识分子为社会主义建设所作出的积极贡献。

受到这些有益思想的影响，对于地主和富农等不属于人民范畴的主体，也在一定条件下被允许加入社会主义的生产方式中，一时间，全国上下基本都集合在一个理念下，即积极开展社会主义建设，相对开明而富有凝聚力的政治气氛让新中国在极短的时间内就取得了经济建设和科学技术等方面的一系列突破，在国际上站稳了脚跟。毛泽东指出，反革命应该越来越少，而不应该越来越多，社会对于反革命的镇压，也应该保持极为审慎的态度。在此话语体系下，到了 1956 年，我国的人民已经占到了全体人口的 95% 以上，而敌人则以不足 3000 万的总数，仅占总人口的 3% 左右，甚至这个数字还一度降到了 1000 余万，那样的话就基本是总人口的 1%，可以说微乎其微了。

虽然前述良好的势头和状态因为诸多问题而搁置甚至倒退了，但是经过了艰苦的摸索和对于教训的深刻思考以后，中国共产党在人民范围的问题上，还是回到了正确的轨道上来。在党的十一届三中全会以后，中国共产党重新树立起了实事求是的路线和解放思想的作风。在 1981 年，中国共产党系统总结了新中国成立 30 余年以来历史的经验教训，特别是曾经走过的一系列弯路，为中国共产党开始重新厘定人民的范围铺平了道路。总体来看，这一次对于人民范围的重新厘定，大致分为以下几个步骤：

首先，中国共产党明确，在社会主义制度建立以后，中国社会的主要矛盾是人民日益增长的物质文化需求同落后的社会生产力之间的矛盾，因此，党和国家应该集中精力进行经济建设，实现社会主义现代化，解放生产力，发展生产力。也就是说，在当前的社会当中，既然已经实现了社会主义制度的构建，那么阶级斗争就不再是中国政治生活的主要内容，大量的所谓"阶级矛盾"，实际上都不属于阶级斗争的范畴，更不能以阶级斗争的方法和手段去解决，尤其不能破坏社会主义民主和法治。为了达到前述目标，则必须同新中国成立时期和建设时期一样，团结一切可以团结的力量，巩固和扩大爱国统一战线。从此，中国共产党开始首先进行平反工作，为大量被错误地划入敌人阵营的党员、干部和群众进行了身份上的重新确认。短短 4 年间，为近 400 万人进行了平反工作。与之同时进行的摘右派帽子的行动也成效显著，从 1978 年到 1980 年，有 55 万的"右派"洗脱了污名，投入到了社会主义现代化建设事业中。同时，为知识分子们正名，邓小平明确指出，知识分子也是劳动者，只是脑力劳动和体力劳动的社会分工不同，根本不存在对于人民的剥削。在对于地主和富农的态度方面，也不再因为原有的政治身份而与其他公社成员进行区别对待，而是强调经过了相当长时间的劳动和改造，他们已经与农村的其他社会主体没有身份上的区别了。对于小摊贩、工商业者以及原国民党部队的投诚人员等的成分，也都进行了重新厘定。通过种种拨乱反正的举措，实际上营造出一种全国各族人民团结并积极建设社会主义现代化的景象。

其次，1982年修改后的宪法以鲜明的条文指出，在现阶段的中国，剥削阶级已经不存在了，但是阶级斗争还会在社会的特定范围内长期存在。社会主义国家的现代化必须依靠的力量，是全民团结的力量，不仅包括了传统意义上的工人农民，也包括知识分子。关于宪法修改草案的报告指出，原有的人民民主专政国家的阶级构成性质已经发生了变化，其原因是：工人阶级的范围不断扩大，参与社会主义现代化建设的劳动者越来越多；农民阶级由零散的农民结成了集体，这种以集体作为阶级组织方式的崭新结构给农业和农民带来了前所未有的活力，大大解放了农业生产力，甚至可以在某种意义上说，也打破了原有"贫雇农"阶层赖以维持属性的质的规定性，即其因丧失生产资料而对另一阶级或者阶层而产生不同程度的人身依附；广大知识分子变成了工人阶级的组成部分。在此种前提下，专政针对的对象也不再是前述的"敌人"，可以说，人民的概念有了彻底的变化，相应地，谁在这个国家当家作主，也比照之前有了一种极为长足的进步。

最后，在有中国特色的社会主义市场经济体制确立以后，中国的社会构成出现了一些新的变化，主要表现在出现了一些新的社会主体方面。由于多种所有制经济的共同发展，不同所有制结构下的主体实际上都在为社会主义建设事业作着自己的贡献。例如，个体营业者、私营企业主以及雇员、外资企业雇员以及自由职业者等，他们本身可能属于工人阶级或者农民阶级出身，在特定的历史条件下，又充当了有产者或者有产者剥削的对象。如此一来，是否会对他们本身的人民属性构成一定的冲淡甚至威胁？对此，中共中央指出，新出现的阶层只要诚实劳动、合法经营，都可以成为人民的组成部分，因为他们确实为解放和发展生产力作出了卓越贡献。同时，他们被赋予了一个崭新的身份——中国特色社会主义事业的建设者，被纳入了人民的内涵当中。中国共产党以极为包容开放的姿态，欢迎新的社会主体加入社会主义现代化建设的队伍中来，并且明确，政治与经济的勾连不是简单的有产无产，财产的多寡与政治的进步与否无必然联系，而是应该看到他们的积极劳动以及为社会主义建设事业所作出的积极贡献。

现阶段，我国人民的主要范围包括四类，主要是全体社会主义劳动者、社会主义事业的建设者、拥护社会主义的爱国者、拥护祖国统一和致力于中华民族伟大复兴的爱国者。全体社会主义劳动者主要包括工人、农民、知识分子以及其他一切从事社会主义建设事业的自食其力的劳动者。社会主义事业的建设者主要包括在社会变革中出现的民营企业的创业人员和技术人员、受聘于外资企业的管理技术人员、个体户、私营企业主、中介组织的从业人员、自由职业人员等社会阶层。拥护社会主义的爱国者和拥护祖国统一的爱国者范围比较广泛，主要包括两个范围的联盟：一个是大陆范围内以爱国主义和社会主义为政治基础的团结全体劳动者和爱国者的联盟；另一个是大陆范围以外以爱国和拥护祖国统一为政治基础的团结台湾同胞、港澳同胞和国外侨胞的联盟。党的十九大指出，当前拥护祖国统一的爱国者已经扩大为拥护祖国统一的爱国者和致力于中华民族伟大复兴的爱国者。第一次把"致力于中华民族伟大复兴"写进了人民的范围中，体现了党的十八大以来习近平总书记提出实现中华民族伟大复兴的中国梦作为团结海内外中华儿女的最大公约数的新思想，进一步拓展了人民的共同思想政治基础。

三、 中国共产党的人民主权思想

（一）工农民主政权时期人民主权思想

人民主权思想早在苏维埃时期即有很明确的体现。在《中华苏维埃共和国国家根本法（宪法）大纲草案》中，中国共产党提出：

苏维埃国家根本法最大原则之一，就是实现代表广大民众真正的民权主义（德谟克拉西）。只有苏维埃政权能够保障劳动群众一切自由。它不只是在法律的条文之上规定言论、出版、集会、结社、罢工等自由，而且它用群众政权的力量取得印刷机关（报馆、印刷厂等），开会场所等，在事实上保障劳动群众取得这些自由的物质基础。第二，也只有苏维埃政权能够保障劳动群众的平等。在苏维埃政权之下，凡选举权、被选举权以及一切法律命令等，对于劳动者不分男女，不分种族（如汉、满、蒙、回、藏、苗、黎以及高丽、安南等族），不分宗教的信仰，都是一律平等的看待。①

在此，享有民权的主体是劳动群众，无论任何种族、性别和宗教信仰，只要满足特定的条件，都可以成为享有民权的主体，但是实际上这种民权的范围却是相当狭窄的。在后续的条款中，中国共产党对于劳动群众进行了进一步的收紧：

苏维埃国家根本法最大原则之二，在于真正实现劳动群众自己的政权，使政治的权力握在最大多数工农群众自己手里……②

也就是说，劳动群众被细化为工农群众，政治权力掌握在工农群众手中，其逻辑预设是，在辖区内部或者取得胜利后即将得到的各处地方，工农都是社会成员的主体。这样就把资本家、地主等排除在政治权力的掌握者以外了。但是实际上，两者的关系在此被概括得稍微简单化了一些，单纯以劳动或者不劳动来对社会成员进行划分，可能会导致对于一部分人身份认定上的模棱两可和政策上的左右摇摆，这类问题在中农、富农乃至于若干参加劳动的地主身上表现得尤为明显。在城市中，中国共产党也为社会主体标明了职业和劳动性质等带来的区别。例如，店主和作坊主被单独作为一个主体提出，是剥削阶级的一个组成部分。这种表述体现出非常明显的时代特征和政权的阶级属性。

按照中华苏维埃共和国的来源和制度表述，"苏维埃"应该直接来源

---

① 《苏维埃中国》（第一集），1933年版，第17页。另见中国社会科学院法学研究所、韩延龙、常兆儒编：《中国新民主主义革命时期根据地法制文献选编》（第一卷），中国社会科学出版社1981年版，第2—7页。

② 《苏维埃中国》（第一集），1933年版，第17页。另见中国社会科学院法学研究所、韩延龙、常兆儒编：《中国新民主主义革命时期根据地法制文献选编》（第一卷），中国社会科学出版社1981年版，第2—7页。

于俄文"代表大会"或者"代表会议"的音译，而其内涵也与先前俄国的组织形式十分类似，即工农兵为基础的一种直接民主制度。也就是说，在此时，"群众"与苏俄的语境一样，基本属于以工人和士兵、农民和士兵、工人和农民等的无产阶级专政政权结合而来的一种无产阶级专政的政权组织形式，并由此进一步拓展为整个劳动者的联合专政政权，由于对于"劳动"的界定仍然更多地关注生产关系，故而两国的苏维埃还并未具备完整意义上的群众基础。客观上看，这种极具针对性的制度设计反映了中国共产党成立初期的理论和实践，尤其是对于无产阶级领导中国革命的强调，以及对于所有剥削者——包括国民党反动派在内的剥削者——的极端反对和仇视。这种鲜明的革命性和斗争性使得中国共产党具备了前所未有的感召力，同时也使得中国共产党具备了领导中国革命的进步性。难能可贵的是，在日后的革命斗争中，中国共产党注意到了群众基础的扩大问题，并适时地对此进行了调整。事实上，在苏区斗争进行的过程中，中国共产党就注意到了此类问题，例如，在苏维埃共和国的根本大法《中华苏维埃共和国宪法大纲》第一条中，对此问题有着进一步的规定：

中华苏维埃共和国的基本法（宪法）的任务，在于保证苏维埃区域工农民主专政的政权和达到他在全中国的胜利。这个专政的目的，是在消灭一切封建残余，赶走帝国主义列强在华的势力，统一中国，有系统的限制资本主义的发展，进行苏维埃的经济建设，提高无产阶级的团结力与觉悟程度，团结广大贫农群众在他的周围，同中农巩固的联合，以转变到无产阶级的专政。[①]

可以看出，在此表述当中，中农被列入"人民"的范围内了，至少也是具有一种被联合的地位从而可以享有一定的权利。而在下一条表述中，中国共产党对于苏维埃的本质也进行了拓展：

中华苏维埃政权所建设的，是工人和农民的民主专政国家。苏维埃政权是属于工人农民，红色战士，及一切劳苦民众的，在苏维埃政权下，所

---

① 中央档案馆编：《中共中央文件选集（一九三四——一九三五）》（第十册），中共中央党校出版社1991年版，第644页。

有工人农民红色战士及一切劳苦民众都有权选派代表掌握政权的管理，只有军阀，官僚，地主豪绅，资本家，富农，僧侣及一切剥削人的人，和反革命的分子，是没有选举代表参加政权和政治上自由的权利的。①

按照本条的表述，苏维埃政权的所属不仅包括工农兵，也包括其他劳苦民众。这一点在当时对于民众的号召力是十分巨大的。从客观上看，民众对于"苏维埃"的内涵究竟是什么，往往还存在着诸多迷惑或者误解，甚至会说"苏维埃"是某个人，是中国共产党革命根据地领导人的亲戚。在这种对于革命政权组织形式不甚明了的情况下，中国共产党以劳苦群众权益保障者的形象出现，不仅是民众最需要的，也是最能够使得民众团结起来的。同时，以列举的方式描述了敌人，这些敌人也正是需要排除出政权的人，也就是不属于"人民"的人。本条中，基本上对在当时中国革命的敌人都进行了列明，以往任何主体在进行革命时，都未能有如此的针对性和斗争勇气，因而也体现出中国共产党前所未有的坚决意志。

到了 1933 年，苏维埃政权公布了《中华苏维埃共和国十大政纲》，对此问题又有了新的表述：

三、推翻中国豪绅地主资产阶级的国民党军阀统治，在全中国建立工农兵苏维埃的工农民主专政的政权。②

在条文中明确规定，在工农兵苏维埃政权组织形式下建立起的国家，其国家性质是工农兵专政的国家，而专政的对象则是豪绅地主、资产阶级，分别对应封建主义和资本主义，以及其在当下中国的利益代表——国民党军阀。这说明，苏维埃政权体系经过了 6 年左右的建设，中国共产党对于体系本身的正确性和先进性仍是一如既往地坚持，但对于敌人的理解更加准确了。在当时的中国和中国革命中，真正的敌人并不是一切剥削劳苦群众的阶级和个体，虽然从根本上看，他们也是在新的政权体系下要被专政甚至要被消灭的对象，但是这也并不代表他们不能够为中国共产党所

---

① 中央档案馆编：《中共中央文件选集（一九三四——一九三五）》（第十册），中共中央党校出版社 1991 年版，第 644 页。

② 韩延龙、常兆儒编：《革命根据地法制文献选编》（上卷），中国社会科学出版社 2013 年版，第 12 页。

教育、所团结。只有长期顽固地坚持以武力镇压中国共产党革命、长期试图对革命根据地进行围剿的国民党军阀，才是政权真正的敌人。他们以及他们所代表的这些阶级，才是最应该被直接排除在中国共产党所建设的苏维埃政权之外的。

另外值得注意的是，苏维埃作为一种政权组织形式，在中国的革命中分布的区域是相当广泛的。除瑞金井冈山地区以外，还有诸多地方性的苏维埃组织。例如，在广东地区，1927 年 12 月 11 日爆发了广州起义。当天上午，广州苏维埃政府在广州市公安局宣布成立，张太雷主持该政府和工农兵执委代表第一次联席会议。推举苏兆征为政府主席（在苏兆征未到广州之前由张太雷代理），恽代英为秘书长，叶挺为工农红军总指挥，叶剑英为副总指挥。12 日中午，在西瓜园操场举行拥护苏维埃政府大会，通过了政府职员名单，颁布了《苏维埃政府对内对外政纲》。政纲宣布：一切政权归苏维埃，打倒反革命国民党和各式军阀；工人实行 8 小时工作制，监督生产；一切土地收归国有，归农人耕作；联合苏联，打倒帝国主义。因起义部队寡不敌众，13 日被迫退出广州，广州苏维埃政权被扼杀。

在其革命宣言《广州苏维埃宣言》当中，苏维埃强调：

一、广州一切政权属于工人、农民、兵士。①

可以看出，政权组织方式非常明确，为工农兵联合政府，即苏维埃。但广州苏维埃政府对于苏维埃的"负面清单"，也就是敌人的表述，是更加丰富而明确的。其条文为：

十、禁止国民党的活动，他的一切组织应即取消，若是有为国民党宣传的，应该受革命的裁判。国民党在与共产党合作的时候是革命党。以前工人倚重国民党，现在还有很大的敬重于国民党的创造者孙中山先生，他是帝国主义的仇敌，人民的朋友，虽然他还不是无产阶级革命者。自蒋介石四月的政变和汪精卫七月的政变以来，国民党完全变成了反革命、帝国主义的工具，枪毙工人、农民，欺骗兵士，真是国民革命的叛徒。国民政

---

① 中国社会科学院法学研究所、韩延龙、常兆儒编：《中国新民主主义革命时期根据地法制文献选编》（第一卷），中国社会科学出版社 1981 年版，第 18—21 页。另见广州起义纪念馆常设展览。

府的军队是拿来保护资本家、地主和富农利益的，他们的领袖南京派和张发奎派都是一群反革命的、强盗的、压迫的和杀人的反革命分子。因此，现在还在国民党内留着的工农兵应该即刻退出国民党，依靠着唯一可靠的苏维埃政权。①

从行文上看，虽然本条的矛头是针对国民党，但在其表述中对于国民党的性质分析是比较清晰的。从国民党的历史发展上看，早先在孙中山先生的领导下，确实与帝国主义、反革命军阀等进行了坚决的斗争，这种斗争取得了如此卓越的成效，以至于工人虽然是属于无产阶级，而国民党是民族资产阶级的利益代言者，二者存在着剥削和被剥削的关系，但是无产阶级仍然愿意团结在其周围，并将之视为"人民的朋友"（注意并非人民，而是人民以外的关系者）。但是，在蒋介石和汪精卫等反革命分子的错误领导下，国民党已经变成反革命的一股势力，而其革命性也从原有的反帝国主义、反军阀主义变为对于资本家、地主和富农利益的维护。这样，他们便丧失了原有的群众基础，原先对国民党还抱有某些幻想的无产阶级民众，都应该与其决裂，这也更加反映出苏维埃政权的性质。正是因为工农兵是苏维埃政权、苏维埃国家的主人，那么对于这一部分民众的争取就是中国共产党进行革命的重中之重。这一点，在整个苏维埃政权的发展演变过程中，都得到了系统的强调和贯彻。在湘鄂赣革命根据地和川陕省的苏维埃政权当中，也有类似的表述。

纵观整个苏维埃革命根据地的制度表述和实践，能够明显看出苏维埃政权对于"工农兵"这类民众作为政权基础的坚持，这种规定和强调不仅包括了从正面直接宣称政权或者权力属于工农兵，也有从反面即革命的对象、敌人和任务方面的规定。应该说，对于"苏维埃"及其背后的整个理论体系的坚持，初步厘定了中国共产党在中国革命当中的立足点问题。虽然在此前，也有一些势力宣称，其所建立的政权、国家等是国民的国家，权力归属于人民，但是从本质上看，那也只是粉饰其真正目的的一种说

---

① 中国社会科学院法学研究所、韩延龙、常兆儒编：《中国新民主主义革命时期根据地法制文献选编》（第一卷），中国社会科学出版社 1981 年版，第 18—21 页。另见广州起义纪念馆常设展览。

辞，或者他们根本就缺乏将之落到实处的能力和意愿。虽然从客观上看，这一时期，中国共产党谈到的"建立全国性的苏维埃"、"彻底消灭剥削者"以及"将一切权力机构以苏维埃的方式进行组织"等，还显得过于超前，实现起来具有相当大的难度，但是这种将政权明确为无产阶级和劳苦群众所建立的，不仅是对于包括巴黎公社运动和十月革命等在内的国际无产阶级运动的一种尊重和延续，也是对于中国革命应该走的道路的一种主动探索。此后，在面对政权的群众基础和政权、主权的人民性等革命的根本性问题时，中国共产党在理论上和实践上都显得更富经验和策略，这也直接促使中国共产党完成一个又一个革命任务，并保证了革命的最后胜利。

（二）抗日民主政权时期人民主权思想

在中国革命进入以反对日本帝国主义侵略为主要任务的抗日战争时期以后，革命的盟友、敌人和斗争方式等都发生了巨大的变化，敌后抗日根据地、革命政权的组织方式也发生了巨大变化。在名义上，中国共产党领导的敌后抗日根据地服从国民党中央政府的统一管辖，名称变为"边区"或者"特区"。在军事等方面，也进行了重新编排，使全国的武装力量在某种意义上具备了协同作战的能力。由于政权组织形式和革命对象发生了变化，革命所依靠的力量也就随之发生了转变，无产阶级与资产阶级的阶级矛盾以及农民阶级与地主阶级的阶级矛盾由原有的比较紧张的情况，转变成为另一种表现形式，即在抗战中相互团结又相互斗争或者以斗争求团结。

从这一角度看，较之于苏维埃政权时期，本时期内的"人民"范围有所扩大。不仅包括了原有的工人、农民等狭义的无产阶级，还包括了相当一部分原本被认为是剥削者的群体，如中农、民族资产阶级甚至是地主阶级。相应地，一切对于抗日消极悲观，甚至里通外国的个体，都应该被排除出人民的范围，在本时段内集中表现为各类汉奸、伪军、土匪和犯罪分子。对于此类群体，在宪法性法律规范当中也往往有比较明确的惩罚性规定。总体而言，从体系的高度上看，此种制度设计不仅能够保证调动起全部可以调动的力量来抗击日本帝国主义的侵略，还能够切实有效地建设敌后抗日根据地，保证敌后抗日根据地内民众的生产生活。最为重要的是，这种对于各阶级都进行适度团结的总方针以及统一战线的表现方式，为日后新中国的成立和联合政府的建立，并为进一步扩大中国共产党领导的革命政权的群众基础，作出了极为卓越的贡献。在切实保障人民当家作主的诸多实践当中，很多具体的行为方式为后来的中国共产党所继承和发扬，其中最具有代表性的当属民主选举和司法建设，而这正是人民主权的两个最为重要的体现。可以说，就实现政权的人民性而言，中国共产党领导的制度建设和实践，是在极为艰苦的环境里为日后真正意义上实现无产阶级领导的人民主权，积累了宝贵的经验。

1939 年 4 月，陕甘宁边区公布了其宪法性文件——《陕甘宁边区抗战时期施政纲领》，其中，对于根据地民众的表述为：

陕甘宁边区在国民政府和蒋委员长领导下，本着拥护团结、坚持抗战、争取最后战胜日寇的方针，本着三民主义与抗战建国纲领的原则，根据陕甘宁边区的环境与条件，特制定陕甘宁边区抗战时期施政纲领作为边区一切工作之准绳。

……

（一）坚持巩固与扩大抗日民族统一战线，团结全边区人民与党派，动员一切人力、物力、财力、智力，为保卫边区、保卫西北、保卫中国、收复一切失地而战。

（二）高度的发扬边区人民的民族自尊心与自信心，反对一切悲观失望、妥协投降的倾向。

（三）厉行锄奸工作，提高边区人民的警觉性，彻底消灭汉奸、敌探、土匪的活动，以巩固抗日后方。[①]

可以看出，对于阶级矛盾的表述转变成了对于革命任务的表述，而此时所提到的"边区人民"，本身并不含有某种身份上或者阶级上的区别，不再以性质作为区别属于或者不属于人民的一个客观标准，而是以是否有

---

① 陕西省档案馆、陕西省社会科学院合编：《陕甘宁边区政府文件选编》（第一辑），档案出版社 1986 年版，第 209—211 页。

抗日的热情和行为作为标准。悲观失望和妥协投降是革命群体排除的主观条件，而这些主观心态外化的行为，则属于革命群体排除的客观条件。尤其是，对于某些严重危害边区人民利益、严重危害抗日斗争的行为，则被以极为严苛的措辞，彻底排除于革命政权以外。革命政权强调，要彻底消灭汉奸等主体，实际上就是要消灭一切有意帮助敌人或者从客观上起到了帮助敌人作用的群体，而这正是人民与敌人及其盟友之间的尖锐矛盾。但是实际上，对于汉奸等群体的态度也并非完全从人身上的消灭。其原因是，汉奸行为的出现可能有着比较复杂的原因，其主观心态、客观行为以及危害结果等也都不尽相同。从最根本的角度看，汉奸与日本侵略者不同的是，他们往往是从抗战的人民或者潜在的抗战人民当中被分离出来的一类群体，这就意味着，他们仍然具有被团结的可能。例如，在另一份宪法性文件《陕甘宁边区施政纲领》中，对于此问题的表述如下：

（七）改进司法制度，坚决废止肉刑，重证据不重口供。对于汉奸分子，除绝对坚决不愿改悔者外，不问其过去行为如何，一律施行宽大政策，争取感化转变，给以政治上与生活上之出路，不得加以杀害、侮辱、强迫自首或强迫其写悔过书。对于一切阴谋破坏边区的分子，例如叛徒分子、反共分子等，其处置办法仿此。[1]

需要强调的是，给予汉奸等人道主义待遇，并不完全代表着给予汉奸以人民的地位，他们仍然需要经过政治上和生活上的改造等过程，才能够融入抗日政权当中。但是最值得注意的是两份宪法性文件的主体完全不同。《陕甘宁边区施政纲领》的规定是比较特殊的：

为着进一步巩固边区，发展抗日的政治、经济、文化建设，以达坚持长期抗战增进人民福利之目的起见，中共陕甘宁边区中央局特于边区第二届参议会举行选举之际，根据孙中山先生的三民主义、总理遗嘱及中共中央的抗日民族统一战线原则，向我边区二百万人民提出如下之施政纲领，

---

[1]　《陕甘宁边区第二届参议会汇刊》，1942 年版。另见中国社会科学院法学研究所、韩延龙、常兆儒编：《中国新民主主义革命时期根据地法制文献选编》（第一卷），中国社会科学出版社 1981 年版，第 34—37 页。

如共产党员当选为行政人员时，即将照此纲领坚决实施之。

（一）团结边区内部各社会阶级，各抗日党派，发挥一切人力、物力、财力、智力，为保卫边区、保卫西北、保卫中国、驱逐日本帝国主义而战。

（二）坚持与边区境外友党、友军及全体人民的团结，反对投降、分裂、倒退的行为。①

按照这些表述，前者关注的是边区政府作为一个整体而阐发的纲领和主张，从这一角度看，汉奸行为不应该也不可能被抗日军民所容许，其背后所代表的日本侵略者和本国内部的投降势力，更是革命的主要敌人，不能够作为人民的一个组成部分。但是后者作为中国共产党的行为指导，更加倾向于在阶级的意义上和团结的意义上表明中国共产党对于政权的宽度和广度的信心和认识。从引文第二条看，即便是民众处在敌后抗日根据地也就是边区以外，仍然被认为是全体"人民"，而这些人民是否与作为边区政权群众基础的人民相类同呢？从革命任务的角度看，这种判断是具有一定合理性的。也正因为如此，中国共产党才能以边区等作为基础，广泛吸收国内甚至是海内外有志于进行抗日斗争和根据地建设的仁人志士，并在抗日战争取得初步胜利，国民党反动派准备挑起内战的时候，领导国统区人民和民主党派与反动派进行斗争。

在人民政权的组织方式上，边区坚持"三三制"的方式，具体而言，"三三制"是指抗日根据地抗日民主政权（参议会和政府）中人员的分配，共产党员占1/3，左派进步分子占1/3，中间派分子占1/3。可以说，"三三制"政权是统一战线战略和策略的产物，是抗日民族统一战线的有效形式。"三三制"协商民主的探索，赢得了抗日根据地人民的拥护，保障了政权的有效施政。"三三制"政权协商民主的实践，为抗日战争的胜利乃至人民解放战争的胜利凝聚了强大力量，也为社会主义协商民主建设

---

① 《陕甘宁边区第二届参议会汇刊》，1942年版。另见中国社会科学院法学研究所、韩延龙、常兆儒编：《中国新民主主义革命时期根据地法制文献选编》（第一卷），中国社会科学出版社1981年版，第34—37页。

提供了宝贵的历史经验。

具体而言，按照《陕甘宁边区施政纲领》和《中共晋察冀边委目前施政纲领》等文件，"三三制"在宪法性法律规范当中的表述分别为：

（五）本党愿与各党各派及一切群众团体进行选举联盟，并在候选名单中确定共产党员只占三分之一，以便各党各派及无党无派人士均能参加边区民意机关之活动与边区行政之管理。在共产党员被选为某一行政机关之主管人员时，应保证该机关之职员有三分之二为党外人士充任，共产党员应与这些党外人士实行民主合作，不得一意孤行，把持包办。①

（五）彻底完成民主政治，建设健全各级民意机关及政府机构，在民意机关和政府人员中，争取并保证共产党员占三分之一，其他抗日党派及无党无派人士占三分之二，边区一切人民只要不投降、不反共，均可参加政府工作。②

领导权问题是统一战线的核心问题，也是"三三制"协商民主健康发展的保证。在"三三制"政权中，在共产党员占少数的情况下，如何实现领导权是"三三制"政权面临的首要问题。毛泽东曾明确指出："必须使占三分之一的共产党员在质量上具有优越的条件。只要有了这个条件，就可以保证党的领导权，不必有更多的人数。所谓领导权，不是要一天到晚当作口号去高喊，也不是盛气凌人地要人家服从我们，而是以党的正确政策和自己的模范工作，说服和教育党外人士，使他们愿意接受我们的建议。"③"我们一定要学会打开大门和党外人士实行民主合作的方法，我们一定要学会善于同别人商量问题。"④"三三制"政权正是通过民主协商和

---

① 《陕甘宁边区第二届参议会汇刊》，1942 年版。另见中国社会科学院法学研究所、韩延龙、常兆儒编：《中国新民主主义革命时期根据地法制文献选编》（第一卷），中国社会科学出版社 1981 年版，第 34—37 页。

② 晋察冀边区行政委员会：《现行法令汇集》（上册），1945 年编印，第 8—10 页。另见中国社会科学院法学研究所、韩延龙、常兆儒编：《中国新民主主义革命时期根据地法制文献选编》（第一卷），中国社会科学出版社 1981 年版，第 62—64 页。

③ 毛泽东：《抗日根据地的政权问题》，载《毛泽东选集》（第二卷），人民出版社 1991 年版，第 742 页。

④ 毛泽东：《在陕甘宁边区参议会的演说》，载《毛泽东选集》（第三卷），人民出版社 1991 年版，第 810 页。

共产党员的先锋模范作用取得了领导权。但是实际上值得注意的，还包括对于选举联盟的表述。按照现代民主政治的表述，以及中国革命的客观实际，不同的党派和不同的群众团体等，所代表的阶级利益和阶层利益是不可能完全一致的。也就是说，在以选举联盟为组织形式的民主选举中，候选人不仅并不一定来自中国共产党，甚至有可能来源于原本是专政对象的一些阶级当中。客观上看，并不能够保证这些阶级的利益代言人与中国共产党实施相同或者类似的行为。例如，担任陕甘宁边区政府副主席的李鼎铭是一位无党派人士，有一段时间工作有些消极。李维汉和李鼎铭进行了一次开诚布公的谈话。随后，边区政府召开了党组会议，商定了四条措施：（1）各厅、处、院定期向政府正副主席和参议会正副议长汇报工作，秘书长参加；（2）每次政务会议前，提交会议的议题，除交党组研究外，还需向李鼎铭副主席汇报，取得同意后再提交会议讨论，如有意见便缓期开会；（3）某些要由李鼎铭副主席签署下达的文件，必须由主管负责人事先说明内容，征得同意，然后再办理划行手续；（4）平时多接近，多谈心，多交换意见。

另外，"三三制"的建设往往是与精兵简政、廉洁政治等联系在一起的，这些行为在客观上都有益于根据地的民主建设，从而更能够让民众信任政权，扩大政权的群众基础。在《对于巩固与建设晋西北的施政纲领》中，有如下规定：

（三）民选各级民意机关及政府，贯彻三三制，在各级民意机关及政府中，共产党员只占三分之一，其他各抗日党派及无党无派的人士占三分之二；裁减骈枝机关，加强下层领导，增强行政效率；厉行廉洁政治，肃清贪污浪费，并保障干部与其家属最低限度之物质生活。①

（三）解放区人民民主政权时期人民主权思想

自 1945 年前后始，中国革命进入了新的阶段，抗战胜利的曙光将近，

---

① 《对于巩固与建设晋西北的施政纲领》，载《抗战日报》1942 年 10 月 22 日，第 1 版。

国民党碍于全国人民的呼声和其仍然内外交困的政治经济和军事形势，不能立即发动对于中国共产党敌后抗日根据地的进攻。因此，敌后抗日根据地一方面摆脱了国民党中央政府对于根据地政权组织形式的束缚，另一方面也积累了较为广泛的群众基础和制度实践经验，因而进入了一个制度建设的窗口期。在这一时期，各敌后抗日根据地的宪法性文件超越了原有的"施政纲领"等名称，而以"宪法"或者"宪法原则"作为标题，表明革命根据地正在逐渐地寻求政权意义上的独立性。然而一个非常耐人寻味的事实是，在诸多地方性革命根据地以及民族自治地方的宪法性法律文件当中，原有对于"敌人"或者革命任务的表述，已不见于文本表述，而是统一以"人民"作为集合性质的概念。前已述及，这一概念的内涵和外延不断地发生着变化，为法律的进一步解释留下了足够大的空间。而这一点恰恰是中国共产党宪法法治思想和宪法立法技术不断进步的一种体现。

具体观之，抗战后期党领导的革命根据地在制度设计方面也有通过列举的方式来对其政权基础的范围进行说明的，如在《晋察冀边区行政委员会施政要端》中，对于可以享有权利的主体有如下表述：

自我军反攻以来，迭经解放城镇，久苦于敌伪踩蹦之千万同胞，重返祖国怀抱。为进一步建设与繁荣城市，爰将本政府施政要端公布于后：

一、彻底摧毁敌伪组织，建设民主政权。举凡敌伪压迫奴役我人民之各种政权、团体、秘密的或公开的，均予彻底摧毁。同时积极发动群众，武装人民，组织工人、农民、文化人、青年、妇女、店员、学生各种团体。建设民主政权，实行民主政治。

二、保障人权、财权、政权。对于人民生命财产的安全，政府均依法予以保障；各界人民，除汉奸特务外，均有言论、集会、结社、出版、信教、居住自由及政治权利，非依政府法令，不得加以限制。敌伪限制人民自由之一切措施，概予废除。对曾参加敌伪组织之人员，一律进行登记，加以甄别，其能改过自新者，施以宽大政策。对战争罪犯及罪大恶极的汉奸、特务，号召人民控诉，政府决依法惩办。其因爱国而被押之同胞，除立予释放外，并予以优遇。①

能够看出，工人、农民、知识分子、学生、店员等，是根据职业对于民众进行的划分，而青年和妇女等则是根据特征对于民众进行的划分。按照此种分类方式，基本上可以说，在一个特定范围内的所有主体——只要其不具有身份上以及行为上的反动性——都是可以被纳入民主政权的范围之中的。特别是，对于知识分子的规定，避免了一直以来的左右摇摆，而是将之纳入民主建政的统一战线当中，尤为难得可贵。

此时另一个极具特色的宪法性法律文件与前述表述方式类似，但更为具体和完整。在《内蒙古自治政府施政纲领》中，对于何者是内蒙古自治地方的人民，有着相对比较详尽的规定：

六、内蒙古自治政府确保人民享有身体、思想、宗教、信仰、言论、出版、集会、结社、居住、迁移、通讯之自由。所有内蒙古人民（农人、牧人、工人、知识分子、军人、公务人员、技术人员、自由职业者、地主、牧主、工商业家、喇嘛以及以前的王公等）的人权、财权，均受到自治政府的保障。对蒙汉奸、卖国贼等民族败类，如无悔改诚意，则应受到内蒙古自治政府法律之制裁。②

对于内蒙古的人民，纲领中规定了 13 项具体职业和阶层，同时以蒙汉奸和卖国贼作为排除的主体要件，以悔改与否作为主观心态的要件，对于人民的范围不仅有着比较详尽的正面规定，也有反面的具体规定。必须强调的是，这种列举的方式的影响是非常巨大的。在以往，我们更加倾向于谈到"政权属于的人民包括什么"或者"政权的基础是什么"，在逐步转为以"人民"作为群众基础和政权主体的概括范畴以后，我们开始关注"人民是什么"以及某些主体是否属于人民，尤其是知识分子等特殊主体。

---

① 晋察冀边区行政委员会：《现行法令汇集》（上册），1945 年编印，第 8—10 页。另见中国社会科学院法学研究所、韩延龙、常兆儒编：《中国新民主主义革命时期根据地法制文献选编》（第一卷），中国社会科学出版社 1981 年版，第 62—64 页。

② 《内蒙古自治政府法令汇集》（第一集），1949 年版。另见中国社会科学院法学研究所、韩延龙、常兆儒编：《中国新民主主义革命时期根据地法制文献选编》（第一卷），中国社会科学出版社 1981 年版，第 68—71 页。

这种反向归纳的逻辑一方面表明"人民"这一概念实际上是越来越宽泛了，以至于我们无须关注人民当中究竟哪些主体具有相对优势的地位了，或者在革命中起到了更为积极的作用——实际上所有的主体都在共同参与革命和建设——我们只需要关注，原本一些为我们所忽略和提防的主体，能否在新的革命形势下融入人民这一伟大群体当中。事实上，当地主、牧主和王公贵族等都可以在新生的民主政权当中找到自己的位置时，那么该政权的群众基础之宽度和深度都比先前有了极为巨大的进步。

在解放战争时期，中国共产党领导的民主革命已成燎原之势，国民党反动派不仅对于统治区内的工人、农民等无产阶级进行残酷的剥削和压制，就连本该同属于同一阶级的利益代言人的民主党派和知识分子等，也遭到了反动派的残酷的镇压和胁迫，有一些为求民主而斗争的仁人志士甚至被逮捕、被暗杀。这种行为使得国民党在国统区的所谓"正统"地位风雨飘摇，其本质原因则是因为种种行径使得政权丧失了原本因联合抗日而变得更为广阔和坚实的群众基础。国民党内部未能很好地解决党建问题，导致派系丛生、腐败横行，也使得民众对其失去信心。相反，中国共产党适时地调整了工作的重心和工作方式，不仅得到了以工人农民为代表的无产阶级的继续拥护，也得到了先进的民族资产阶级甚至是国民党内部有识之士的认可。在乡村，中国共产党推行的土地政策既能够保证无地农民获得土地，稳定其生活来源和信心，又没有造成过宽的打击面，保证了乡村正常生产生活秩序。在城市，中国共产党对于新接管的城市以一种极具远见卓识的宽容心态进行了维护和建设，在基层不断推行党组织和工会组织的同时，也没有对原有的劳资关系和社会秩序进行破坏，相反却在不断强调不能有过于激进、过于尖锐的斗争。在维护生产关系、经济关系的过程中，中国共产党以对纪律和原则的严格遵循，不仅保证了自身在民众和社会中的形象，而且也迅速恢复了生产秩序和经济实力，为全国性政权的巩固和经济建设的全面展开奠定了坚实的基础。在这一过程中，城市中的工厂主、手工业者和商人等，虽然在先前对中国共产党抱有一定的畏惧和敌意，但随着接收城市、解放城市后一项项政策和纪律的实施，其信心已经逐步建立并增强了，他们意识到，中国共产党在城市建设方面也比国民党要更有决心和诚意。这部分群体也加入了人民的行列当中，并为之后国家的经济建设和社会稳定作出了重要的贡献。

但是，仍然有一部分投机分子和破坏分子，尝试以各种方式对于新生的城市政权和正常生产生活秩序进行破坏。这之中不仅包括资产阶级的一些反动分子，也包括在军队当中和公务人员当中的一些腐败分子和落后分子。他们仍然未能改变在长期的军事斗争中养成的游击习气和官本位思想，甚至有一些展现出了土匪一般的行径和强烈的山头主义倾向。以打砸抢作为行为方式，以争抢资材作为目的，例如，在收复井陉、阳泉等地时，部队和民夫等对于物资材料进行抢夺，对于机器设备进行搬运，使得这些工业重镇的生产陷于停滞，且在相当长的时间内无法恢复。在收复张家口的过程中，由于领导机关率先迁入城市，导致许多人跟风涌入城市，对于店铺、商号等进行强买，甚至是抢夺。① 对于一些物资和资金等，也没有进行很好的保护，导致了一些人将公家的资产据为己有，贪污腐化，对于城市的正常秩序造成了巨大破坏，引起了城市人民群众的不满。同时，由于组织的迅速转移，农村地区的工作也遗留了一些问题，又引起了农村人民群众的不满。② 这种情况引起了党的重视，因而在 1947 年底收复石家庄的时候，党出台了一系列禁令，例如保护建筑物、保护物资、保护机器，以及禁止自行拿取财物等，但是实施的情况并不好。一些干部身上带有非常浓厚的游击习气，将农村斗争中的一些不合时宜的习惯带到了城市当中，甚至一些干部对于城市有一种片面的"仇视"，认为城市里的一切都应该以破坏为主。在此类思想的支配下，一批士兵冲入石家庄市，抢夺、盗取物资，他们还煽动城市底层人民和他们一起实施犯罪行动，后来此行为的对象更是从公共资产变成了包括私有财产在内，性质极为恶劣，影响也极坏。

---

① 参见肖明：《张家口全市工人首届代表大会的报告》，载《张家口全市工人首届代表大会》，第 11 页。肖明时任张家口总工会筹备委员会主任。

② 参见《繁荣、和平：张家口在共产党占领后》，载《中国周报》1946 年 3 月 30 日，第 102 页；新华社延安电文，1946 年 6 月 16 日。

不仅如此，在得知了这类事件以后，太行根据地和晋绥根据地的一些领导，派出 1 万余人参与抢夺，甚至连机械的零件都要拆下来，唯恐自己落后于别人。这样的行为也被当局认可甚至推动。市委市政府的某些干部，急于建设工会、贫农会等组织，致使一批别有用心的特务等煽动工人贫农翻身，对于商店进行没收、打砸，对于经营者非法拘禁、非法审判，引起了党中央的高度重视。在有针对性地采取了一系列措施以后，混乱的情况被终止，正常的经济秩序得以重新建立，但这之中所造成的损失，仍然是不可估量的。

在惨痛的教训之后，对于天津和北京等市企业的接收情况则比石家庄市要好很多，但是仍然面临着资金短缺、原料不足等具体问题。例如，天津市的各企业在接收以后半个月内就恢复了生产，但直到半年以后，才恢复到原来的产量，北京的各个企业也是在半年左右的时间才陆续恢复生产的。综上可以看出，在解放战争时期，政权的群众基础问题也是一个通过中国共产党的艰苦努力才解决的问题，而不是随着统治区域和辖区内民众的数量和种类的增加而自然增长和稳固的。因此，此时的人民主权思想，集中体现为保障和扩大民众在政权当中的参与程度，以及政权对于不同种类民众的保护和认可。

1948 年 8 月 7 日，华北临时人民代表大会在河北省石家庄市召开，出席代表 542 人。大会总结了华北解放区 2 年来的工作，确定了今后的施政方针和工作任务，选举产生了华北人民政府委员会，董必武为主席，薄一波、蓝公武、杨秀峰为第一、二、三副主席。9 月 26 日，华北人民政府正式成立，即日起，晋察冀边区行政委员会和晋冀鲁豫边区人民政府撤销。华北人民政府在党中央及华北局的领导下，调动一切人力、物力和财力，完成了华北区的统一和支援全国解放战争的任务，为新中国的政权建设和经济建设摸索、积累了经验，为中央人民政府的成立做了组织上的准备。其宪法性文件《华北人民政府施政方针》指出：

华北解放区的政治制度，从来就是民主的，人民从来就有很大的民主，但由于长期的抗日游击战争，形成起来的人民民主制度的形式还不够完备。现在，虽仍是战争环境，但基本地区已巩固地连成一片且不断地扩大，因而应当尽可能地建立人民的经常的民主制度，建立各级人民代表大会，并由它选举各级人民政府。在明年上半年，完成村县人民代表大会及同级人民政府的选举。在各级人民代表大会及人民政府中，特别是县以上的这些机构中，必须使各民主阶层，包括工人、农民、独立劳动者、自由职业者、知识分子、自由资产阶级和开明绅士，尽可能地都有他们的代表参加进去，并使他们有职有权。共产党员有责任在各级人民政府中，在共同的纲领下，和他们民主合作。[①]

　　按照本条的表述，作为权力机关存在的人民代表大会以及作为行政机关存在的人民政府，是一个政权当中特殊主体是否得到了"人民"身份认可的直接反映。意即，如若某类主体能够跻身于人民代表大会或者人民政府之中，那么其身份上的合理性在某种意义上可以说自然而然地被政权所认同。那么此后所列举的各类主体，就可以被认为是此时政权群众基础的组成部分了。因此可以看出，将各类特殊情况都考虑进来以后（比如某些贫困的村镇只有农民阶级和地主阶级，不具备工人阶级或者资产阶级等），能够被一个着力于反对国民党反动派的政党接受的表述，已经不是传统意义上对于阶级或者行为的区分，而是力争在原有的革命对象阶级当中进一步进行区分，争取最大限度地团结可以团结的主体，分化、孤立敌人的顽固分子。这是一种更加文明和进步且更加温和的思路，为日后新中国爱国统一战线的不断发展完善奠定了坚实的基础。这也很好地解释了为何在中国共产党开始领导相当广大的区域内的政治经济建设，并开始将新中国的成立纳入议事日程中之时，包括资产阶级和开明地主在内的所谓"敌对阶级"也能够欢欣鼓舞，认为自己在国民党统治下仅仅是名义上具有人民或者国民的地位，而只有在新生政权下才真正做了国家和社会的主人。这种近乎扁平化和全覆盖的群众基础，对上使得执政党大受欢迎和好评，对下则使得每一个主体都感受到了身为主人、身为人民的强烈自豪感和归属感。

---

　　① 《华北人民政府法令汇编》（第一集），华北人民政府秘书厅1949年7月编印，第1—9页。另见《华北人民政府法令选编》，中国法学会董必武法学思想研究会2007年8月编印，第3—14页。

另有关于城市政策的内容：

（五）关于新解放区与新解放城市的政策

进入新解放的可能巩固地占领的城市后，采取保护和建设的方针。除却一切反动武装力量必须坚决消灭，主要战犯和真正罪大恶极查有实据的反革命罪犯，以及持枪抵抗和继续进行破坏活动分子，必须逮捕和惩处外，其他敌方政府机关、经济机关和文化机关的普通工作人员，一律不加逮捕，人民解放军和人民政府所任命的军事管制委员会应命令他们留在原来的职业岗位上，看守机关、学校、工厂、商店、仓库、资财和文件，听候清理和交代，不得息职、破坏和损毁、有功者赏，有过者罚，可以留用者一律留用。伪警察和保甲人员也不加以逮捕，应根据具体情况，分别处理。

一切遵守人民解放军和人民政府法令的人民和团体，不论其为劳动者、资本家或地主（包括逃亡地主在内），不论其为经济团体、文化团体或宗教团体，也不论其为中国人或外国人，一律予以保护，其身体和财产不受侵犯。

没收敌方的公共财产，没收蒋、宋、孔、陈四大家族和其他首要战犯的财产，没收真正属于官僚资本的工厂、商店等一切企业，归新民主主义国家所有。但在没收前，必须调查确实，并经报告华北人民政府批准。其他一切私人财产和工商业，一律加以保护。一切公私工厂、商店、车站、火车、汽车、医院、银行、仓库、学校、图书、文物、古迹和一切公私财产，严禁破坏、抢掠、偷盗，违者严惩。这些城市中的生产资料除却确实是被官僚资本所强占，并可能发还的民间工商业财产和股份，仍应发还，以利发展生产外，其他一律不得分散，并应尽力保证其继续生产或恢复生产。①

可以看出，即便是对于原政权的工作人员，中国共产党也未一概进行严肃处理，而是在观察的基础上，以留用为主。其内容和精神与先前分析略同，兹不赘述。

---

① 《华北人民政府法令汇编》（第一集），华北人民政府秘书厅1949年7月编印，第1—9页。另见《华北人民政府法令选编》，中国法学会董必武法学思想研究会2007年8月编印，第3—14页。

（四）共和国时期人民主权思想

1949 年 9 月 29 日，中国人民政治协商会议第一届全体会议一致通过《中国人民政治协商会议共同纲领》（以下简称《共同纲领》）。除序言外，《共同纲领》分总纲、政权机关、军事制度、经济政策、文化教育政策、民族政策、外交政策 7 章，共 60 条，7000 余字。《共同纲领》明确规定了国家性质和政权性质："中华人民共和国为新民主主义即人民民主主义的国家，实行工人阶级领导的、以工农联盟为基础的、团结各民主阶级和国内各民族的人民民主专政"。"中华人民共和国的国家政权属于人民。人民行使国家政权的机关为各级人民代表大会和各级人民政府"，"国家最高政权机关为全国人民代表大会"，"各级政权机关一律实行民主集中制"。

第一部《中华人民共和国宪法》于 1954 年 9 月 20 日在第一届全国人民代表大会第一次会议上通过，共 4 章 106 条。被称为"五四宪法"。"五四宪法"是一部较为完善的宪法。这是中华人民共和国的第一部宪法，是在对新中国成立前夕由全国政协制定的起临时宪法作用的《共同纲领》进行修改的基础上制定的。其中规定，中华人民共和国是工人阶级领导的、以工农联盟为基础的人民民主国家。中华人民共和国的一切权力属于人民。人民行使权力的机关是全国人民代表大会和地方各级人民代表大会。全国人民代表大会、地方各级人民代表大会和其他国家机关，一律实行民主集中制。

在 1975 年的《中华人民共和国宪法》中，关于人民问题的规定与前文类似，但更加强调团结和实干。该部宪法提出：我们要巩固工人阶级领导的以工农联盟为基础的各族人民的大团结，发展革命统一战线。要正确区别和处理敌我矛盾和人民内部矛盾。要继续开展阶级斗争、生产斗争和科学实验三大革命运动，独立自主，自力更生，艰苦奋斗，勤俭建国，鼓足干劲，力争上游，多快好省地建设社会主义，备战、备荒、为人民。同时也强调，中华人民共和国是工人阶级领导的以工农联盟为基础的无产阶级专政的社会主义国家。中国共产党是全中国人民的领导核心。工人阶级经过自己的先锋队中国共产党实现对国家的领导。中华人民共和国的一切权力属于人民。人民行使权力的机关，是以工农兵代表为主体的各级人民代表大会。各级人民代表大会和其他国家机关，一律实行民主集中制。

3 年后的 1978 年，在中国共产党的领导下，我国对于宪法进行了一次较大幅度的修改，在 1978 年宪法当中，条文明确：我们要巩固和发展工人阶级领导的，以工农联盟为基础的，团结广大知识分子和其他劳动群众，团结爱国民主党派、爱国人士、台湾同胞、港澳同胞和国外侨胞的革命统一战线。要加强全国各民族的大团结。要正确区别和处理敌我矛盾和人民内部矛盾。要在全国人民中努力造成又有集中又有民主，又有纪律又有自由，又有统一意志、又有个人心情舒畅、生动活泼那样一种政治局面，以利于调动一切积极因素，克服一切困难，更好地巩固无产阶级专政，较快地建设我们的国家。又强调：中华人民共和国是工人阶级领导的以工农联盟为基础的无产阶级专政的社会主义国家。中国共产党是全中国人民的领导核心。工人阶级经过自己的先锋队中国共产党实现对国家的领导。中华人民共和国的一切权力属于人民。人民行使国家权力的机关，是全国人民代表大会和地方各级人民代表大会。全国人民代表大会、地方各级人民代表大会和其他国家机关，一律实行民主集中制。

我国现行宪法于 1982 年 12 月 4 日第五届全国人民代表大会第五次会议通过。1982 年 12 月 4 日全国人民代表大会公告公布施行，根据 1988 年 4 月 12 日第七届全国人民代表大会第一次会议通过的《中华人民共和国宪法修正案》、1993 年 3 月 29 日第八届全国人民代表大会第一次会议通过的《中华人民共和国宪法修正案》、1999 年 3 月 15 日第九届全国人民代表大会第二次会议通过的《中华人民共和国宪法修正案》和 2004 年 3 月 14 日第十届全国人民代表大会第二次会议通过的《中华人民共和国宪法修正案》修正。2018 年 1 月，中国共产党第十九届中央委员会第二次全体会议审议通过了《中共中央关于修改宪法部分内容的建议》。2018 年 3 月 11 日第十三届全国人大第一次会议经投票表决通过了《中华人民共和国宪法修正案》。

宪法规定，人民居于国家主人翁的地位。例如宪法中强调：中华人民共和国成立以后，我国社会逐步实现了由新民主主义到社会主义的过渡。生产资料私有制的社会主义改造已经完成，人剥削人的制度已经消灭，社会主义制度已经确立。工人阶级领导的、以工农联盟为基础的人民民主专政，实质上即无产阶级专政，得到巩固和发展。社会主义的建设事业必须依靠工人、农民和知识分子，团结一切可以团结的力量。在长期的革命、建设、改革过程中，已经结成由中国共产党领导的，有各民主党派和各人民团体参加的，包括全体社会主义劳动者、社会主义事业的建设者、拥护社会主义的爱国者、拥护祖国统一和致力于中华民族伟大复兴的爱国者的广泛的爱国统一战线，这个统一战线将继续巩固和发展。中华人民共和国是工人阶级领导的、以工农联盟为基础的人民民主专政的社会主义国家。中华人民共和国的一切权力属于人民。人民行使国家权力的机关是全国人民代表大会和地方各级人民代表大会。人民依照法律规定，通过各种途径和形式，管理国家事务，管理经济和文化事业，管理社会事务。

特别值得强调的是，在我国进入中国特色社会主义新时代以来，以习近平同志为核心的党中央不断强化人民至上的观点，加强党和国家的人民观思想建设。植根人民、依靠人民、服务人民是中国共产党区别于其他政党的显著标志。在市场经济条件下，利益愈发多元、社会阶层愈发分化，不同利益群体乃至利益集团诉求各异，党面临着"为谁执政、为谁服务"的问题；同时，由于长期执政，党又面临着脱离群众的危险。正是在这涉及党生存之根、执政之基的根本问题上，在怎样坚持唯物史观、如何坚持党的宗旨的根本问题上，习近平总书记率先垂范，时时、处处、事事体现出拳拳爱民之心、浓浓赞民之情、孜孜为民之意，形成独特的"人民观"。"为民"成为价值判断的"定盘星"、思想体系的"路由器"、理政行动的"指南针"。

习近平总书记通过多次重要讲话，深刻阐述了人民创造观、人民奋斗观、人民团结观、人民梦想观等，进一步丰富与发展了"人民观"。

关于人民创造观，习近平总书记清晰阐明了中国人民具有伟大创造精神。习近平总书记指出："人民是历史的创造者，人民是真正的英雄。波澜壮阔的中华民族发展史是中国人民书写的！博大精深的中华文明是中国人民创造的！历久弥新的中华民族精神是中国人民培育的！中华民族迎来了从站起来、富起来到强起来的伟大飞跃是中国人民奋斗出来的！"[①] 习近平总书记指出，在几千年历史长河中，中国人民始终辛勤劳作、发明创造，"中国人民的创造精神正在前所未有地迸发出来，推动我国日新月异向前发展，大踏步走在世界前列。我相信，只要13亿多中国人民始终发扬这种伟大创造精神，我们就一定能够创造出一个又一个人间奇迹！"[②]

关于人民主体观，《习近平谈治国理政》第一卷的开篇就是他在担任总书记后会见中外记者时的讲话，这篇讲话千余字，却17次提到"人民"。党的十九大报告203处提到"人民"，43处讲到"群众"。在习近平总书记心中，人民是父母、是主人、是老师，"人民是历史的主体"，"党的根基在人民、血脉在人民、力量在人民"。习近平总书记强调："我国是工人阶级领导的、以工农联盟为基础的人民民主专政的社会主义国家，国家一切权力属于人民。我们必须始终坚持人民立场，坚持人民主体地位。"[③] 这些论述为人民主体观增添了新的内容。

关于人民利益观，习近平总书记在俄罗斯索契接受俄罗斯电视台专访时就明确指出："我的执政理念，概括起来说就是：为人民服务，担当起该担当的责任。"[④] 为中国人民谋幸福、为中华民族谋复兴的使命担当，中华民族伟大复兴的中国梦，无不映衬着这种人民利益观。对此，习近平总书记强调："一切国家机关工作人员，无论身居多高的职位，都必须牢记我们的共和国是中华人民共和国，始终要把人民放在心中最高的位置，始

---

① 习近平：《在第十三届全国人民代表大会第一次会议上的讲话》，载中国政府网，http://www.gov.cn/xinwen/2018-03/20/content_ 5276002. htm。

② 习近平：《在第十三届全国人民代表大会第一次会议上的讲话》，载中国政府网，http://www.gov.cn/xinwen/2018-03/20/content_ 5276002. htm。

③ 习近平：《在第十三届全国人民代表大会第一次会议上的讲话》，载中国政府网，http://www.gov.cn/xinwen/2018-03/20/content_ 5276002. htm。

④ 《习近平接受俄罗斯电视台记者专访》，载《人民日报》2014年2月9日，第1版。

终全心全意为人民服务，始终为人民利益和幸福而努力工作。"① "着力解决好人民最关心最直接最现实的利益问题，让全体中国人民和中华儿女在实现中华民族伟大复兴的历史进程中共享幸福和荣光！"②

习近平总书记的"人民观"体现着浓郁的人民情怀，体现着党的优良传统、宗旨和使命。中国特色社会主义进入新时代，我国社会主要矛盾已经转化为人民日益增长的美好生活需要和不平衡不充分的发展之间的矛盾。社会主要矛盾的变化对党和国家工作提出了新要求。习近平总书记强调："时代是出卷人，我们是答卷人，人民是阅卷人。"③ 在新时代的征程中，中国共产党强调要始终为人民利益和幸福而努力工作，不断提升人民群众的获得感、幸福感、安全感，把人民拥护不拥护、赞成不赞成、高兴不高兴、答应不答应作为衡量一切工作得失的根本标准，这就要求广大党员干部、国家机关工作人员在工作中要始终做到执政为民，用手中权力真心诚意为老百姓排忧解难，切实为人民掌好权、用好权。

习近平总书记在十三届全国人大一次会议上指出："我国是工人阶级领导的、以工农联盟为基础的人民民主专政的社会主义国家，国家一切权力属于人民。"④ 他进一步阐述了权为民所赋、权为民所用，每一位党员干部都要牢记，党员干部手中的权力是党和人民赋予的，只能用来为党分忧、为国干事、为民谋利，在行使手中权力时必须为人民服务、对人民负责，并自觉接受人民监督。

2019 年 10 月 1 日，新中国成立 70 周年庆典在京隆重举行，习近平总书记发表重要讲话。面对经历从站起来、富起来到强起来历史飞跃的中国人民，习近平总书记高呼："伟大的中国人民万岁！"70 年来，中国大地

---

① 习近平：《在第十三届全国人民代表大会第一次会议上的讲话》，载中国政府网，http://www.gov.cn/xinwen/2018-03/20/content_ 5276002.htm。

② 习近平：《在第十三届全国人民代表大会第一次会议上的讲话》，载中国政府网，http://www.gov.cn/xinwen/2018-03/20/content_ 5276002.htm。

③ 习近平：《以时不我待只争朝夕的精神投入工作 开创新时代中国特色社会主义事业新局面》，见新华社全网刊发，2018 年 1 月 5 日。

④ 习近平：《在第十三届全国人民代表大会第一次会议上的讲话》，载中国政府网，http://www.gov.cn/xinwen/2018-03/20/content_ 5276002.htm。

发生的历史巨变充分证明：体现人民主权的人民代表大会制度是我们党把马克思主义基本原理同中国具体实际相结合建立的能有效保证亿万人民当家作主的新型国家制度，是新中国 70 年之所以能够创造出经济快速发展、社会长期稳定奇迹的制度保障，越来越显示其无比的优越性和强大的生命力，为发展中国家走向现代化提供了全新选择，为人类探索建设更好社会制度贡献了中国智慧和中国方案。

第二章　中国共产党民主监督
思想的宪法表述及演进

一、民主监督思想渊源及马列主义对民主监督的论述

从权力产生开始，思想家们便强调权力受到监督的重要性。虽然阶级属性各有不同，但无论是在哪种社会形态下，政治统治、阶级统治和社会管理都是一国政治制度必须解决的问题。按照阶级对于政治体系的期待，实际上统治阶级需要解决的问题是维护一个相对稳固的，但同时又可以根据实际情况的变化而不断调试的一种政治结构，而这之中最重要的就是权力的分配和控制。他们希望，不仅在动态上，这个划分的体系要十分合理，能够适应国家权力的运行效率和运行状态，同时也要能够防范掌握权力的个别主体，依靠权力而为自己牟利，从而危害整个阶级的和社会的统治秩序。因此，统治阶级和被统治阶级往往会在此类问题上达成共识，即这样的行为不可以被接受，以至于他们可以暂时抛却阶级斗争的立场，而以一种全民的宏大角度开始对这一情况进行预防、解决和反思。最终落实到制度上，则是突出了对于权力的监督和制衡。随着社会结构的不断优化，阶级之间原有的极为尖锐的矛盾冲突往往会换上一种更为平和隐秘的表现方式，这就更加说明了统治阶级防范自身腐化变质、防范权力滥用的迫切，因为这已经超越了严格意义上的阶级斗争，而变成阶级统治面临的最大敌人了。由此，统治阶级开展了相对较为细致的制度建设，将权力进

行划分，而最为重要的，则是对权力进行监督。

在现代政治语境当中，权力监督的一个很重要的内容是对政党的监督，尤其是对于执政党的监督。而对于执政党行为的监督，最主要的是要依靠人民群众，相应地，人民群众的各类组织，例如企事业单位、社会团体等，也可以实施对于执政党的民主监督。但是最为重要的，还是各参政组织、参政党等民主党派对于执政党执政能力和执政行为的监督。从本质上看，这种监督不是对执政党地位的质疑和弱化，恰恰是对于其执政行为的一种净化，使其能够更好地为民众服务。从民主监督的角度看，主要是强调其确保和扩大民主的一种功能。因而也可以说，权力监督、民主监督正是社会民主的重要保证。

对于前述问题，马克思和恩格斯有着深刻的认识。他们的观点是，在阶级社会产生以前，权力实际上只具备社会管理的作用，也就是说，其所具有的超越阶级的某些属性，根本原因乃是其性质属于社会服务的工具。因此，公权力自然而然地应该接受全社会的监督和控制，这样才能更好地为社会服务。社会逐渐进化到阶级产生，而此时的公权力具象化为国家权力，相应地，统治阶级也就希望权力更多地承担阶级统治和阶级压迫的职能，而尽可能地弱化其社会管理的职能。这实际上是国家和社会的冲突，是权力和民众的冲突。但是同时，恩格斯也指出，在社会当中阶级压迫客观存在且不可调和的情况下，实际上承认并且依靠国家进行调整和妥协，乃是一个社会非自主性质的选择，更是规律的一种体现。阶级斗争不可能以牺牲本阶级为代价，而与对立阶级同归于尽，这种既要存在又要斗争的相处方式，使得阶级与阶级之间，更加希望通过某种权威来解决问题、消除矛盾，乃至于推动自己不断向前发展，这一力量便是国家。由此，国家逐渐开始管理、控制社会，最终垄断社会的权力，但是问题在于，这种权力的直接来源，乃是社会的全体民众行使自身权利时遇到了客观的困难，而考虑将自身不便行使的某些权利让渡出来，赋予国家相应的权力，以便于其可以对社会进行管理，这也是满足民众需要的一种特殊方式。归根结底，国家的权力来源于公民的权利，而国家也更多意义上作为一种服务型的主体，凭借一种类似于"社会契约"的公共承担，来为社会提供相应的服务。因此，社会和民众是第一性的，而国家是第二性的；权利是第一性的，而权力是第二性的；服务是第一性的，而管理是第二性的。这就将所有问题的本质落脚到了经济关系和社会关系上，作为公共权力的实际所有者，社会公众对于国家权力进行的监督，实际上是人民群众对于国家和国家代理人的监督。①

应该注意到的是，国家的存续是以阶级作为基础的，而当阶级消灭，国家也将不复存在，那时候，社会生产力已经高度发达了，而民众将有足够的能力完成或者说实现自身对于权利运用的特定诉求和权利不受侵害的预期期待，这就意味着，社会将会承担对于社会本身和社会主体的管理职能。这是一种全新的社会，是一种生产者平等联合形成新的生产组织方式而结成的新的社会，与旧有的社会完全不同，且彻底将旧有社会淘汰。

1871年，法国爆发了巴黎公社运动，巴黎公社的伟大斗争为革命导师的理论增加了实践的注脚。在全力赞扬这个无产阶级政权的同时，马克思和恩格斯也深刻思考了巴黎公社政权的性质和组织结构。他们认为，公社的组织形式为实现无产阶级的共和国新形态的民主奠定了坚实的基础。在批判地继承空想社会主义的基础上，马克思和恩格斯结合巴黎公社的实践经验，提出了新的权力制约和监督的方式。按照马克思对于公社的分析，公社不是资产阶级的代议机构，也不是单纯的行政机关或者民众的立法机关，而应该是行政机关和立法机关合一的组织形式，也就是说，这种议行合一的组织形式首创于巴黎公社。马克思和恩格斯认为，这种议行合一的制度是符合当时的历史与现实需要的，因而有着强大的生命力。在面对相当强大的反革命势力的猖狂进攻以及相对比较尖锐的阶级矛盾之时，保障政权的存续必然要求以军事斗争作为一切工作的首要出发点，这也就要求巴黎公社建立起一个极高效率的政权机关，这一政权机关也必然既包括了

---

① 参见《马克思恩格斯选集》（第二卷），人民出版社1995年版，第92页。

立法机关，也包括了行政机关。马克思和恩格斯进一步指出，这种议行合一的体制，完全是为了适应军事斗争的需要，因而采取的是一种相对比较灵活的组织形式，它既不是无产阶级民主实现的比较稳固的组织形式，也不是无产阶段民主实现的唯一方式。巴黎公社创造性地提出了很多权力监督、民主监督以及权力制约的思想和实践，这些宝贵经验为马克思和恩格斯等革命导师所发掘、阐述，并且最终形成了无产阶级权力监督和民主监督的深厚思想内涵。

马克思和恩格斯认为，资产阶级的代议制是一种民主制度的组织方式，这并不因资产阶级的阶级性质而有所贬损，无产阶级取得了政权以后，仍然可以采用相应的非常具体的组织形式，如民主选举等。但是问题在于，资产阶级的阶级局限性决定了他们所谓的民主选举只能是形式上的民主，这些代议士不可能真正意义上代表民众的权利，因而也就不是真正的民主选举。但是，无产阶级的政权却能够做到，直接与群众保持着最紧密的联系，因而也就自然而然地确保了选举的民主性。马克思认为，这是民主监督的最好方式。同时，马克思和恩格斯也强调，人民的政治觉悟在实现民主监督方面具有极为重要的作用，民众政治意识政治觉悟的提高，是他们能够主动参与政治生活的重要保证，也是他们能够有意识地掌握和参与国家政权的一种前提，否则，民主监督将失去其群众基础，最终危害民众的利益。从这个角度看，只有主动参与的人，才会获得在无产阶级掌握政权以后的共产主义社会的民主、自由以及个人价值的完全实现。[①]

列宁在苏维埃政权的构建中，也非常重视民主和监督问题，其思想更为具体、集中、富有操作性。在监察监督方面，革命胜利之后，为将官僚作风消除，巩固政权、党、群众的有效联系，提升组织效率，以列宁为核心的苏维埃开展了国家层面法律制度体系和监管机构的构建。

具体制度方面，1918 年 7 月 10 日的苏维埃第五次代表大会上，正式通过了《俄罗斯苏维埃联邦社会主义共和国宪法（根本法）》，在该法中，

---

① 参见陈晓丹：《马克思主义代议制思想研究》，苏州大学出版社 2017 年版，第 44 页。

人民委员会作为最高职权部门，负责构建监察部门，承担对全国范围的监察工作的总领导职能。该法第 45 条规定，人民委员会有权单独采取应由各该人民委员部处理的一切事宜的决定，但须将此等决议通知部务会议。如部务会议不同意人民委员会之某项决定时，得向人民委员会或全俄苏维埃中央执行委员会主席团提出申诉，但不得停止决定的执行。第 47 条规定：各人民委员及各人民委员部的部务会议完全对人民委员会及全俄苏维埃中央执行委员会负责。同年，国家监察人民委员部成立，并开始履行监察职能。不久后列宁认为，国家监察人民委员部并未起到对不良风气的纠正作用，反而在内部也出现了官僚风气等问题，因此他进一步推动了国家监察机构的改组。1919 年，国家监察人民委员部进行了下设机构和地方机构的建设，到 1920 年，国家监察人民委员部被改组为工农检查院，履行全国监察职能。与此同时，党内也成立了一个与中央委员会平行的监察委员会，国家监察的组织结构呈现出全新的样貌。直至 1922 年、1923 年，其时列宁已经备受疾病困扰，但仍通过其著作表达对于国家监察机构设置和改组的思考和忧虑。

概括而言，列宁认为，人民监督和监察是国家政权的社会性质所决定的，这一点与传统的政权形成了本质的区别。因此，人民监察不能够继续沦为旧制度和旧政府的附庸，而是应该独立地承担起巩固和发展政权人民性的重要职能。但是，现实情况表明，监察机构的建设和发展受诸多因素影响，机关风气需要整肃，办事程序需要明确，干部素质亟待提高。为此，应该通过精简机构、强化职权、制度化建设等方式，实现监督监察权的统一高效运作。从这个意义上看，列宁不仅为人民监督和监察奠定了思想基础，也为检察制度的建设提供了重要的思想渊源。

二、 近代以来中国民主监督思想的变化

虽然民主监督本质上是一种舶来品，但是从中国的历史上看，我们也

有民主监督的一些传统和智慧。例如，在中国古代悠久的历史当中，自然是谈不上党派监督的，但是"民"对于"官"的监督也为数不少。在历朝历代中，民众对于官员进行检举揭发的案例不胜枚举，以"肺石"①"登闻鼓"②为代表的直诉监督制度，除了申冤以外，在某些"民告官"或者民众表达对官员的不满的情况下起到了一定作用，较有代表性的案例如汉成帝时期薛宣以"吏民条言君如牒"例数官员罪状令其"引咎辞职"③，又如北宋端拱元年翟马周击登闻鼓参倒李昉一案④，李昉因渎职而被平民翟马周击鼓上书，之后被查实罢免，实际上也是基于民众的检举揭发对官员进行监督考评的一种重要方式，凡此种种，不胜枚举。这似乎阐释了我们必须看到的事实，即无论是以何种方式表现出的统治者对于民意和民众检举的重视，都是"上对下"层面的，因政治、文化等诸多因素共同作用下，诸王朝并不具备严格意义上的进行大规模有组织的民众检举运动或者基于民众检举揭发而建立起人民监察的体系的基础。更趋直白的理解是，虽然各王朝中"以民为本"之类言论屡见不鲜，但如若在某政权中人民并未取得应有的权利，地位仍未被重视或者未"当家作主"，政权下民众进行的检举揭发之力度和规模恐怕都是十分有限的。

除却相对极端而严苛的手段以外，自官员从民众中分离出来并在某种权威的统摄下，直接地履行管理民众、服务民众的职责开始，民众对于官员的监督管理，相对而言都面临着比较大的困难。这种情况在身为至高统治权威化身的帝王等主体方面，也并无极好的解决方案。表面上看，帝王们高高在上，手握生杀予夺大权，二柄不曾授人，但是决策环节和执行环节的脱节以及帝王客观上不能够兼顾一切事务的弊病，使得庞大的、以"官"为代表的统治集团的中层势力很早开始就形成了一套自己的话语体

---

① 语出《周礼·秋官·大司寇》，可参见杨天宇译注：《周礼译注》，上海古籍出版社 2016 年版，第 676 页。

② 语出《周礼·夏官·大仆》，可参见杨天宇译注：《周礼译注》，上海古籍出版社 2016 年版，第 599 页。

③ 语出《汉书·卷八十三·薛宣朱博传第五十三》。

④ 参见［清］毕沅：《续资治通鉴》（第一册），岳麓书社 1992 年版。

系，这种话语体系并不必然与权威所代表的话语体系相一致。① 因而从这个角度上看，更高位阶的权力对待官吏的一部分忧患和"低端"的民众对待官吏的一部分忧患就达成了一致。与西方那种建立在契约角度上的监察不同，这可能是中国依据自身传统法制以及传统文化而形成的，对于监察的另一种表述逻辑。不过不管怎样看，自上而下的监察可以称为广义的监察，自下而上的监察也可以称之为广义的监察，其本质原因可能并不在于主体的同质性，更可能在于监察行为之对象和矛头之所指，即官吏及其行为。

前述这种逻辑结构虽然并不稳定，但因其可以适时地进行调整，所以尚可称为一种善制，再加上，民众与皇帝之间的沟通渠道也是客观存在的，因而此时的监察制度不仅手段上可能比较有局限性，效果上可能也比较有限。按照马克思主义法学的逻辑，这个问题如果想要得到根本解决，仍然需要回到阶级的问题上来②，如果彻底地消灭了某一阶级，使其不能作为监察的施事主体或者对象，那么逻辑关系也就自然会有所改变；同理，如果一个阶级变成了另一个阶级，那么逻辑关系也自然非原先的表现方式。具体到中国的历史上，人民通过长期的、艰苦卓绝的斗争而取得了一定的社会地位以后，只不过是走了万里长征的第一步。在人民成为真正意义上的国家主人之时，摆在人民面前的是如何发现一种行之有效的制度来治理国家的问题，这个问题的内涵同时也包括如何实施制度、如何修补制度以及对于制度后续的发展善加考虑等。但是，悖论也由此产生了。既然人民现在成为监察官员的主体，那么可想而知的是，认知上人们就会对于他们所实施的行为有一种更进一步的期待，尤其是期待行为本身与之前

---

① 在中国历史上，多有此种问题的出现。一个较为有趣的表达或可参见［美］孔飞力：《叫魂：1768 年中国妖术大恐慌》，陈兼、刘昶译，上海三联书店 1999 年版，另见［日］杉山正明：《忽必烈的挑战——蒙古帝国与世界历史的大转向》，周俊宇译，社会科学文献出版社 2013 年版，作品较多，不再一一列明。

② 民众与皇帝之间可以存在多种沟通方式，这些沟通方式甚至可以是非常有效的，但是二者作为被压迫者和压迫者之间的阶级矛盾，本身是难以用妥协的方式进行解决的。关于阶级斗争，马克思论述较多，具体可以参见［苏］格列则尔曼：《马克思列宁主义的阶级和阶级斗争理论》，北流译，人民出版社 1952 年版。

皇权或者专制体制下的监察有所区别。必须指出的是，虽然尚显稚嫩，但是在监察领域这样的尝试确实与先前的模式在本质上是有区别的，但仍可以借鉴传统中的做法，这与此时监察的本质之变化并不具有定性上的联系。

在中国共产党开始领导中国的革命以后，前述问题有了一个比较合理的出口。在抗日战争时期和解放战争时期成立的各民主党派，不仅在革命要求方面比较进步，在阶级属性方面也可以说是相当有覆盖性的，可以说代表了中国一部分革命者和先进阶级的政治主张。在当时，国民党政府不仅钳制了他们的发展，还在宪政等问题上闪烁其词，不肯立宪，也不希望解除国民党的一党专政、以党代政。在抗战期间，国民党迫于压力，颁布了《中国国民党抗战建国纲领》，准备实行宪政。但是其准备召开的所谓"国民参政会"，实际上也是在国民党操纵下的。在野党虽然也进行了一定程度的斗争，但结果仍然以失败告终。这些在野党基本是介于中国共产党和国民党中间的一些政党，如中国青年党、社会党、救国会以及第三条路线的第三党等，虽然从势力上看，不如中国共产党和国民党的影响力，但是仍然能够保持比较积极的革命态度。在 1941 年，这些党派中的很大一部分政党联合起来，改组成为中国民主政团同盟，正式宣告中国第三大政党的诞生。在讲求团结、力求共同抗日的大背景下，他们为促成国共的联合，促成全民族的抗战以及抗日战争的伟大胜利，作出了巨大的贡献。但是在抗战以后，国民党未能信守承诺开展民主政治的建设，而是仍然坚持一党专政，迫使第三大政党等党派纷纷转向中国共产党的阵营。

在国民参政会当中，中国共产党和中间党派的革命者通力合作，促进了民主和抗战的团结。大致上看，中国共产党在第一届国民参政会当中占有 7 个席位，毛泽东、博古、林伯渠以及董必武等都是国民参政员。而民主党派方面，也基本囊括了其重要成员，如青年党的曾琦、左舜生，国社党的张君劢、梁实秋，第三党的章伯钧，职教社的黄炎培，乡建派的梁漱溟，救国会的沈钧儒、陶行知、邹韬奋等。一时间，可谓群星璀璨，充分体现出中国人民尤其是政界对于民主"建国"、民主宪政和民主监督的极高热情。在国民党内部，也有着极高的民主"建国"的呼声。在中国共产党和民主党派的通力合作下，国民党表示愿意一定程度上摒弃意识形态的偏见，尽快结束训政，开展宪政。在此精神的指导下，国民党制定了《五五宪草》，可以说，这是一部体现孙中山先生五权宪法思想和权能分治思想的优秀宪法草案，也是国民党和共产党、民主党派合作的一个重要成果。但是，在1939年的国民参政会一届四次大会上，中国共产党团结各中间党派，开始对于结束国民党一党执政进行呼吁和提议，这也是其时整个中国政治界的一种共同呼声。左舜生、张君劢和章伯钧共同提出了《结束党治立施宪政议案》，提出了实施宪政的3条具体举措，这就刺激了一些国民党内部保守和腐朽的势力。他们与中国共产党和民主党派就上述问题进行了一些论辩，最终进步的势力占据了上风。本次会议通过了《请政府定期召集国民大会实行宪政决议案》，强调不仅要酌定具体期限召开国民大会，还要指定参政员数人，组成宪政期成会，促进政府尽快实施宪政。这个议案不仅是中国共产党和民主党派的呼声，而且也得到了国民党内部的认可。蒋介石高度评价民主党派的此项提案为会议最大的贡献。在1939年11月国民党五届六中全会上，确定了1940年11月12日召开国民大会制定宪法的设想，但是由于战争情况的不乐观以及国民党在实际操作中的阻挠，民主党派和中国共产党未能实现先期的目标，国民大会未能按期召开，第一次宪政活动便渐趋低落。

1943年9月开始，战事渐趋明朗，国民党声称继续进行宪政的征程。国民党宣称，战事结束后1年之内，国民政府即应该召开国民大会，制定并颁布宪法，并由国民大会决定，何时开始施行。中国共产党和民主党派以最大的诚意，对于国家施行宪政抱有极大热忱，进行了不懈努力。国民党虽然并不完全希望宪政，但是仍然被迫同意进行了宪法的制定和表决。中国共产党明确表示，现阶段的中国，应该建立起一种联合的政府，此种政府不仅应该是跨党派的，而且也应该涵盖抗日武装力量、地方政府和团体的代表，以会议的方式协商国是，只要抗日的党派，皆应该吸纳入政府当中。这种相互尊重、共商国是的巨大诚意，得到了民主党派的积极响

应，他们纷纷表示，支持民主宪政的运动，支持联合政府。1944 年 10 月，
中国民主同盟在其《对抗战最后阶段的政治主张》中明确表示，希望国民
党能够结束一党专政，并且迅速建立起跨党派的联合政府，实行民主政
治，并且提出了对于民主政治实行上的数个建议。这种党派间的联合，体
现出中国共产党和民主党派对于民主政治、联合政府和宪政的一种迫切需
求。这种需求不仅仅是为了实现本党派的政治主张，更是表明对于国民党
一党专政、名为民主实为独裁的行径的一种明确决裂和斗争。也正因为如
此，民主党派与国民党之间的隔阂越来越大，而与中国共产党之间，也有
了新的共同敌人。民主党派对于联合政府一以贯之的支持和努力，不仅为
当时的宪政提供了一个出口，而且也深刻影响到了新中国成立以后人民政
府的建制以及中国共产党领导的多党合作制的形成与实现。民主党派的行
动并未得到国民党的认同，相反地，国民党在政治上、舆论上，甚至在人
身上都对民主党派进行了控制、破坏和消灭。

纵观整个宪政运动，中国的民主党派在斗争中争取民主，在斗争中走
向团结，不仅与中国共产党在诸多领域达成了广泛共识，不断团结，而且
也为开启民智和推动民主进程作出了杰出的贡献。他们提出的以第三种道
路为代表的中国民主政治解决方案，在历史上也有非常积极的作用。在
1945 年，中国民主同盟面对一触即发的内战，全力呼吁和平"建国"，这
深刻体现出他们对于国计民生的关切。到了 1945 年 8 月 25 日，中共中央
提出了著名的"和平民主团结"口号，都希望通过和平的方式解决民众关
切的问题，也希望国家能够迅速走上宪政的光明道路。国民党对此也有一
定的认识，但是国民党的一党专政和蒋介石的个人独裁则是中国共产党和
民主党派斗争的主要目标。由此，中国共产党和民主党派在 1946 年召开
的政治协商会议上，以打破国民党的一党专制作为一个政治共识，具体的
举措则包括通过各个主要政治力量进行协商以后，削弱国民大会的职能，
并使之不能成为被国民党把控的机构，进而防止国民党通过这种方式继续
保守、停滞；同时也进一步赋予政协一定的制宪权和立法权，从而能够更
加顺畅地对法律条文和体系进行修改。但是，此种政协对于党派的束缚实

际上是非常宽松的。政协作为一种党派间的会议，各党派不仅具有否决权，而且政党还具有迫使政府按照其通过的议案进行行动的某种超越其本身政治角色的能力的权能，从这个角度上看，政协并非是某些党进行统治的一种工具，而应该是以政治协商来取消党治、代替党治的一种制度设计，由此也可以期待对于政府进行相应的改组。因此，政协并不是原有的代议机关，或者像中国近代史上的诸多"代议机关"一样名为代表民众、代表政党的机关，而实际上沦为一种咨询机关或者参赞机关。如果能够按照民主党派和中国共产党的设想，那么国民党的行为不仅能够得到有效控制，民主党派也会作为一支极为重要的政治力量，在新的和平时代的政治生活中发挥积极的作用。

民主党派所秉持的中间路线，实际上就是一种政党监督的充分体现。按照民主党派的设想，此种中间路线是在中国共产党坚持的无产阶级联合专政和国民党坚持的资产阶级专政当中，创造出一条新的道路，既不偏向美国，也不偏向苏联，坚持自己的特色，进而实现国家的和平统一。在具体的模式上，中国民主同盟希望通过学习英美的政治制度，来实行议会制和内阁制，实现方式与国民党的伪宪政大同小异：首先在党派协商的基础上建立起广泛的共识，继而开始组建联合政府，最后则是召开国民大会，正式开展宪政的进程。虽然这一道路名义上是不偏不倚的中间道路，但是实际上从主张上看明显更加偏向于中国共产党，而与国民党一党专政建立的独裁统治有着本质上的区别，这实际上为民主党派与中国共产党的合作奠定了政治基础。在中国共产党与民主党派的共同努力下，政协路线不仅成为民主的试金石，而且也成为民主党派和中国共产党合作的一条统一的防线。然而，国民党撕毁了政协的协议，政治上与中国共产党决裂，在战场上也掀起了对中国共产党根据地的进攻。中国民主同盟被宣布为非法团体，被迫解散，这是民主制度的一次重大挫折。但是反过来看，这也促进了民主党派与中国共产党的进一步联合。

在解放战争基本取得胜利之时，实际上中国的民主党派仍然坚持的是前述路线，但是在具体实现方式上进行了大幅度的调整。在中国共产党领导人民建立起人民民主专政的国家政权以后，民主党派被有意识地保留下来，其目的并不是进行政党的制衡或者轮流执政，而是希望民主党派以党派的身份对中国共产党进行监督，以助于共产党执政能力和水平的提升，从而保证中国共产党能够民主执政，民众能够真正地享受民主。民主党派从对于西方资产阶级权力监督及政党制衡理论的坚持到选择了人民民主专政，实际上是民主党派和中国共产党对于民主监督概念的不断拓展和深化。从本质上看，新中国的性质是工人阶级领导的以工农联盟为基础的人民民主专政国家，而前已述及，人民的范围则包括工人阶级、农民阶级、城市小资产阶级和民族资产阶级。相应地，民主党派作为民族资产阶级、城市小资产阶级以及知识分子等阶级和阶层利益的代表者，实际上也是人民的重要代言人，因此也可以接受中国共产党的领导，成为参政党。中国共产党和民主党派之间，存在着两重政治关系：其一为相互合作，相互团结；其二为相互监督。这种团结和合作的基础是建立在人民民主专政的社会主义国家内部的，不仅与资本主义国家有着显著区别，而且也与长久以来历史上形成的民主党派与执政党的关系有着本质上的不同。

三、 中国共产党的民主监督思想

（一）工农民主政权时期民主监督思想

在中国共产党领导的中国革命史当中，党的建设是中国共产党始终关注的问题，此类问题不仅直接表明了中国共产党与其他领导革命的主体在约束自身的问题上所呈现出的巨大区别，也体现出中国共产党以最广泛的民主监督来使自身永葆青春活力的智慧。从宪法的表述上看，在宪法制度建设的初期，一般我们还并未有相对直白的规定，如谈到"中国共产党或者国家机关公务人员受某些主体的监督"等，而是从政权的人民性角度加以论述，并规定监察和监督的具体方式，以此作为监督的一个专门进路。

也正是因为此原因，在相当长的时间内，中国共产党也没有对监察的类别进行详细的区分。

在《中华苏维埃共和国国家根本法（宪法）大纲草案》中，对于国家工作人员的规定相对特殊：

第二，苏维埃组织的立法机关和执行机关融化在一起，劳动民众所选出来的代表，自己直接地去执行代表选举人所决定的一切行政事务，自己直接对选举人负责。工农兵会议的代表和执行委员，不像资产阶级里的议员一样，他们要定期对选举人做报告，他们如果是不称职，不能代表大多数民众的意见时，选举人立刻可以决定撤销他们的代表资格。

第三，苏维埃政权的组织［是］最能够防止官僚主义的政治组织，各级苏维埃执行委员会、各部属（如各部、各局、各科等），能够吸引广大的群众参加种种事务的委员会，这种组织，使苏维埃政权密切地和民众联系起来。

第四，苏维埃政权的选举方法，着重于从事生产的劳动者，尤其是工厂工人，能够直接以工厂为单位，选举自己的代表，手工业工人和农人也能够直接从自己的组织和地域中选出自己的代表。这样，他们才真正能够密切地团结自己，训练自己，从斗争之中学习管理国家的政治和事务。①

虽然在宪法的角度上，对于立法机关和行政机关是否应该或者能否与行政机关融为一体，已经形成了比较完整的学说体系，但是在当时苏维埃的制度体系下，加之强敌环伺的严酷斗争环境，一体化的制度设计仍然有其不可代替的优势。对于苏维埃的代表和执行委员的监督，基本上仍然遵循了"谁选举向谁负责，谁选举谁罢免"的大原则。在选举中，强调劳动作为享有选举权的一个最主要条件，进而将代表和执行委员在身份上与工人和农民划为同一类别。其本质意在说明，代表和执行委员亦是劳动者，

---

① 《苏维埃中国》（第一集），1933年版。另见中国社会科学院法学研究所、韩延龙、常兆儒编：《中国新民主主义革命时期根据地法制文献选编》（第一卷），中国社会科学出版社1981年版，第2—7页。

他们绝不能够脱离劳动群众而存在，所从事的工作也仅仅是改换了表现方式的劳动，这样才能将国家的所有主体都统摄在劳动这一政权最基础的存在的要素当中。此种表述方式和其背后所蕴含的政权及民众对于中国共产党以及党员领导干部进行监督的政治逻辑实际上是将"人民公仆"以及领导干部与公众本质上的平等性进行了前提性的规定和说明。此后所有的涉及监督、监察以及中国共产党党风廉政建设和党派间民主监督等的制度性规定全部是以此作为核心的。

在《中华苏维埃共和国宪法大纲》中，对此也有类似的表述：

四，在苏维埃政权领域内，工人农民红色战士及一切劳苦民众和他们的家属，不分男女，种族（汉满蒙回藏苗黎和在中国的台湾，高丽，安南人等），宗教，在苏维埃法律前一律平等，皆为苏维埃共和国的公民。为使工农兵劳苦民众真正掌握着自己的政权，苏维埃选举法特规定，凡上述苏维埃公民在十六岁以上皆是有苏维埃选举权和被选举权，直接派代表参加各级工农兵苏维埃的大会，讨论和决定一切国家的地方的政治事务。代表产生方法是以产业工人的工厂和手工业工人农民城市贫民所居住的区域为选举单位，这种基本单位选出的地方苏维埃代表有一定的任期，参加城市或乡村苏维埃各种组织和委员会中的工作，这种代表须按期向其选举人做报告，选举人无论何时皆有撤回被选举人及重新选举代表的权利。为着只有无产阶级才能领导广大的农民与劳苦群众走向社会主义，中华苏维埃政权在选举时，给予无产阶级以特别的权利，增加无产阶级代表的比例名额。①

其内容与前述材料总体上没有特别大的区别，但是仍然强调，代表是有任期的。任期届满或者撤回被选举人重新选举都会导致代表职务的解除，这实际上为后续公务人员的选任方式和履职方式等的规定奠定了一个基础。此时，监督的主体是以无产阶级为核心的广大劳苦群众，这是与当时对于人民范围和政权的理解联系在一起的。虽然从理论上看，监察监督

---

① 中央档案馆编：《中共中央文件选集（一九三四——一九三五）》（第十册），中共中央党校出版社 1991 年版，第 644 页。

权利与"人民"的权利范围上可能并不完全重合，但是特定的时期内，在一个政权的同一语境下，公民作为主体在国家政治生活当中发挥的作用却是相对固定的，尤其是在一个相对艰苦的环境当中。因而，在革命形势处于比较初始的阶段内，苏维埃政权更多地关注的是打破旧有制度，以及在宪法当中宣扬自身的阶级主张，相对较少涉及或者直接提出监督问题。

另外一个比较有特点的逻辑表现为：苏维埃政权为寻求逻辑上和制度上的圆合，基本不讨论苏维埃内部工作人员的职务廉洁性问题，而是以其他的方式指代此种行为及其背后的主体。例如，主体会因为行为的不当或者违法而出现人格方面的巨大减等，甚至由革命者变为"反革命者"，具体可见下例，见于川陕省第二次全省工农兵代表大会通过的决议：

第五、对于暗藏在苏区里边的反革命分子，必须坚决肃清。一切破坏苏维埃法令，破坏红军，侵犯工农利益的行为，不能容许他继续下去。各县要迅速将保卫局和各区的保卫局代表健全起来，有计划地破获一切反革命的活动。同时要积极宣布反革命的罪恶，揭破一切反革命的无耻造谣，其目的只是哄穷人去做奴隶。发动广大群众自动起来参加肃反，不让苏区有一个反动分子存在和活动的可能，以巩固赤区。

……

第七、为了完成上项紧急战斗任务，就要健全各级苏维埃组织。首先是肃清混入在苏维埃里的一切地主、富农、保正、甲长和地痞流氓分子。发动广大工农群众审查和批评苏维埃的工作。以群众的力量去把这些分子赶出苏维埃，吸引斗争精神好、成分好、不怕得罪发财人的工农分子到各级苏维埃来做工作。特别要根据此次大会决定的一切条例，建立苏维埃各部工作，密切苏维埃上下级的关系和指导建立省苏对各县以及县对各区的巡视制度。[①]

从条文上看，反革命分子的行为包括"一切破坏苏维埃法令""破坏

---

① 文件之标题名为《目前形势与川陕省苏维埃的任务》，载西华师范大学历史文化学院、川陕革命根据地博物馆编：《川陕革命根据地历史文献资料集成》（上册），四川大学出版社 2012 年版，第 79 页。

红军""侵犯工农利益"等行为，而出现这些问题的直接原因则是这些反革命分子潜藏在苏区当中未被发觉，因而可以有机会从事各种破坏活动。其主体则更多地表现为第七条中所列举的特殊阶级或者特殊职业者。按照此种前后文之关系可以看出，后文谈到的要发动广大群众对于苏维埃工作进行审查和批评，实际上就是因为苏维埃当中混入了大量这类分子，所以才会出现工作当中的失误和问题。因此，对于苏维埃工作人员的行为上的监察和不当行为的防范，只要通过对苏维埃工作人员的严格选任，即可解决。也正是基于此种心态，苏维埃在选举的过程中需要着重突出成员在阶级属性方面的纯粹性，此种心态直接影响了此后诸多时间段内革命根据地干部选任的基本原则。同时，这一逻辑还直接影响到了以后对于监察权和监督权所属主体的判断。何人可以监督政府？在苏维埃一个行政与立法相结合的现实情况下，政府需要被监督的逻辑链条是无法建立起来的，因为政府，即苏维埃，也就是政权的一种特定的组织形式和表现形式代表着下层民众对于原来政府及其组成阶级的彻底决裂，这种革命性决定了政府本身是进步的、革命的，且与任何落后性质都有本质区别。而且，在苏维埃的制度下，无产阶级对剥削者施行专政，不仅要消除其剥削本质，还要从人身方面对其进行限制乃至于消灭。因此，政府也就不需要考虑其在社会上能否具有足够认同之问题，因为其在特定区域尤其是乡村地区的感召力和控制力直接决定了最广大的民众的拥护与支持。综合以上种种因素，实际上苏维埃的政府或者立法机关本身是不需要被监督的。那么，为何还要强调对于苏维埃意见的合理化表达呢？其原因是政府工作人员之"个体"，其行为的正当性或者廉洁性是无法被完全保证的。这种不能保证的行为之所以发生，正是因为阶级属性方面的不够纯粹。因此，有关监督和监察的各类制度设计，基本上都围绕着选举和罢免来进行。综上可以看出，实际上制度当中苏维埃非常回避强调政府的监察和监督，而是将对于政府的监察和监督转为对于政府工作人员的监察和监督。由此，也就为以后更加偏重于以各种方式对于人员进行监督与监察，而并未采取侧重行政监察为主的监察监督体制之构建，奠定了一个基础。

（二）抗日民主政权时期民主监督思想

随着抗战局势的不断发展，进入敌后抗日根据地时期以后，中国共产党人更加注重党外诸多力量对于党的监督，并且在制度上引入了诸多卓有成效的具体举措，使得整个敌后抗日根据地呈现出风清气正、积极向上的良好政治氛围，延安也成为其时中国民主政治的一把标尺。

在具体的制度设计方面，敌后抗日根据地仍然是以"三三制"作为核心，以联合各阶级力量共同抗日为直接出发点，进行了一系列非常有成效的制度建设。例如，《陕甘宁边区抗战时期施政纲领》中规定：

（十四）建立工作检查制度，发扬自我批评，以增进工作的效能。[①]

此时的工作检查制度不仅包括上级对于下级进行的工作检查，也包括工作的督导。具体表现为建立了行政专署。专署建立初期，人员构成十分简单。根据 1938 年 2 月 15 日《陕甘宁边区政府命令（第三号）——关于边区行政组织的编制》规定的专署人员配置：专员兼县长 1 人，秘书 2 人，署员 2 人，特务员（专员）1 人，勤务兼通讯 1 人，马夫 1 人，伙夫 1 人，仓库主任 1 人，共计 10 人。但随着根据地的发展，专署机构也有了一定程度的发展。1941 年 11 月，边区第二届参议会通过了《陕甘宁边区行政督察专员公署组织暂行条例》，该条例规定，"专员公署设秘书室、民政科、财政科、教育科、建设科、粮食科、保安科"。这样，即使不算副专员（有的专署不设副专员），六科人员加上专员、秘书室工作人员，总计至少有 26 人。1941 年 10 月，中国共产党采纳李鼎铭先生的建议实行"精兵简政"，专署机构遂逐步精简。陕甘宁边区政府于 1943 年 2 月颁布了《修正陕甘宁边区行政督察专员公署组织条例》，调整了专员公署组织机构。《修正陕甘宁边区行政督察专员公署组织条例》规定，专员公署在专员（必要时设副专员）领导下，设政务秘书、事务秘书各 1 人，襄助专员处理日常政务和事务，并设第一、二科和保卫科，分管民、教、财、建及

[①] 陕西省档案馆、陕西省社会科学院合编：《陕甘宁边区政府文件选编》（第一辑），档案出版社 1986 年版，第 209—211 页。

保安工作，这比原来的设置紧缩了很多。其具体职能在《陕甘宁边区行政督察专员公署组织暂行条例》中规定，在专署中，专员有处理如下事宜的职权：一是随时考察及督导所属各县地方行政规划与创办分区内各县应兴应革职事项；二是巩固分区地方治安，部署分区抗战工作；三是督察所属各县经费之收支情形；四是召集分区行政会议；五是关于所属各级公务人员之考核；六是关于所属各县争议及有关事项之处理；七是推行边区现行法令。另外，专员有权调遣本区内保安及地方自卫军，于必要时得请调正规军协助；专员应亲自轮流巡视各县；专员对所属各县所为之命令或处分，如认为违法或不当时，得撤销或纠正之（需呈报边区政府备案）；专员还得兼县长。在精兵简政期间，专员的职权又得到了增加。《修正陕甘宁边区行政督察专员公署组织条例》规定，行政督察专员公署"为边区政府的代表机关"。

关于专员公署的性质界定，经历了一个逐步深化的过程。起初专员公署的性质在《陕甘宁边区议会及行政组织纲要》中作了规定，"边区政府与县之间设行政专员，为传达并督察的机关"。这表明当时的专员公署是作为传达和督察性质的机关存在的，即把边区政府的政策、法令和指示传达所属各县，代表边区政府对所属各县行政事宜进行督察。随着抗战的发展，专署的地位越来越重要，其性质也发生了变化。1940 年 12 月 25 日《陕甘宁边区政府令》（底字第十九号，1940 年 12 月 25 日）和《陕甘宁边区行政督察专员公署组织暂行条例》规定，"边区政府得划定所属偏远之二个以上县份为一行政分区，设置行政督察专员公署，督察及指导该分区各县行政事宜"。这表明法律不仅保留了专员公署的督察性质，而且规定了专员公署指导所属各县行政事项的性质。1943 年 2 月公布的《修正陕甘宁边区行政督察专员公署组织条例》对专署的性质进一步作了界定，其中第一条规定："边区政府将边区所属各县（市）划分为五个行政区，分设行政督察专员公署，为边区政府代表机关。"《陕甘宁边区政纪总则草案》重申了这一性质，该草案第 7 条规定："专员公署为边区政府的代表机关。依据边区政府的命令与指示，领导督察所属各县（市）政府及边区驻分区的附属机关。"这样，法律把专员公署的督察和指导的性质升格，最终确定了专员公署作为边区政府代表机关的性质。边区政府之所以确定专员公署的这种性质，是希望把专员公署变为边区政府的代表机关，直接领导各县政务，确保政令的畅通和切实执行。同时，这种组织方式非常有利于对边区官员和下级政府进行监督和监察，便于民情民意的反映和民众对于政策执行情况的迅速掌握，此种制度设计可谓监察监督的新模式。

在其他的一些敌后抗日根据地当中，也有一些相应的条文，如在晋冀鲁豫边区的宪法性文件《晋冀鲁豫边区政府施政纲领》中，有一条的条目为"加紧民主政治建设，逐步实现民选各级政府"，其中下列条文也起到了建设民主政府、党派相互监督等的作用：

甲、实行三三制政体，欢迎一切抗日党派阶层与进步人士，参加政权工作。

戊、建立廉洁政府，肃清贪污浪费。

己、发扬民主作风，对人民注重政治动员与教育说服，密切政府与人民间的关系。①

在"三三制"的政体下，党派和进步人士联合的政权实际上已经比原有的苏维埃体系具有更加广泛的阶级基础和群众基础了，边区政府又进一步强调了廉洁和团结的重要性，这种对于民主制度和体系的坚持和对于群众民主意识的提升所导致的直接结果并不是民众以多种方式介入政权从而削弱了政权的权威性，而恰恰是政权囊括了民众的各种观点和诉求，虽然不能够全部、彻底实现民意，但是仍能够通过一种非常合理化的渠道，使公众感受到作为政权主人、作为政府一分子的崇高地位和强大使命感。因此在抗战的后期，几乎所有的敌后抗日根据地都基本实现了民众对于"人民政府"的认可，而这种认可背后的逻辑是民众和其他党派已经可以以一种非常有效的方式对政府和执政党进行监督，一套行之有效的监察体系也

---

① 晋冀鲁豫边区冀鲁豫行署：《法令汇编》（上册），1944年版。另见中国社会科学院法学研究所、韩延龙、常兆儒编：《中国新民主主义革命时期根据地法制文献选编》（第一卷），中国社会科学出版社1981年版，第43—50页。

已经建立起来了。

与此类似，山东地区也有关于民主建设和民主监督的制度设计，只是其表述要更为具体一些，如《山东省战时施政纲领》规定：

甲、实行三三制，欢迎各党派、各阶层拥护抗战及赞成民主的人士参加政权，共产党员应与这些党外人士实行民主合作，不得一意孤行、把持包办。

乙、发扬民主精神，健全各级参议会和各级行政机关，贯彻简政，加强下层政权机构，彻底完成村政权的民主改造，树立民主集中制的领导。①

条文明确规定，禁止一意孤行、把持包办是党派监督和党派合作的基础，实质上就是在明确党派和党派之间的关系是基本平等的，至少在政治地位上是没有高低贵贱之别的。如果在革命根据地内居于优势地位的政党以包揽的态度对待本应为所有党派共同商讨的问题，那么实际上二者之间的关系就绝不仅仅是依据法律文本所表现出的那样，而是与民主监督乃至民主制度具有一定的悖离。考虑到同时期国民党在制度方面也有类似的表达，但显然民主党派在其间的地位和权利都是难以得到保障的，而中国共产党则以非常简单甚至略显直白的方式，对此问题进行规定并确保其在运行中能够严格履行立法之原意，为今后制度设计和制度运行的实践奠定了坚实的基础。同时应该注意到的是，这样的基础为此后民主党派敢于在特定问题上表达自身的意见和建议，营造了一种非常宝贵的氛围。实际上，民主党派在表达自身对于社会的关切上，尤其是政治等问题的观点方面，客观上存在着诸多障碍。这种障碍不仅体现在不敢发声或者发声的方式方法存在问题，其本质是民主党派在任何一种政治制度下，都较难找准自身的定位。按照民主党派和中国共产党共同提出的政治方略来看，民主党派希望在联合政府中，扮演相对更加重要的角色，但是民主党派在与地域内执政主体的交流过程中，往往会在某种意义上呈现出在"自信"方面

---

① 山东省胶东区行政公署：《法令汇编》，1944 年版。另见中国社会科学院法学研究所、韩延龙、常兆儒编：《中国新民主主义革命时期根据地法制文献选编》（第一卷），中国社会科学出版社1981 年版，第53—58 页。

的缺乏。因而，这实质上是一种双方面都需要改进的结构，执政党需要进一步对其行为进行规范，民主党派也应该在制度框架内妥善行使自己的权利。

在《陕甘宁边区宪法原则》中，对于官员的监察则又有了新的方式：

（五）人民对各级政权有检查、告发及随时建议之权，每届选举时则为大检查。

（六）各级代表会每届大会应检查上届大会决议执行的情况。

（七）各级政府人员，违反人民的决议或忽于职务者，应受到代表会议的斥责或罢免，乡村则由人民直接罢免之。①

值得注意的是，人民此时不仅具备了一直以来监督政府工作人员的能力，更具有了监督权力机关乃至于政权本身的能力。其问题的核心在于，将原有的主体与主体的对应关系打破。人民作为每个单一主体，实际上可以享有的权利是对包括权力机关在内的国家机关的工作人员之行为进行监督的权利，而人民作为一个集体，才能够谈到国家对人民负责、受人民监督以及国家的权力属于人民等，也就是说，虽然未尽合理，但二者仍然存有某种逻辑上的对应性。这种对应性的强化，实际上是一个长期的、历史的过程。早在苏维埃时期，中国共产党就强调了人民在监督政权方面的作用，其表述包括政权归属于无产阶级，工农兵代表大会作为组织方式而以选举代表作为基础的执行人，并对代表进行包括随时撤换在内的监督等，此类表述都并未直接表明，工农兵代表大会在权力体系中居于何种地位，亦未表明人民作为群体，与工农兵代表大会之间的关系。在此后敌后抗日根据地的制度表述中，政权以参议会的方式进行组织，虽然扩大了群众基础，但其政权基础仍然未表述为全体人民，在此种前提下，人民仍然更多地是以个体的方式而对权力机关、国家行政机关等主体的工作人员进行监督，而并非对于权力主体本身的监督，更难以谈到人民作为整体而对国家

---

① 《陕甘宁边区第三届参议会第一次大会汇刊》，第三届参议会常驻会 1946 年编印，第 76—79 页。另见中国社会科学院法学研究所、韩延龙、常兆儒编：《中国新民主主义革命时期根据地法制文献选编》（第一卷），中国社会科学出版社 1981 年版，第 59—61 页。

各种机构具有相应的监督权能。客观上看，人民作为一个政治哲学或者政治逻辑学意义上的范畴，想要以统一的主体方式对于国家机关形成监督，则必然需要有所组织，否则就还是遵循原有的、单个主体为特定行为如检举等的运作模式。在紧张的革命形势下，人民整体组织的最好方法，便是从当时的实际出发，以选举检查作为方式，对权力机关在上一个周期内的行为进行细致的梳理和检讨。例如，人民（可以是非特定的主体，如特定区域内的多数群众或者不记名群众）在极端个别的特定情境下可能会对整个政权分支机构提出意见或者建议，并且反映其问题。出现这种情况的原因有很多，例如人民对于政权分支机构当中的特定人员或者行为不满而又难以确定人员究竟姓甚名谁，或者政权分支机构在特定问题上整体决策失误，侵害了民众权益等。在这种情况下，人民的相应监督行为为制度建设提供了基础，这一进步为日后人民以全新的方式进行组织，成立人民监察部门和纪检监察机构，乃至于当下所成立的监察委员会，都提供了相当充分的宪法史依据和相关实践经验。

在政权机关每届之间的权力分配方面，以下届政权机关监督上届政权机关的组织方式是简洁而高效的，值得注意的是，这并非是对上届政权机关本身的监督，而是对其特定行为——决议执行状况的监督。这种监督是基于长期的、对于财务制度进行相当良好的遵守而形成的相对较为稳定的工作实践而建立起来的。正如在 20 世纪 40 年代前后逐步建立起来的财政预决算制度，解决了抗战初期各自为政和随意征发、浪费民力的状况一样，下届政权机关对于上届政权机关以"决算"的方式进行的监督，实际上是促使政权机关在任期内谨慎使用权力，以避免对民众利益可能带来的损害。

另外值得注意的是间接选举的组织方式逐渐对于监督监查构成了一定程度的影响。按照选举者有权罢免的原则，乡镇群众对于代表进行直接选举，则其有权对代表进行相应的罢免。其上的数级政府之工作人员，依据本级代表会议选举产生，则选举会议有权对其进行罢免。此种组织方式具有相当高的效率，同时也对以后人民代表大会和政府工作人员的监督工作产生了深远影响。

（三）解放区人民民主政权时期民主监督思想

在抗日战争取得了胜利以后，民主"建国"、建立联合政府作为国家政治生活的首要目标，受到包括中国共产党在内的多数党派的重视和欢迎。在解放区，中国共产党率先以宪法原则的方式，对于自身所提倡的和平和团结主张进行了贯彻，这种贯彻从制度体系的方面看，可以说是优先级最高、实践最为有力的，反映出中国共产党在推行和平民主方面的坚定决心和强大实力。

例如，东北解放区在1946年通过的民主政府共同施政纲领中指出：

（一）团结全东北各省市、各民族、各阶层人民与各民主党派，拥护政治协商会议决议，实施和平建国纲领，反对独裁内战，建设和平、民主、繁荣的新东北。拥护波茨顿四国对日公告与中苏友好同盟条约，彻底肃清日本在东北侵略势力的残余，严惩与日本侵略势力合作的汉奸、伪军、法西斯分子、特务、土匪，严防日本侵略势力及其合作者再度侵入东北。

（二）依政协会议和平建国纲领与东北人民的愿望，实行东北人民的民主地方自治，建立民选的各级参议会，选举各民主党派与无党派合作的联合的各级政府。省制定省宪。政府一切人员必须廉洁奉公，忠于人民，其生活由政府保障。[①]

条文中谈到的政治协商会议决议是抗战胜利后民主斗争的一个重要成果。抗战胜利后，《双十协定》的签订，使人们看到了和平、民主、团结的希望。国民党统治区内爱国民主运动日益高涨，力量日益扩大，他们要求实现民主，主张停止内战。美国总统杜鲁门按照美国政府"援助国民党尽可能广大地在中国扩大其权力"的既定方针，于1945年12月15日发表

[①] 东北行政委员会办公厅编：《东北行政导报》，1946年9月。另见中国社会科学院法学研究所、韩延龙、常兆儒编：《中国新民主主义革命时期根据地法制文献选编》（第一卷），中国社会科学出版社1981年版，第66—68页。

关于对华政策的声明，声称赞成中国"召开全国主要政党代表会议，以谋早日解决目前的内争，以促成中国之统一"。并任命马歇尔接替赫尔利为美国驻华特使，来斡旋各方政治力量。美国政府认为，如果能避免内战，通过谈判，诱使中共交出武装，这对国民党是有利的，而且也有利于美国在中国的权益。12 月 25 日，在莫斯科召开了英、美、苏三国外长会议，发表了关于中国问题的协议，要求中国"必须停止内争"。与此同时，蒋介石一手挑起的"内战"，在我人民军队自卫反击下，连连失利，感到发动全面内战的准备尚需时日。因此，他也不得不同意按照《双十协定》的规定，召开政治协商会议。12 月 16 日，以周恩来为首的出席政协会议的中国共产党代表团飞抵重庆，代表团成员有董必武、王若飞、吴玉章、叶剑英（后由秦邦宪接替）、陆定一、邓颖超。

在政协会议召开前，中共代表团与国民党政府代表团进行了两场没有硝烟的激烈斗争：首先是关于停止内战的问题。为了给政治协商创造有利条件，中共代表团下机伊始就提出："希望双方先停战。"12 月 27 日，中共代表团向国民党代表"提出无条件停止内战的办法三项，以副国内外人士殷切之望，以利政治协商会议之进行"。经中共代表团的多次奔走呼吁，经国共双方的几度磋商，于 1946 年 1 月 5 日，国民党政府代表与中共代表团就停止军事冲突和恢复交通问题取得一致意见。1 月 10 日，双方下达停战令，规定至迟在 13 日午夜，双方军队要在各自位置上停止一切军事行动。在整个商谈过程中，蒋介石等多次作梗，终因迫于国内外的压力，而无法得逞。

其次是关于代表名额分配问题。国民党为了控制多数代表，使政治协商会议通过有利于他们的提案，使出种种手段拉拢民主党派，妄图孤立共产党。为了分化民盟代表团，他们以高官厚禄拉拢民盟领导人罗隆基，遭到罗隆基的严词拒绝。张群、吴铁城对民盟中央常委、国家社会党领导人张君劢、张东荪做了许多拉拢工作；甚至蒋介石亲自出面，以国民党总裁和国民政府主席身份，特别设宴款待张君劢、张东荪，也未达到目的。唆使青年党领袖曾琦分裂民主同盟，答应青年党作为一个独立单位参加政治协商会议，并私下许愿给青年党 5 个代表名额。由于国民党的离间和收买，青年党突然提出要在民盟 9 名代表名额中占 5 个名额。在遭到拒绝后，青年党表示坚决退出民盟，以独立单位参加政协会议。国民党公开表示支持青年党的要求，妄想以此来削弱民盟在政协会议中的地位和作用。中共代表团为了挫败国民党的阴谋，加强与民盟的团结与合作，坚决支持民盟。周恩来多次向民盟领导表示，民盟原定的 9 名代表名额不能减少。他还提议，民盟仍保持 9 名代表，青年党以独立单位参加，占 5 席，解决增加名额的办法是：共产党让出 2 个名额，变为 7 席；国民党让出 1 个名额，变为 8 席；另外，总额增加 2 名；代表总额由原定的 36 人增至 38 人。共产党为了顾全大局，主动让出名额的做法，不但感动了民盟，也迫使国民党不得不接受这个代表名额分配方案。这场代表名额分配上的激烈斗争不但得以解决，也使国民党的不良居心未能得逞。虽然国民党拉走了青年党，但未能把民盟拆散；相反，使民盟内部更加团结，对国民党的认识更清楚了；他们对中共顾全大局、作出让步的举措，深受感动，决心同中共全面合作，结成亲密同盟。

1946 年 1 月 10 日至 31 日，政治协商会议在重庆举行。到会代表 38 人。国民党代表 8 人，共产党代表 7 人，民主同盟代表 9 人，青年党代表 5 人，社会贤达代表 9 人。基本上形成了左、中、右三种政治势力。以中国共产党为代表的革命力量，力争建立一个民主联合政府；民主同盟基本上是中间势力，主张通过和平改良方法建立资产阶级议会制民主国家；国民党及其附属青年党，顽固坚持大地主大资产阶级的国民党一党专政。由于三种政治势力在建立什么样的国家问题上存在分歧，因此，在会上展开了尖锐复杂的斗争。斗争的焦点实质仍是军队问题和政权问题。在会议进行中，中共代表与民主同盟代表本着求同存异的精神，在许多重大问题上共同商量，取得一致意见，在大小会议上，相互支持，并团结其他爱国人士结成反内战、争民主的联盟，同国民党展开了"有理、有利、有节"的斗争。在与宪法直接相关的政权问题上，首要的问题是改组国民党一党专政的政府，实现政治民主化。国民党代表提出《扩大政府组织案》，声称不是改组，而是扩大"国民政府委员会"。依照其提案，国民党在政府中占有"特定程度的多数"；国民党以外人士参加国民政府，须由主席向国民党中央执行委员会提请选任；国民政府委员会只有讨论和决定"立法原则""施政方针""军政大计"的权力，而无用人权；国府主席有相对否定权和紧急处置权；等等。可见，国民党并不是要实行真正的民主和宪政，只是希望增加几名党外人士参加政府以装潢门面，继续实行一党专政，妄图在"统一国家主权"的名义下要共产党交出解放区。中共和民盟代表当即识破国民党的把戏，相继反对这项提案。罗隆基指出，改组政府的目的在于使国家"由一人集权制，过渡到民主集权制"，"结束训政完成宪政"，"各党派能参加政府"。改组政府必须遵循三项原则：必须以共同纲领为施政共同准绳；共同决策机构，要真能决策；各方面人员参加执行机关，要真能执行。并提出 7 点质问，揭露了国民党企图一党专政的用心。中共代表董必武支持罗隆基的发言，并强调指出，应当在有共同纲领的基础上改组政府，改组后的政府应有权决定人选，政府的主要职员，大党所占的比例不要超过 1/3。经过艰苦的协商讨论，会议通过《和平建国纲领》作为政府的施政纲领。纲领确定建立统一、自由、民主的新中国，保持国家的和平发展；规定政府委员会为最高国务机关，并拥有用人权；规定政府委员名额的一半由国民党以外的人士充任，而所有涉及施政纲领之变更须有出席委员的 2/3 赞成始得议决；等等。如果实行这样的政府改组，国民党虽然在其中仍占有主要地位，但它已经不能为所欲为。各民主党派和无党派民主人士将拥有能够保障施政纲领不致被曲解、变更、撕毁的否决权。

改组后的政府应是从结束国民党的"训政"到实施宪政的过渡时期的政府，它负有召集国民大会以制定宪法的任务。政协会议通过的宪法草案规定，立法院相当于议会之国家最高立法机关，由选民直接选举产生；行政院为最高行政机关，并对立法院负责。立法院对行政院全体不信任时，行政院或辞职，或提请总统解散立法院。这种制度，接近于英、法等国实行的议会制和内阁制。实行这种政体，虽仍不能改变国民党政权的阶级本质，但对于蒋介石独裁政体是一种否定，这是向政治民主化方向的一种进步。同时，宪法草案又规定了中央与地方分权的原则，规定省为地方自治的最高单位，省长民选，省要制定省宪，等等。这类规定，对于解放区民主政权的存在和发展可以起到一种保障作用。

历时 22 天的政协会议，由于中国共产党的努力和各民主党派的合作与斗争，终于迫使蒋介石签订了《关于政府组织问题的协议》《和平建国纲领》《关于国民大会的协议》《关于宪章问题的协议》《关于军事问题的协议》等 5 项协议。这些协议虽然还不是中国共产党所主张的新民主主义纲领，但它否定了国民党的一党专政、个人独裁的政治制度，否定了国民党的反人民的内战政策，迫使国民党承认党派存在的合法性和各党派的平等地位，确定了民主改革的总方向。所有这些，是符合全国人民要求和平民主的愿望，代表了当时人民的利益的，是人民民主势力的胜利。政治协商会议的成功，是中国共产党与民主党派及各界人士在会议内外密切合作的结果，是党的统一战线的胜利。

东北解放区以宪法条文的方式对于和平和民主的确认，在当时对于爱好和平、追求民主的中国共产党人和民主党派爱国人士来说，是一个巨大的鼓舞，对于国民党反动派而言，不啻迎头痛击。对于民主和平进行追求的艰苦征程对于全国人民也有巨大的教育意义，人民愈发清晰地认识到，中国共产党才是真正追求民主和平和自由解放的政党，因此，在新中国建立之前召开政治协商会议的过程中，各民主党派和全国人民都给予了极高的热情和尽可能的协助，表明中国共产党之政策、主张已经深入人心。

此后，中国共产党在华北人民政府的具体实践中，对于依靠人民监督监察政府、执政党等主体，应用得更为得心应手。在《华北人民政府施政方针》中，中国共产党明确表示：

第一，整顿区村级组织，并建立各级人民代表会议，首先是县村人民代表会议。整顿区村级组织，是民主建政的基础。八年抗战和两年解放战争，区村干部做了很多有益于战争和建设的工作，是有成绩和有功劳的。

但强迫命令的作风和多占人民土地改革果实的现象，则相当普遍地存在着，其中甚至有少数村干部蜕化变节，违犯法纪，欺压人民，为群众所反对、所痛恨。我们对区村干部的政策，应该怎样规定？对少数区村干部所犯错误，应该怎样处理？这首先应该分析为什么有些区村干部会犯这样严重的错误？原因何在呢？这曾是由于领导上所加于区村干部的任务过重，甚至使其不能胜任；对区村干部发生了错误之后，又未能及时教育，及时纠正，以便提高其觉悟程度（这又与下面的无政府无纪律状态，事前不请示，事后不报告相联系），平时又没有经常的干部教育工作，加上多年来封建私有社会的恶劣传统影响，许多人由于其所处的社会的恶劣影响，带来了不少的偏私、成见、自私等情绪，反映了一定的没落阶级的坏东西，不可能在短时期内加以肃清。所以对于他们的错误，高级领导机关，教育帮助不够，应负主要责任。但区村干部自身，亦不能辞其咎。特别是贪污蜕化、违反法纪的罪行，他们自身更应负责。因此，整顿区村级组织的基本方针，应该是开展批评与自我批评，采取治病救人的态度，加以争取、改造、教育、团结，而不是一脚踢开，也不是一手包容，相信教育万能。应该是表扬好的，批评坏的，处罚不可救药的。改正一部分区村干部严重地脱离群众的作风，进一步改善区村干部和群众的关系，使他们忠诚为群众服务，积极进行各项建设工作。但是，对作恶多端为群众所痛恨，而又坚持错误、不改正错误或口头改正错误而实际上不改正错误的分子，则必须坚决给以惩处。

……

在华北人民政府内，设立人民监察机关，以监督、检查、检举并处分政府机关和公务人员的贪污腐化、违法失职，并经常防止和反对脱离群众的官僚主义作风。建立每年旧历正月初旬村政大检查的制度，实行批评、自我批评，奖励模范，批评或处罚失职贪污及其他不法分子。[①]

条文中明确，华北人民政府非常关注村一级的领导干部，其直接原因

---

① 《华北人民政府法令汇编》（第一集），华北人民政府秘书厅1949年7月编印，第1—9页。另见《华北人民政府法令选编》，中国法学会董必武法学思想研究会2007年8月编印，第3—14页。

是，村一级的领导干部是为民众服务的第一批中国共产党人，是中国共产党在民众中形象的直接反映。这是一个自上而下逐渐梳理的过程：首先，将制度以及上层的框架向着民主的方向进行构建和发展；其次，将执行的方式和惩处手段加以确保；最后，则可以将执行所涉及的每一个环节和每一级主体的行为都进行规范。

监察院是华北人民政府进行人民监察的主要机关，在此后的《华北人民政府组织大纲》中，对人民监察院进行了进一步规定，具体内容如下：

第七条：华北人民政府设下列各部、会、院、行、厅，在主席领导下分掌各该主管事项。

……

十四、华北人民监察院

第八条：各部设部长一人，各会设主任一人，华北人民监察院，华北人民法院各设院长一人，华北银行设总经理一人，秘书厅设秘书长一人，综理各该部、会、院、厅掌管之事项。各部、院长、各会主任、总经理及秘书长之人选，以华北人民政府委员兼任为原则，但不限定为委员。由主席提交华北人民政府委员会通过任命之。

各部、会、院、行、厅视工作之需要，得增设副职。

第九条：华北人民监察院为行政监察机关，设人民监察委员会，以院长及华北人民政府委员会任命之人民监察委员五人至九人组织之。其任务为检查、检举并决议处分各级行政人员、司法人员、公营企业人员之违法失职、贪污浪费及其他违反政策、损害人民利益之行为，并接受人民对上述人员之控诉。

华北人民监察院人员为行使职权，得向有关机关进行调查；各该有关机关，必须接受检查，提供必要之材料。

华北人民监察院有关处分之决议，须交法院审判者，得提请法院审理之；须交各行政机关执行者，得提请主席批交各有关行政机关处理之。

……

第十二条：各部、会、院、行、厅之组织规程由华北人民政府制定之。[①]

从前述条文上看，华北人民政府人民监察的具体实施机关名称为"监察院"，在这一点上与国民政府的机构设置比较类似，按照五院制的具体组织模式，政府的组成部门中包括监察院，但此监察院所为的应主要是行政监察，虽然也会包括人民举告等内容，但毕竟在性质上与华北人民政府管辖下的人民监察院有着本质区别。但是就其具体的行为部门来看，其名称则为"人民监察委员会"，也就是说，从某种意义上看，似乎可以认为监察院与人民监察委员会具有一定意义的同质性。

从具体的部门架构上看，其时的华北人民政府监察院的规模还相当有限。时任华北人民政府监察院院长的，乃是著名教育家、政治家杨秀峰同志，按照组织大纲的要求，杨秀峰也确实是作为华北人民政府的三位副主席之一，来兼任监察院院长的。值得注意的是，杨秀峰和副院长之一的于力都是华北人民政府的委员，也就是最早筹建华北人民政府的一批同志，而另外一位副院长黄松龄，虽然并非华北人民政府委员，但同样是一位在经济领域作出了极高成就的同志。应该说，虽然在院长的选任方面，更多地还是考虑到了几位同志的资历和影响力，但是每一位同志的具体工作能力都是非常突出的。例如，杨秀峰在任晋冀鲁豫边区政府主席的时候，就非常强调政府勤俭节约，减轻人民负担，干部清正廉洁，与群众同甘共苦。并且，他还提出了要充分地组织地方绅士以及当地的群众组成财政检查委员会，从而对政府的财政收支进行检查，以监督政府节俭。

在院长之下的一些具体的机构设置当中，也能够明显看出一些制度上的设计和考量。华北人民政府监察院下设3个处，第一处处长为于力，但于力同时也是副院长，因而又设置了一个副处长，由邢凯风担任。第二处处长和第三处处长分别是张慕尧和张曙时，这两位同志也同时是监察委

---

① 《华北人民政府法令汇编》（第一集），华北人民政府秘书厅1949年7月编印，第10—12页。另见《华北人民政府法令选编》，中国法学会董必武法学思想研究会2007年8月编印，第17—20页。前述诸条当中，不仅包括机构设置的内容，也包括职权问题，以下就不再进一步标明出处。

· 97 ·

员。此外，监察委员还有王复初和王承周两位同志，再加上 3 位院长副院长，人数为 7 人，符合 5—9 人的具体要求。同时，华北人民政府监察院还设置了 4 位监察专员，分别是鲁夫、武光华、赵秉谦和刘绲。这 4 位同志当中，武光华履职是有明确的记载的，也就是说，几位监察专员应该被分配到 3 个处，并在处长、副处长的领导下开展工作。但是，由于华北人民政府通令的附件中只显示了处级以上负责人的名录，也就是说武光华等 4 位监察专员同志即便是未明确是否隶属于 3 个处，至少在级别上也是与处长、副处长平级的，否则他们也将如 3 个处的具体工作人员一样，名字并不入于本名录。① 因此，笔者推测，前述的 3 个处是华北人民政府监察院的常设机构，一般而言，会依据地域划分，具体主抓地区的人民监察工作。而监察专员之设置，则更多地体现出了华北人民政府人民监察的特点。这些监察专员以自己的官职为依凭，开展独立的监察、检查等活动，更可以深入政府企业，联系人民群众。

从地位和性质上看，整个华北人民政府监察院的建制当中，最为重要的当属人民监察委员会。这个委员会所履行的议处等职权，是华北人民政府监察方面最为重要的权力。而其他的一些处以及不必专门列明但一定存在的统一后勤部门、文字综合部门等，则均属于从属地位。按照《华北人民政府组织大纲》的内容，实际上华北人民政府作为一个统一的政府，内部的诸多文案工作等办公事宜，是由秘书处统一完成的。也就是说，在不考虑整个华北人民政府监察院的机构建制的前提下，它本身所表现出来的样貌，则更像一个人民法院。当前，人民法院当中最为重要的肯定是各种法庭，此类法庭具体履行着审判的职能。但是同时，法院也会设置立案、执行以及监督等一些具体的职能部门，它们所起到的作用虽然并不是直接审判，但往往是审判工作前序或者后序的流程，也极为重要。客观上看，法官判案子无疑，在一定条件下也可以自己寻找证据等，但是无论如何，法官总不会自行去发现自己该判的案子。同理，由于人民监察委员会的性

---

① 参见《华北人民政府通令》秘总字第二号附件，1948 年 9 月 26 日。

质和地位决定了这个机构不可能自行收集材料，因此含有监察相关信息的文件的转递工作就变得极为重要，故而才设置处室和监察专员联动的工作模式，在最大限度上收集信息，并确保人民群众的投告都能够落到实处，这也正是华北人民政府人民监察工作的具体考虑和科学之所在。

当然，从严格意义上看，这种模式仍然比较粗糙，而且就一个政府而言，监察院的机构设置也未免过于简薄，应付一时一地当无窒碍，如果辖区变大，事务更多则难免捉襟见肘。由此，新中国在建设中央人民政府人民监察委员会的时候，专门设置了办公厅和 3 个负责具体事务的业务厅室，并且大大增加了委员的人数。尽管如此，中央人民政府人民监察委员会还是采用了监察委员会的方式，并成为影响后来监察委员会制度的先声。①

根据之前讲述的相关内容，监察院的主要职责就是检察和检举并且有权力处分各级的行政人员以及司法人员、国企人员等所存在的一系列贪污腐败行为、违反乱纪行为、损害广大群众利益行为等，并且还要接收广大人民群众对各级行政人员的控诉。华北人民监察院的相关工作人员在行使其监督检举权时，需要向有关的部门进行调查，并且还要提供一系列相关的材料。该监察院在进行相关的处分决议时，就需要交由法院进行。除去这部分以外，还另有一种表述如下：

人民监察委员会的主要职权包括：

一、人民监察委员会具有检查或检举因贪污浪费或者违反了相关法律法规，危害人民群众利益的行政人员的权利，并有权拟议对其应处的处分。

二、人民监察委员会具有接受人民群众举报一切贪污浪费或者是违反了相关法律法规，危害人民群众利益的行政人员的权利，并有权拟议对此类行为的处理办法。②

---

① 参见苏尚尧主编：《中华人民共和国中央政府机构（1949—1990 年）》，经济科学出版社 1993 年版，第 187 页。

② 《华北政报》，华北人民政府秘书厅 1949 年 10 月编印，合订本第一期，第 7—12 页。另见《华北人民政府法令选编》，中国法学会董必武法学思想研究会 2007 年 8 月编印，第 34—42 页。

按照本条的具体内容，人民监察委员会的具体职权范围基本上与前文类似，但此"拟议"的处理办法实际上应该与前述议决以后交司法部门或者行政部门等联系起来，共同构成一个完整的监察处理逻辑链条。也就是说，在明确了事实以后，监察机关将首先在内部以议决的方式形成一个统一的意见，这一意见包括但不限于对于某些责任人的处理办法。但是，此处理办法还需要经过一些职能部门的确认。从程序上看，移送司法机关和移交行政机关处理的情况还是存在着比较大的区别。移送司法者系直接被移送司法机关审理，而移交行政机关者则需要经过主席之批准，这一方面反映出司法机关具有相应的地位独立性，另一方面也反映出行政机关在自己处理内部事务的时候，会非常审慎。

（四）共和国时期民主监督思想

长期艰苦的民主斗争，在新中国即将成立的前夕，化为了中国共产党和民主党派之间最为坚实的纽带，他们纷纷响应中国共产党的号召，为新中国的建设作出了卓越贡献。在人民解放军转入全面战略反攻后不久，毛泽东于 1947 年 10 月在《中国人民解放军宣言》中提出了党的政治纲领："联合工农兵学商各被压迫阶级、各人民团体、各民主党派、各少数民族、各地华侨和其他爱国分子，组成民族统一战线，打倒蒋介石独裁政府，成立民主联合政府。"随着解放战争进程的不断加快，中共中央于 1948 年 4 月 30 日至 5 月 7 日在河北阜平召开了城南庄会议，讨论通过了纪念"五一"节口号，其中第 5 条规定："各民主党派、各人民团体、各社会贤达迅速召开政治协商会议，讨论并实现召集人民代表大会，成立民主联合政府！"[①] 中共中央发布的"五一"口号，很快通过各种渠道传遍海内外，引起了各方的积极响应。8 月 1 日，毛泽东复电各民主党派和民主人士指出："一切民主力量亟宜加强团结，共同奋斗，以期早日消灭中国反动势力，制止美帝国主义的侵略，建立独立、自由、富强和统一的中华人民民

---

① 《中共中央纪念"五一"劳动节口号》，载《人民日报》1948 年 5 月 2 日，第 1 版。

主共和国。为此目的，实有召集各民主党派、各人民团体及无党派民主人士的代表们共同协商的必要。关于召集此项会议的时机、地点、何人召集、参加会议者的范围以及会议应讨论的问题等项，希望诸先生及全国各界民主人士共同研讨，并以卓见见示，曷胜感荷。谨电奉复，即祈谅察。"

根据毛泽东的指示，在周恩来的周密安排下，原来在国民党统治区的各民主党派、爱国民主人士和海外华侨代表，陆续进入东北和华北解放区。政治协商会议筹备会的地址原定为哈尔滨，北平的和平解放使千年古都迎来了新生，也为新政协的召开提供了一个更宽阔的舞台。1949 年 4 月初，国共双方代表在北平举行的和平谈判破裂以后，新政治协商会议筹备会预备会议于 6 月 11 日在香山举行。

对于参加新政协的人员组成，中国共产党代表曾与沈钧儒、谭平山、章伯钧等民主人士有过明确的界定，那就是："由反对美帝国主义侵略、反对国民党反动统治、反对封建主义和官僚资本主义压迫的各民主党派、各人民团体及无党派民主人士的代表人物组成，南京反动政府系统下的一切反动党派及反动分子必须排除，不得许其参加。"① 为了准备政治协商会议的召开，同时也为了筹划中央人民政府的建立，1949 年 6 月 15 日，新政治协商会议筹备会在北平召开。毛泽东在筹备会的开幕典礼上发表讲话，对这个筹备会的任务作了说明，那就是："完成各项必要的准备工作，迅速召开新的政治协商会议，成立民主联合政府，以便领导全国人民，以最快的速度肃清国民党反动派的残余力量，统一全中国，有系统有步骤地在全国范围内进行政治的、经济的、文化的和国防的建设工作。"

在讲话中，毛泽东要求全国人民团结起来，坚决、彻底、干净、全部地粉碎帝国主义及其走狗中国反动派的任何一项反对中国人民的阴谋计划。中国民主联合政府一经成立，它的工作重点将是：（1）肃清反动派的残余，镇压反动派的捣乱；（2）尽一切可能用极大力量从事人民经济事业的恢复和发展，同时恢复和发展人民的文化教育事业。政协筹备会首次全

---

① 《关于召开新的政治协商会议诸问题的协议》，哈尔滨政协文史馆手稿复印件，1948 年 11 月 25 日。

体会议历时5天，于6月19日闭幕。经过讨论，会议通过了《新政治协商会议筹备会组织条例》和《关于参加新政治协商会议的单位及其代表名额的规定》。会议推选毛泽东为常务委员会主任，周恩来、李济深、沈钧儒、郭沫若、陈叔通为副主任，李维汉为秘书长，为了加快各项准备工作，决定在常务委员会领导下设立6个小组，分别完成下列任务：（1）拟定参加新政协的单位及其代表名额；（2）起草新政协组织条例；（3）起草共同纲领；（4）起草宣言；（5）拟定政府组织大纲；（6）拟定国旗、国徽及国歌方案。周恩来被推选兼任第二小组组长，负责起草《共同纲领》。这一切为迅速召开新的政治协商会议，成立民主联合政府，以便领导全国人民，以最快的速度肃清国民党反动派的残余力量，统一全中国，有系统地和有步骤地在全国范围内进行政治的、经济的、文化的和国防的建设工作创造了条件。

政协筹备会首次全体会议虽然结束，但上述各项筹备工作，继续由常委会和各个小组负责完成。9月17日，政协筹备会召开第二次全体会议。周恩来代表常委会，向会议报告了3个月来的筹备工作。会议一致同意将"新政治协商会议"改称为"中国人民政治协商会议"，并通过了《中国人民政治协商会议组织法（草案）》、《中华人民共和国中央人民政府组织法（草案）》和《中国人民政治协商会议共同纲领（草案）》等文件，作为正式向即将召开的中国人民政治协商会议第一届全体会议提出的议案。

经过反复协商，新政协筹备会常委会最后通过了参加第一届政协全体会议的单位及代表名额，其中正式代表510人，候补代表77人，特邀民主人士75人，共计662人。在这662位代表中，共产党约占44%，工农和各界的无党派代表约占26%，各民主党派的成员约占30%。在党外人士中，进步人士约占1/3，共产党员加党外进步人士约占总数的2/3。这样，既保证了共产党的领导，又广泛团结了党外人士。

在中国人民解放战争胜利发展的形势下，中国人民政治协商会议第一届全体会议于1949年9月21日在北平胜利召开。会议决定新中国的名称为"中华人民共和国"，国都定于北平（1949年9月27日改名为北京），采用公元纪年，国歌未制定前以《义勇军进行曲》为国歌，五星红旗为国旗。这次会议代行了全国人民代表大会的职权，通过了具有临时宪法性质的《中国人民政治协商会议共同纲领》。

《共同纲领》是中国共产党在领导筹建新中国的过程中逐步形成和完善的，是我国历史上一份非常重要的文献。它解决了怎样建立一个新国家和建立一个什么样的新国家这样一些极其重大的问题，"是总结了中国人民在近一百多年来特别是最近二十多年来反对帝国主义、封建主义和官僚资本主义的革命斗争的经验，而制定出来的一部人民革命建国纲领"①。在新中国第一部宪法诞生前，它实际上起到了临时宪法的作用。

《共同纲领》的修改与定稿，可谓中国历史上民主协商的典范。在《共同纲领》的讨论和通过的过程中，各位代表都发表了重要的意见。正如周恩来后来的报告中所述："初稿写出以后，经过七次的反复的讨论和修改，计由先后到达北平的政协代表五六百人分组讨论两次，第三小组本身讨论了三次，筹备会常务委员会讨论了两次，广泛地吸收了各方面的意见，然后将草案提交筹备会第二次全体会议作了基本通过。"②

9月21日至30日，中国人民政治协商会议第一届全体会议在北平中南海怀仁堂举行。因为准备工作深入细致，吸收了各方的意见，中国共产党、各民主党派和无党派民主人士对即将诞生的《共同纲领》都给予了积极的评价。通过广泛的民主协商，代表着中国各阶层人民利益的《中国人民政治协商会议共同纲领》，终于在9月29日的政协全体会议上获得一致通过。

《共同纲领》指出：中华人民共和国是新民主主义即人民民主主义的国家；政权是中国工人阶级、农民阶级、小资产阶级、民族资产阶级及其他爱国民主分子的人民民主统一战线政权，而以工农联盟为基础，以工人阶级为领导；目标是反对帝国主义、封建主义和官僚资本主义，为中国的独立、民主、和平、统一、富强而奋斗。由中国共产党、各民主党派、各

---

① 《刘少奇选集》（上卷），人民出版社1982年版，第434页。
② 《周恩来选集》（上卷），人民出版社1980年版，第366页。

人民团体、各地区、人民解放军、各少数民族、国外华侨及其他爱国民主分子的代表们所组成的中国人民政治协商会议，就是人民民主统一战线的组织形式。凡涉及国家政治、经济、文化、社会生活的重要领域，《共同纲领》都以书面的形式作出了明确的规定，对于国家政权的稳定、社会秩序的安宁、经济的迅速恢复都起到了很大的作用。以《共同纲领》的颁布为契机，中国共产党在巩固新生政权的同时，加强了与各民主党派的联系，很好地发挥了各民主党派参政议政、民主监督、民主协商的积极性，形成了一种良好的民主氛围，这在政权的建立初期显得尤为重要。

这次会议还制定了《中国人民政治协商会议组织法》《中华人民共和国中央人民政府组织法》。根据两个组织法，会议选举毛泽东为中国人民政治协商会议全国委员会主席，周恩来、李济深、沈钧儒、陈叔通为副主席；选举毛泽东为中华人民共和国中央人民政府主席，朱德、刘少奇、宋庆龄、李济深、张澜、高岗为副主席，选举周恩来等56人为委员，组成中央人民政府委员会；会议还选出了由180人组成的政协第一届全国委员会。

此后，政协一直作为中国共产党领导的多党合作和政治协商的重要机构在发挥作用，也是中国政治生活中发扬社会主义民主的一种重要形式。

中国人民在长期的革命、建设、改革进程中，结成了由中国共产党领导的、以工农联盟为基础的，有各民主党派、无党派人士、人民团体、少数民族人士和各界爱国人士参加的，由全体社会主义劳动者、社会主义事业的建设者、拥护社会主义的爱国者、拥护祖国统一和致力于中华民族伟大复兴的爱国者组成的，包括香港特别行政区同胞、澳门特别行政区同胞、台湾同胞和海外侨胞在内的最广泛的爱国统一战线。《中华人民共和国宪法》规定：中国共产党领导的多党合作和政治协商制度将长期存在和发展。

中国人民政治协商会议是中国人民爱国统一战线的组织，是中国共产党领导的多党合作和政治协商的重要机构，是我国政治生活中发扬社会主义民主的重要形式，是国家治理体系的重要组成部分，是具有中国特色的制度安排。团结和民主是中国人民政治协商会议的两大主题。1954 年第一届全国人民代表大会第一次会议召开后，中国人民政治协商会议继续在国家的政治生活和社会生活以及对外友好活动中开展了许多工作，作出了重要的贡献。1978 年 12 月中国共产党十一届三中全会以来，在拨乱反正、巩固和发展安定团结的政治局面，实现国家工作中心向经济建设转移，推进改革开放和社会主义现代化建设，争取实现包括台湾在内的祖国统一，反对霸权主义、维护世界和平的斗争中，中国人民政治协商会议进一步发挥了重要作用。

中华人民共和国成立以后，我国各族人民在中国共产党的领导下，消灭了剥削制度，建立了社会主义制度，推进社会主义建设，进行改革开放新的伟大革命，开辟了中国特色社会主义道路。我国社会阶级状况发生了根本的变化，工农联盟更加巩固，知识分子同工人、农民一样是社会主义事业的依靠力量。在人民革命、建设、改革事业中同中国共产党一道前进、一道经受考验并作出重要贡献的各民主党派，已经成为各自所联系的一部分社会主义劳动者、社会主义事业的建设者和拥护社会主义的爱国者的政治联盟，是中国特色社会主义参政党，日益发挥着重要作用。全国各民族已经形成平等团结互助和谐的社会主义民族关系。宗教界的爱国人士积极参加祖国的社会主义建设。非公有制经济人士、新的社会阶层人士等是中国特色社会主义事业的建设者。香港特别行政区同胞、澳门特别行政区同胞、台湾同胞和海外侨胞热爱祖国，拥护祖国统一，支援祖国建设事业。国家事业不断发展，我国的爱国统一战线具有更强大的生命力，仍然是中国人民团结战斗、建设祖国和统一祖国的一个重要法宝，它将更加巩固，更加成熟。

党的十八大以来，在新中国成立特别是改革开放以来长期努力的基础上，国家事业发生了历史性变革，中国特色社会主义进入了新时代。我们比历史上任何时期都更接近、更有信心和能力实现中华民族伟大复兴的目标。在现阶段，我国社会主要矛盾已经转化为人民日益增长的美好生活需要和不平衡不充分的发展之间的矛盾。但我国仍处于并将长期处于社会主义初级阶段的基本国情没有变，我国是世界上最大发展中国家的国际地位没有变。由于国内的因素和国际的影响，我国人民同国内外的敌对势力和敌对分子的斗争还将是长期的，阶级斗争还将在一定范围内长期存在，但已经不是我国社会的主要矛盾。我国各族人民的根本任务是，在中国共产党的领导下，沿着中国特色社会主义道路，坚持社会主义初级阶段的基本路线，以经济建设为中心，坚持四项基本原则，坚持改革开放，自力更生，艰苦创业，把我国建设成为富强民主文明和谐美丽的社会主义现代化强国。中国人民政治协商会议要在马克思列宁主义、毛泽东思想、邓小平理论、"三个代表"重要思想、科学发展观、习近平新时代中国特色社会主义思想指引下，高举爱国主义、社会主义旗帜，坚定中国特色社会主义道路自信、理论自信、制度自信、文化自信，坚持大团结大联合，坚持一致性和多样性统一，在热爱中华人民共和国、拥护中国共产党的领导、拥护社会主义事业、共同致力于实现中华民族伟大复兴中国梦的政治基础上，进一步巩固和发展爱国统一战线，调动一切积极因素，团结一切可能团结的人，找到最大公约数，画出最大同心圆，同心同德，群策群力，按照中国特色社会主义事业"五位一体"总体布局和"四个全面"战略布局，维护和发展安定团结的政治局面，不断促进社会主义物质文明、政治文明、精神文明、社会文明、生态文明的协调发展，为实现"两个一百年"奋斗目标、实现中华民族伟大复兴的中国梦而奋斗。

中国共产党领导的多党合作和政治协商制度是我国的一项基本政治制度，是具有中国特色的社会主义政党制度。中国人民政治协商会议是实行中国共产党领导的多党合作和政治协商制度的重要政治形式和组织形式。中国人民政治协商会议根据中国共产党同各民主党派和无党派人士"长期共存、互相监督、肝胆相照、荣辱与共"的方针，促进参加中国人民政治协商会议的各党派、无党派人士的团结合作，充分体现和发挥我国社会主义新型政党制度的特点和优势。

协商民主是我国社会主义民主政治的特有形式和独特优势。中国人民政治协商会议是社会主义协商民主的重要渠道和专门协商机构，要聚焦国家中心任务，把协商民主贯穿履行职能全过程，完善协商议政内容和形式，着力增进共识、促进团结，在推动协商民主广泛多层制度化发展、推进国家治理体系和治理能力现代化中发挥不可替代的作用。中国人民政治协商会议的一切活动以中华人民共和国宪法为根本的准则。

在党派监督以外，中国共产党还非常重视对党员领导干部的监督问题。人民群众最痛恨腐败现象，腐败是我们党面临的最大威胁。当前，反腐败斗争压倒性态势已经形成并巩固发展，但形势依然严峻复杂。习近平总书记指出，增强党自我净化能力，根本靠强化党的自我监督和群众监督；自我监督是世界性难题，是国家治理的"哥德巴赫猜想"，中国共产党下定决心，练就"绝世武功"，建设廉洁政治。在此背景下，2017 年 1 月，第十八届中央纪委第七次全会议召开，提出扎实推进监督体制改革，完善党和国家自我监督。推动制定国家监察法，筹备组建国家监察委员会。2018 年 3 月 11 日，第十三届全国人民代表大会第一次会议通过宪法修正案，增加中华人民共和国国家监察委员会是最高监察机关的规定。2018 年 3 月 17 日，第十三届全国人民代表大会第一次会议审议通过了国务院机构改革方案，将中华人民共和国监察部并入新组建的国家监察委员会。中华人民共和国国家预防腐败局也并入国家监察委员会，不再保留监察部、国家预防腐败局。

从性质上看，国家监察委员会是中华人民共和国最高监察机关，国家监察委员会由全国人民代表大会产生，负责全国监察工作。其主要职责是维护党的章程和其他党内法规，检查党的路线方针政策和决议执行情况，对党员领导干部行使权力进行监督，维护宪法法律，对公职人员依法履职、秉公用权、廉洁从政以及道德操守情况进行监督检查，对涉嫌职务违法和职务犯罪的行为进行调查并作出政务处分决定，对履行职责不力、失职失责的领导人员进行问责，负责组织协调党风廉政建设和反腐败宣传等。

《中华人民共和国监察法》第 15 条对监察委员会的监察范围作出了详

细的规定：

监察机关对下列公职人员和有关人员进行监察：

（一）中国共产党机关、人民代表大会及其常务委员会机关、人民政府、监察委员会、人民法院、人民检察院、中国人民政治协商会议各级委员会机关、民主党派机关和工商业联合会机关的公务员，以及参照《中华人民共和国公务员法》管理的人员；

（二）法律、法规授权或者受国家机关依法委托管理公共事务的组织中从事公务的人员；

（三）国有企业管理人员；

（四）公办的教育、科研、文化、医疗卫生、体育等单位中从事管理的人员；

（五）基层群众性自治组织中从事管理的人员；

（六）其他依法履行公职的人员。

监察委员会获得宪法地位，让重大改革于宪有据。深化国家监察体制改革，实现对所有行使公权力的公职人员监察全覆盖，是确立中国特色社会主义监督体系的创制之举。党的十八大以来，以习近平同志为核心的党中央从全面从严治党出发，将国家监察体制改革纳入全面深化改革总体部署，从逐步推进试点工作到在全国建立省市县三级监察委员会，改革以"中国速度"迅速取得了重大成果。在法治下推进改革、在改革中完善法治，用宪法及时将改革成果固定下来，为监察委员会建立组织体系、履行职能职责、运用相关权限、构建配合制约机制、强化自我监督等提供了根本法律依据，使国家监察体制改革于宪有据、监察法制定于宪有源，体现了全面深化改革、全面依法治国、全面从严治党的协调推进，有利于推进国家治理体系和治理能力现代化。

监察委员会获得宪法地位，将大大推动反腐败斗争向纵深发展。面对依然严峻复杂的反腐败斗争形势，只有我们党才能站在政治和战略高度，领导人民不断取得反腐败斗争的新胜利。深化国家监察体制改革必须有利于加强党的领导，宪法明确了监察委员会的性质定位和职能职责，即通过根本法形式把党对反腐败工作的统一领导机制固定下来，将党的主张变为国家意志。根据宪法制定国家监察法，则通过明确监察委员会监督、调查、处置职责，把目前正在实际使用的调查手段写入法律，用留置取代"两规"措施，从而解决长期困扰我们的法治难题，促进反腐败工作规范化、法治化，更有力地推动反腐败斗争在全面依法治国条件下深入发展，直至夺取压倒性胜利。

第三章　中国共产党人权保障
思想的宪法表述及演进

一、 人权保障思想的历史渊源

人权保障是宪法最重要、最核心的原则之一，也是中国共产党宪法法治思想的重要组成部分。中国共产党诞生伊始，就代表着最广大民众尤其是被压迫民众的根本利益，如何在法治化的环境下保障他们的利益，一直是中国共产党人在宪法乃至整个国家法律体系构建方面，优先考虑的内容。然而，中国共产党对于人权的倡导，在革命时期遇到过诸多困难，例如：民众对于人权问题认识还不到位；官僚机构对于人权侵害严重；外国列强欺压本国民众；等等。这些问题所折射出的历史现实，是中国近代的人权立法发展和思想发展落后于西方，更落后于马克思主义的人权观念的重要原因。

从古希腊城邦制时期开始，一系列政治家、改革家都提出过权利保护的相关思想，其中，尤以伯利克里最具有代表性。公元前 5 世纪，在伯利克里的主导下，雅典进行了一系列政治体制的改革，赋予了雅典人民，特别是平民阶层以选举权和被选举权、受到物质帮助的权利以及其他各项权利。伯利克里的改革极大程度地提振了雅典的实力，此后虽然在伯罗奔尼撒战争当中，雅典最终为斯巴达所击败，但西方不仅没有停止对于民主制度和人权思想的探索，反而不断批判自身历史，修正自身的错误。[①] 从 14 世纪到 17 世纪，西方主要的国家基本都陆续由封建社会向资本主义社会进行了转变。这一变化过程非常艰苦，一些国家更是通过流血革命或者冲突才完成了资产阶级革命，建立起了资本主义国家。纵观整个革命过程，之所以民众能够如此迫切如此团结地将封建主义势力扫除，人权保障方面的思想起到了巨大的推动作用。

彼得拉克最早提出以"人学"对抗"神学"，打出了人文主义的旗号。总体上看，人文主义概念的内涵相当复杂，不仅包括了对于神学和神学掌控下的话语体系和思维体系的反抗，更多的意义上，还是在于对于人的一种尊重和信仰。理性和神性被统一到人性当中以后，思想家们开始更加关注人作为社会关系的总和，而在身上所散发出的一种自我认同和自我尊重。在此基础上，人天然地就需要社会和由此派生出来的政治、国家以及政府的尊重。宗教不仅没能够在逻辑上击败人文主义，反而为人文主义深刻影响政治和社会提供了一种神圣性的依据和超自然的来源。所以，当文艺复兴时期和启蒙运动时期的思想家们以"天赋人权"作为口号和旗帜的时候，反对人性解放和人权保障的力量便几乎再无抵抗之力了。以洛克和卢梭为代表的思想家在天赋人权的基础上，对人权进行了政治学意义上的拓展，主张人生来就具有诸多权利，例如生存、自由、平等、追求幸福、积聚和保有财产等。这些权利是如此的基础而不可被剥夺，以至于任何试图剥夺他们的主体或者制度即应该被定义为非正义的，此种非正义性将直接导致对于暴政的反抗具有天然的正当性，可以说，这就敲响了封建制度和殖民统治的丧钟。洛克认为，人的基本权利先于国家存在，因而政府存在的目的就是为了保护这些权利。霍布斯甚至认为，自然权利可以不依靠神学而独立存在，在世界上仅有第一个人而没有上帝存在的时候，自然权利就已经出现并且在发挥作用了，因而我们只有承认并保护它。霍布斯还进一步发展了格老秀斯和洛克所提出的财产权的法律思想，使人权思想更加符合时代特点。

---

① 参见［古希腊］修昔底德：《伯罗奔尼撒战争史》，谢德风译，商务印书馆 1960 年版，第 663 页。

与人文主义思想同时发展的宪法思想，极其迅速地将宪法与人权保护结合起来，因为人权保护有着极为强大的感召力，同时也可以作为资产阶级革命的一个重要主张。因而在一系列宪法文件上，人权的保护都是极为重要的内容。1688 年，英国爆发了资产阶级革命，这是一次不流血的资产阶级革命，因而被称为"光荣革命"。革命的不彻底性使得最后资产阶级和封建阶级以某种特别的方式达成了妥协，其结果则被以《权利法案》为代表的一系列宪法性文件固定下来，虽然还并不彻底，但是这属于以法律的形式将人权表述得较为清楚了。具体来看，其内容包括赋予资产阶级一定的民主权利，例如选举权和财产方面的权利等，最为重要的是，将人定义为自由的主体。可以说，这是人权发展史上一次具有划时代意义的宪法表述。在 1775 年美国反对殖民统治的独立战争中，美国政治家吸收了西方政治学的先进成果，以近乎振聋发聩的强大声音，向世界宣告了以下真理：

我们认为这些真理是不言而喻的：人人生而平等，造物者赋予他们若干不可剥夺的权利，其中包括生命权、自由权和追求幸福的权利。为了保障这些权利，人们才在他们之间建立政府，而政府之正当权力，是经被治理者的同意而产生的。当任何形式的政府对这些目标起破坏作用时，人民便有权力改变或废除它，以建立一个新的政府；其赖以奠基的原则，其组织权力的方式，务使人民认为唯有这样才最可能获得他们的安全和幸福。

《独立宣言》深刻体现了资产阶级的民主精神和人权精神，在当时和民族解放运动蓬勃发展的 19 世纪、20 世纪极具感召力。马克思对于《独立宣言》有着极高的评价，称它为"人类第一个人权宣言"。必须看到的是，《独立宣言》虽然有着极为重要的地位和极为深远的影响，但是也存在着一些局限性。集中表现在对于蓄奴问题未能够彻底解决，以及民众权利本质上的不平等方面。因此，在 1791 年，美国又通过了关于人权的十条修正案，称为"人权法案"，人权法案是宪法的修正案，是宪法的重要组成部分。实际上，人权在此时才历史地、具体地与宪法进行了结合，成为以宪法和国家机器为后盾的人权。可以说，从法律的角度上看，我们仍然应该承认人权入宪的巨大意义，但是从实践的角度上看，《独立宣言》以及其后的宪法修正案对于人权问题的规定，想要落到实处，还是经历了一个非常长而且非常艰苦的过程。无论是废奴运动所导致的内战，还是工人和妇女对于民主权利的争取，以及目前仍然存在的种族歧视问题，都深刻体现出人权问题的宪法规定和宪法愿景与人权保障的实践之间，存在的巨大差异。如果从一个更趋前进性的角度上看，马克思正是因为对于资本主义的阶级性质有着极为透彻的理解，才能够准确厘定资产阶级人权的性质以及其所面临的具体问题。事实上这些问题依靠资本主义本身是很难得到彻底解决的。

与之类似，还有法国大革命当中诞生的《人权宣言》，即《人权和公民权利宣言》。《人权宣言》关注的问题具有前所未有的宽度和深度，不仅涵盖了自由、平等、财产、法律、宗教以及武装力量等诸多方面，还深刻而精辟地论说了人权的保障。在《人权宣言》中，武装力量、赋税都被认为是维护人权和社会稳定所必不可少的支撑，更是实现人权的必要前提。当然，从实践的角度看，《人权宣言》与《独立宣言》类似，都并不代表其国家的人权保障事业已经达到了相当高的程度。法国的人权保护事业一波三折，甚至还经历了复辟和被法西斯占领等重大挫折。但是，《人权宣言》标志着法国民众从神权的束缚下解放了出来，开始关注人和人权本身。从此以后，任何试图从根本上违逆人权保障和人类多样的个性解放的行为都会被人民反抗的强大浪涛无情击垮，而人权的保护也在最根本的意义上具有了可行性。

前述各个人权保护的宪法性文件都在不同意义上成为马克思和恩格斯关于无产阶级人权思想的来源，赋予了马克思主义的人权学说丰富的内涵和严密的逻辑。马克思认为，人权如果被定义为天赋的，自然能够起到非常强大的感召作用，但是问题在于，与整个社会制度一样，人权的本质并不是来源于某种超自然的神力或者在历史演进当中自然而然产生的，而是在社会生产的过程中，随着社会生产方式的变革而来的。也就是说，其本质仍然是经济基础决定的上层建筑。马克思主义认为，人是社会关系的集合体，人在阶级关系当中处在了一种主体性的地位上。因而，国家的职能只不过是人的社会特质的存在和活动方式而已。马克思认为，人的社会关系集合属性决定了人权具有两重属性：首先，它是作为"人的权利"的人权，这种人权与天赋人权理论和论证过程中所提出的人权具有相当的一致性，更加关注于人本身的一种权利，因而更多地表现为利己和与社会相分离的趋势；其次，人权是作为"公民权利"的人权，这种权利是公民社会的成员的权利，更多的是一种联合性质的权利，意即，如果一个主体不在社会当中，那么他也就无法行使自己的公民权利。从表现形式上看，这部分权利更像是一种政治权利，内涵则包括参加某种政治共同体或者参与国家政权的权利，这样，人权就具有了更为丰富的内涵。

在此基础上，马克思和恩格斯进一步论证了本初权利的诞生。他们认为，即便是抛却科学和考古学不论，就按照黑格尔论证时候的逻辑假设，那么也还是能够推导出同样的结论——无论是何种权利，在最原始的自然界，实际上都并不能够实现超脱于关系的独立存在。只要有一个有生命的人，或者说一个可以被定义为"人"的主体在世间存在，那么他就必须要解决人与自然之间的关系，并依托这种关系而继续存活。而当人的个体逐渐增加，形成了社会，那么这就更加确保了人作为主体在人道主义和人本主义的意义上和自然进行的和解与妥协。这种妥协建立在人具有一定改造自然、征服自然的能力上，也建立在人从最根本的意义上尊重自然规律的意识上。因而所谓的天赋人权或者自然赋予了人类人权，这都是在社会与人的关系当中才能够谈到的预设，与上帝和自然并没有质的关联性。恩格斯也认为，前述的逻辑过程并不必然导致人权的平等，因为原始意义的平等是一种非常低级的生产力水平下的被迫的平等，随着生产力的发展，近代的国家和社会意义上的平等和人权当中的权利平等，才逐渐取得了其专门的表达方式。这一历史过程是极为漫长、极为艰苦的，任何忽略此种历史过程而强调人权自来就具有相应的内部平等性的主张，都是极不负责任的。

由此，在承认经济基础决定上层建筑的前提下，我们应该讨论的是作为上层建筑的重要组成部分的人权与经济基础之间的相互作用，以及其余上层建筑尤其是各种法律对于人权的重要作用。马克思认为，权利决不能超出社会的经济结构和社会文化发展，而这种文化本质上也是由经济结构制约的。恩格斯进一步认为，在以阶级为基础的阶级社会与阶级国家当中，占据统治地位的阶级会在国家政治生活当中以各种手段维护其阶级统治，那么他们自然会以宪法等形式将其所认同的各类权利法律化。这种法律化的权利，自然包含了作为最基础的权利的人权。这样，实际上马克思和恩格斯对于人权本质的论述就形成了一个极为完整的逻辑，即首先将人权与传统意义上尤其是资产阶级自由派学者论述当中与自然性质、道德性质和神性之间的关系剥离开来，回归到经济关系和社会关系这一本质上；然后再进一步以经济和阶级作为出发点，论述其本源当中内含的一种不平等性和某种意义上的虚伪；最后，马克思和恩格斯则还是回到了对于权利和国家等政治关系、法律关系的探讨当中，马克思强调，资产阶级对于人权和平等权利的主张以及其法律实现方式，是特定历史时期的产物，而这就将资产阶级所言的人权限制住了。马克思说，权利的本性包含了平等对待，而平等对待则意味着以相同的标准去要求权利和权利主体，这无疑对于本质上处于压迫和被压迫双方的两个阶级来说，是不公平的，也是不可能真正公平的。这种弱点和缺陷，是资产阶级社会的固有弊病，而即便是在共产主义社会的初级阶段，也是不可避免的。但是，随着生产力的不断发展，最终我们会实现社会主义，以至于实现共产主义。到那时候，我们将超越资产阶级的权利的不平等性，甚至超越资产阶级给权利的定义本身，形成一种权利无限彰显的社会样貌。

对于人权的一些重要特点，除却已经论述的，马克思和恩格斯还特别强调了人权的社会性和历史性。这种历史性不仅赋予了人权不同的性质，还直接影响到了人权的内容。社会经济如果发展到了相当高的程度，自然会要求人权当中包含自由权和平等权利。在人民有机会参与到政治生活中之前，他们根本不知道民主为何物，又何谈能够意识到自己的民主权利呢？而归根结底，如果生产力的水平未能够发展到相应的高度，民众也根本不可能觉醒相应的权利意识，这就将人权与历史紧密地联系在了一起。即使是在社会主义国家当中，人权的实现也不是一蹴而就的，其内涵和制度体系的完善，同样要经历一个漫长而曲折的过程，这种先验性的理论和我国的后续实践，都为我们敲响了警钟。此外，人权既具有阶级性，也具有某种意义上超越阶级的共通性。这一点与法律维护阶级统治同时也要兼顾社会治理有着某种意义上的相似性。阶级压迫使得一个阶级希望在一定的方面独享权利而将对应的义务都推给另一个阶级，但是在一种比较趋于理想化的国家体制和政治秩序下，国家的主体——至少是在名义上——还是具有平等的社会地位和政治地位的。此种政治地位的取得绝不仅仅是因为统治阶级对于被统治阶级迫不得已采取的以保有为目的的妥协，更是因为作为社会主体的人在某些特定领域的需求，是不因为阶级的改变而改变的。例如，人人都追求健康，而不希望自己的生命、身体时刻处在不安全或者被他人威胁的环境中，因而对杀人者应该予以严厉处罚。这里的"人"就是一种超越阶级的主体，甚至可以说，惩治杀人者背后所蕴含的价值追求和逻辑判断是全人类的一种追求和理想，那么自然而然地，保障人权也就可以说是全人类的共同追求了。

最为关键的问题是，马克思和恩格斯发挥了德意志法学的优良传统，在人权问题上保持了非常清醒审慎的态度。即便是在权利往往为一个阶级掌握，而义务为另一个阶级掌握的情况下，马克思主义也没有从根本上否认权利与义务之间的对等性。这种对等性不仅仅是相互依存的关系，更是一种平等。在权利平等的语境当中，不能忽视义务的平等，仅仅谈到惠及所有社会主体的平等的权利保护还不够，也应该包含平等权利的保护和平等的义务的遵守。这样，实际上为无产阶级改造资产阶级的人权理论提供了一个极为精妙的通道和出口。

马克思和恩格斯关注到，无产阶级的权利在资本主义社会当中，很难得到保障，但是无产阶级的革命一定会取得胜利，无产阶级的权利最后也都会得到保障。从具体的权利内容上看，除了无产阶级能够意识到的那些权利内容——这部分权利内容实际上是人类共同的，也是具有无产阶级特色的一些内容——还有很多是时代赋予无产阶级的，或者是时代让无产阶级对于这类权利的追求远胜于其他权利。概括来看，大致包括生存权、劳动权、财产权、自由权和平等权5个方面。

在社会进步到一定程度以后，从历史的角度就无法再否认社会主体享有生存权利的合理性了。也就是说，在资本主义社会当中，同样能够在法律的角度上确认，包括无产阶级在内的全体民众，都具有生存权。但是，正是因为资产阶级占有了生产资料，而无产阶级不掌握生产资料，所以在生产过程中，无产阶级除去劳动力以外，没有能够提供的东西，这也就表示，任何时候只要资产阶级不允许无产阶级的某个工人工作，那么他就将失去获取报酬的机会从而无法生存。也正因为如此，无产阶级面对资产阶级所提出的无理要求，尤其是剥夺剩余价值这样的条件或者是压低劳动报酬等要求的时候，就几乎没有反抗的能力。然而马克思主义法学与其他理论体系一样，也认同生存权作为一种人权的基础性地位。马克思认为，人作为一种社会主体，也是历史的创造者。但是这一逻辑判断的前提是，人具有创造历史最基本的能力，而这一能力就是生活，为了满足生活的需要，自然要掌握衣食住行等最基础的材料和资产。与生存权密不可分的劳动权实际关注到的内容也大体类似，基本上是在探讨关于生产资料的获取和保有的问题。事实上，生产资料为资产阶级所掌握而导致的逻辑困境，单纯靠资产阶级自身是无法解决的，只有从根本上消灭雇佣劳动制度，才能使最广大的无产阶级获得劳动权。而只有在这样的时候，我们才能够说，无产阶级真正占有了生产资料，也就真正获得了自由。

在私有财产的保有方面，马克思和恩格斯也显得比较谨慎。他们并不认为私有财产是一种永恒存在而不可侵犯甚至具有某种神圣性的权利，而这一点恰恰是很多资产阶级尤其是资产阶级自由派学者论述人权问题的一个重要出发点。同时，他们也不认为私有财产的保有是不合理、不合法的。事实上，马克思主义是从社会历史的角度出发，来看待财产和财产权这一问题的。马克思认为，所谓财产权实际上是指公民能够有权利任意保有和处分自身财产、劳动报酬和其他收入的权利，也就是说，这一权利在外是一种对世权利，非经特定程序，他人是不能剥夺另一主体的合法财产的；但是在内则是一种"自私的"权利。这种对内和对人本身的极大兴趣和极大关注，在特定的时间段内起到了极为巨大的作用。例如，在17—18世纪时资产阶级掀起了反封建的斗争，那么争取财产权利对资产阶级和当时的历史来说，就具有合理性；到了19世纪，问题变成了无产阶级反对资产阶级的统治，那么对于工人阶级来说，争取财产和生产资料的斗争，就具有合理性了。实际上，我们所谈到的"无产阶级"并不是完全没有个人财产，一个人要想享有其他一系列权利，必然要有一定的物质作为基础。马克思正是在对此问题有深刻认识的前提下，才进一步提出无产阶级取得政权并占有生产资料的一整套理论的。

马克思和恩格斯还关注到了自由和平等的问题，但是在这些问题上，马克思和恩格斯的论述相对较少。就自由权而言，马克思在逻辑结构上比较同意法国宪法的表述，即自由是在不损害他人权利的条件下从事自己希望的事情的一种权利。马克思进一步论述说，这种自由权的实质是建立在人与人的权利和能力分离的基础上的，而自由权是一种狭隘的、个人的权利。事实上，这种认识有其历史的局限性。人与人唯有通过合作才能够实现自身的自由，而且这种合作是整个社会的合作。从这个角度上看，自由权非但不是一种自私狭隘的权利，而且是一种仅存在于人与人之间关系当中的权利，甚至与个人的实现能力和水平有着与预期不相匹配的脱离性。因此，我们在看待马克思所论述的自由权的时候，应该注意到其内涵实际上是更加强调在历史的发展中看待自由权所表现出的一些特征，正如恩格斯所表达的那样，唯有在超越阶级的社会当中，才能够实现人的真正自由，这种情况下，人与人之间不再是毫无联系，而是没有了之前剥削与被剥削的关系。同理也适用于平等权利，平等权也被表述为使人与人具有某种意义上"分离"的表征，然而这种同样的分离并非绝对意义上的，而是在资本主义的社会当中，实际情况根本不可能实现社会主体之间的平等。因此，消灭阶级实现人与人的平等，正如消灭阶级实现人与人的自由一样，也都是在特定的政治条件下才能实现的一种权利的表现方式。

总体来看，马克思和恩格斯对于人权的阐述更多地集中于资本主义社会当中无产阶级应该如何争取人权的问题，而对于在相对复杂的历史环境中应该如何实现人权的取得和保障，论述得相对比较宽泛、粗疏。就建立起社会主义制度以后应该如何继续将人权保障事业推向前进，更是未设置专门的路线。这些问题在中国之所以能够有比较让人民满意的答案，完全得益于中国共产党在革命实践中的不断摸索。这些实践和由实践中不断总结的经验，为马克思主义人权学说提供了新的、更加丰富且富有操作性的内涵。

二、 中国近代人权理论的发展

中国近代人权理论和人权思想的发展，是随着西方列强的入侵和西方思想的传入，开始逐步出现、形成并不断完善的。他们将人权思想与中国的传统思想相结合，既保留了西方先进思想的内在精髓，又能提出依托于中国传统和实践的新的创见，深刻地影响了一个时代的中国人权理论和制度的样貌。从本质上看，这些资产阶级启蒙学者和封建阶级的先进学人基本都能够认识到，人权和人权保护对于深刻塑造社会形态所能带来的巨大功用，他们也都认同人权最核心的一些内容，如平等、自由等，并主观地希望借助由上而下的一些政治运动、政治改良乃至于革命，起到赋予民众人权并让民众有人权意识这类巨大的效果。从他们的行为上看，他们也都进行了积极的探索，有些甚至还为此付出了生命。虽然他们整体的理论框架仍然未能脱离西方资产阶级人权理论的窠臼，但是他们敢为天下先的伟大勇气和学以致用的精深思想，为中国共产党和整个中国人权思想的形成，奠定了极为坚实的基础。

康有为在论述天赋人权时，首先将天赋人权认定为与人权有着直接的关系。人权是天所赋予的，那么人就自然而然地从天的角度上成为平等的主体，康有为以传统的天人关系为人权当中的平等性作了极具说服力的注脚，例如"天地不仁以万物为刍狗"表明天无所偏私，而儒家经典之所谓"性相近"也为人与人最初的平等落脚点——自然天性作了最为合理的阐释。康有为认为，子不孝父，天子应该惩治其不孝之罪，而父如果虐待子，天子也应该惩罚其不慈之罪。因为人本身是天之所生，无非是托身于父母，人一出生，便是独立的主体。在天子或者在天的眼中，他们的不当行为都是侵害他人权益，进而侵害天理和天道的罪行。这样，康有为就以极为广义的甚至带有宗教意义的"天"的概念和天的威慑力使得民众能够更加容易地认定，个人权利要求的正当性和合理性。① 梁启超对此作了进一步的补充，他表示，人权的组成部分不仅包括权利本身，也包括了捍卫权利的能力，而人一旦没有捍卫自己人权的能力，也就根本不可能再享有人权了。当然，也有从反面对天赋人权进行论证的，例如严复在其译著《天演论》中表示，从一个较为客观的角度上看，天赋人权是一种极为"乌托邦化"的表述，不仅不可能证成，更不可能在实际生活中都得到实现。因为人的年龄、资质、素质等条件都不同，如果希望得到人权，只有通过自己的努力来与别国竞争，从而争取到应有的权利。此种权利并非天然生成，而是在社会当中不断发展前进的。梁启超也进一步认为，个人权利与国家权力具有本质上的共通性，因为实际上"天赋人权"没有提出一个具体的标准，在具体执行的过程中仍然需要解决个人与国家之间的关系，也就是解决权利与权力之间的关系。

近代思想家们也比较关注平等和自由的理论，尤其是平等。这是由于他们在阐述的过程中，无一例外地都看到了西方与中国在历史上和现实上的巨大差异，注意到了西方列强与中国国际地位和国家实力的区别，以及国民之间的不平等。思想家们入手的角度基本都是政治方面的平等。

---

① 参见康有为：《实理公法全书·总论人类门》，载《康有为全集》第一集，上海古籍出版社1987年版，第276页。

康有为表示，印度等国家社会等级十分严苛，国民虽有才干，却无用武之地，法国和日本是在经过了改革或者革命以后，才消除了封建或者教会统治的束缚，使得民众能够在平等的角度施展自身的能力。而美国在此方面最为先进，民众间也最为平等，因此是最为强大的国家。通过这种对比，康有为阐述了其君主立宪的政治理想，特别是强调了其权力归于人民的政治主张。在此基础上，梁启超进一步指出，君主和官员是天下之公仆，人民才是国家的主人。而为了在广大民众管理国家的活动中力求平顺和效率，就需要在民众中推举代表者或者贤德之人，以行使人民之权利而治理国家。正是因为对于这些问题有着深刻认识，所以所有的政治家和思想家基本上都强调了共和政体对于实现人权的极为重要的意义。

此外，孙中山在三民主义的大框架下，为新的社会提出了很多具体的人权制度和保障模式。例如，孙中山强调，长久以来中国饱受列强欺辱，主要是因为民族上未尽独立，因此要争取民族国家危机的解除，争取国家真正在国际上地位的提高，就必须寻求整个民族的人权，而并非某些个人的权利。从这个角度上看，孙中山实质上提出了一种"群体人权"的概念内涵。同时，孙中山也强调，在新的社会当中，应该赋予女性应有的权利，这对于千百年来男尊女卑的观念形成了巨大的冲击。孙中山还提出，应该以兴办实业作为富国强兵的一种重要手段，由此就提出了个人财产权的问题。孙中山认为，个人的资产应该受到国家保护，这种保护不仅仅是允许兴办实业这样简单，而是应该以民族资产作为出发点，对于整个经济体系进行保护，并对外国资本进行节制。

纵观整个中国近代的人权思想，可以明显看出一些时代和传统所赋予的特点。首先，人权思想家们对于民族和国家的命运极为关注，他们时刻将权利与权利主体的地位和被认同性结合在一起，因而表现出非常强烈的求生存、求富强的愿望。其次，集体本位是中国近代的人权思想的一个重要特色。在人权思想家们的论述中，更多地强调了由"臣民"变为"国民"的重要性，他们对于中国传统政治体系中民众不思进取、忽视权利乃至于甘当顺民的心态进行了极为猛烈的抨击，意在唤醒民众的权利意识，同时也避免对于个人主义过于强调，产生一种过犹不及的混乱倾向。可以说，正是由于人权思想从一开始就被统摄于一个国民群体的角度内，因而在中国共产党进一步发展人权思想的时候，能够既强调人权保障对于个人的巨大意义，又在一种既有的秩序并不至于完全被抛却从而产生社会矛盾的激化的情形下逐渐建立起了新的秩序，这样对于人权的保障才超越了资产阶级"片面保护—个人权利强调—注重集体权益"的阶段，而开辟了一条无产阶级人权保障的新路。再次，中国近代人权思想集中开展了对于封建君主制度的批判。在近代思想家心目中，君主专制是一种非常压抑人权的制度，而君主本人更是凌驾于所有人民之上，其权力对于民众造成了极为严重的破坏。从这个角度上看，政府不仅未能尽到保障民众权利的义务，而且反而威胁到了民众的生存权、自由权和财产保有等权益。因此，他们饱含激情地呼唤民主和人民主权，并以此作为民众享受平等自由的基础。最后，中国近代人权保障思想的演变呈现出非常明显的阶段性的特点。在清末改革和变法立宪的过程中，思想家们尤为强调自由发展的权能，特别是人民作为独立的社会主体而不与君主发生人身上或者权利上的依附关系。在辛亥革命取得初步胜利以后，思想家们开始关注人权实现的具体标准。孙中山面对一波三折的革命局势和反革命势力的疯狂反扑，认识到只有认同并愿意为三民主义而奋斗的社会主体，才能够享有相应的权利，否则都只是反革命的帮凶，必然是会站到人民权利的对立面的。因此，孙中山以"五权"来组织宪法和国家结构，以五院制来组织政府，都是关注于对于人权实现方面的探讨。在新文化运动当中，人权开始被赋予了崭新的内容，以民主和科学为核心内容的"新道德"成为连缀旧有人权内容和新人权内容的重要节点。在此基础上，马克思主义的人权观念日益深入人心。最后一个阶段则为约法制定阶段，在此阶段中，思想家和民众对于人权的诉求转变为非常具体的制宪要求，从而使中国共产党对于人权保障的宪法思想和主张具有了强大的群众基础和感召力。

三、　中国共产党的人权保障思想

（一）　工农民主政权时期人权保障思想

人权保障思想是中国共产党宪法思想的重要组成部分，也是中国共产党从建党之初就一直贯彻的一项重要宪法原则。与中国近代史上其他宣扬人权入宪、宣扬权利保障的主体不同的是，中国共产党并未将人权进行狭义化的理解，也未在宪法性法律文件中依据其阶级基础而对人权保障的方式乃至人权的概念之内涵与外延作出有利于本阶级立场的政治化理解。相反，中国共产党创造性地融合吸收了中国近代诸多阶级、阶层的人权保护主张和苏联、英美等国家的人权保障立法经验。在革命根据地的具体实践中，取得了很好的效果。人权保护的概念当中，不仅包含着对于男女平等保护、对于少数民族群众的平等保护，更有对于教育文化、经济权利等方面的保护，这些思想和具体实践都在革命根据地的宪法性法律文件当中体现得相当明确，为此后的人权保障事业奠定了坚实基础，积累了宝贵经验。

早在中华苏维埃共和国时期，中国共产党人就非常重视人权的保护，在《中华苏维埃共和国国家根本法（宪法）大纲草案》中明确规定：

苏维埃国家根本法最大原则之三，就是不但彻底地实行妇女解放，定出合理的不受一切宗法封建关系和宗教迷信所束缚的男女关系以及家庭关系的法令，承认结婚离婚的自由，而且还要实行各种保护女性和母性的办法，要发展科学和技术，使妇女能够事实上有脱离家务束缚的物质基础而参加全社会的政治文化工作。苏维埃政权不但保障青年的一切权利和教育，而且积极地引进青年参加政治和文化生活，创造社会发展的新力量。

……蒙古、回回、苗黎、高丽人等凡是居住在中国地域的这些弱小民族，他们可以完全自由决定加入或脱离中国苏维埃联邦，可以完全自愿地决定建立自己的自治区域。苏维埃政权还要努力去帮助这些弱小的或者落后的民族发展他们的民族文化和民族语言等等，还要努力帮助他们发展经济的生产力，造成进到苏维埃的以至于社会主义的文明的物质基础。①

可以看出，中国共产党将妇女解放及民族的相互尊重和共同发展作为宪法的最大原则，提到前所未有的高度上来。妇女保护虽然经过南京临时政府、广州国民政府等时期的倡导和规定，但在实践中仍然未能得到有效的贯彻落实。苏维埃作为无产阶级工农兵之政权，将在一个比之前任何政权都要广泛的阶级基础之上讲求男女的平等。客观上看，由于无产阶级其时生活相当困苦，有许多无产阶级女性被迫承担起家庭的重担，这部分女性迫切需要从被家务束缚当中解放出来。另一部分无产阶级女性尤其是作为农民阶级配偶的女性，由于长期未能接触到现代的平等、解放的思想，因而仍然受乡村传统观念的束缚，甚至还会出现一些残害妇女儿童的恶性事件。同时，苏维埃国家内部，实业方面相对还比较薄弱，经济生产和对外斗争是重中之重，如果将女性解放，将大大提高苏维埃国家的社会经济状况，且使得无产阶级在思想上更加具有凝聚力。因此，这部分女性不仅具有被解放的需求，也具有被解放的必要，苏维埃政权敢于冲破封建束缚，体现出鲜明的革命精神。

民族问题历来是中国近代各个阶级都非常重视的问题，孙中山先生就希望建立起以满汉蒙回藏五族为主、民族团结共荣的近代共和国家。但是由于一些特殊的原因，民族关系往往受到一些别有用心的外来势力的干预，一部分少数民族的牧主、奴隶主和旧贵族希望继续维持他们的特权，进而与反动势力相勾结，依据独特的地形优势或者资源优势，对其他民族群众进行野蛮镇压。此类行为实际已经属于民族分裂和民族歧视的范畴。

---

① 《苏维埃中国》（第一集），1933 年版。另见中国社会科学院法学研究所、韩延龙、常兆儒编：《中国新民主主义革命时期根据地法制文献选编》（第一卷），中国社会科学出版社 1981 年版，第 2—7 页。

在所有的表述中，中国共产党都谈到要给予少数民族应有的权利和自由，但是坚决反对大汉族主义和地方民族主义。因此，在苏维埃联邦制度的框架下，是否希望加入苏维埃联邦当中，都不影响民族团结民族和谐这个大前提。在此基础上，苏维埃国家将向这些少数民族提供应有的帮助，以利于民族团结和共同进步。

在此法律文件的正式版本中，对于前述原则又进行了进一步的阐述和添加，具体例如：中华苏维埃政权以保证工农劳苦民众有言论出版集会结社的自由为目的，反对地主资产阶级的民主，主张工人农民的民主，打破地主资产阶级经济的和政治的权力，以除去反动社会束缚劳动者和农民自由的一切障碍，并用群众政权的力量，取得印刷机关（报馆印刷所等）、开会场所及一切必要的设备，给予工农劳苦民众，以保障他们取得这些自由的物质基础；同时反革命的一切宣传和活动，一切剥削者的政治自由，在苏维埃政权下，都绝对禁止；中华苏维埃政权以保证彻底的实行妇女解放为目的，承认婚姻自由，实行各种保护妇女的办法，使妇女能够从事实上逐渐得到脱离家务束缚的物质基础，而参加全社会经济的政治的文化的生活；中华苏维埃政权以保证工农劳苦民众有受教育的权利为目的，在进行革命战争许可的范围内，应开始施行完全免费的普及教育，首先应在青年劳动群众中施行；应该保障青年劳动群众的一切权利，积极地引导他们参加政治的和文化的革命生活，以发展新的社会力量；中华苏维埃政权以保证工农劳苦民众有真正的信教自由为目的，绝对实行政教分离的原则，一切宗教不能得到苏维埃国家的任何保护和供给费用，一切苏维埃公民有反宗教宣传之自由，帝国主义的教会只有在服从苏维埃法律时才能允许其存在；中华苏维埃政权对于凡因革命行动而受到反动统治迫害的中国民族以及世界的革命战士给予托庇于苏维埃区域的权利，并帮助和领导他们重新恢复斗争的力量，一直达到革命的胜利；中华苏维埃政权对于居住在苏维埃区域内从事劳动的外国人，一律使其享有苏维埃法律所规定的一切政治上的权利。

《中华苏维埃共和国宪法大纲》共 17 条，有 7 条都与权利保障直接相关，另外各条中亦有与权利保障相关的内容，反映出中国共产党对于权利保障的高度重视。女性权利问题和少数民族权利问题此后更进一步被表述为"平权问题"，如果强调对于女性、少数民族的保护，固然属于一种进步，但其仍然是在前提上将二者作为一个特殊主体来对待的。唯有强调男女之间的平等、汉族与少数民族的平等、少数民族之间的平等，才真正实现了权利的归属与运转，将人权保护落到了实处。此类条文较多，具有代表性的如《湘鄂赣边革命委员会革命政纲》的规定：

十八、实行保障工人罢工、结社、集会、言论、出版之绝对自由。

……

二十二、男女政治平等，经济平等，教育平等，离婚结婚自由，严禁买卖妇孺和蓄婢纳妾。①

又如《陕甘宁边区抗战时期施政纲领》当中对于民族问题的表述：

（四）实现蒙、回民族在政治上、经济上与汉族的平等权利，依据民族平等的原则，联合蒙、回民族共同抗日。

（五）尊重蒙、回民族之信仰、宗教、文化、风俗、习惯，并扶助其文化的发展。②

（二）抗日民主政权时期人权保障思想

在抗日战争时期人权保护领域另一个非常重要的内容是中国共产党对于孙中山先生三民主义当中民权主义思想的深刻理解和阐述。孙中山先生对于民权主义的表述，更多地集中于政治方面，核心为"自由平等博爱"。而公民的权利又集中表现为政治权利上的自由权和直接民权。在"共和政体"下，民权主义所重视的"自由"，即"主人"所应享受的政治权利，包括"集会、结社、言论、出版、居住、信仰之完全自由

---

① 韩延龙、常兆儒编：《革命根据地法制文献选编》（上卷），中国社会科学出版社2013年版，第17页。

② 陕西省档案馆、陕西省社会科学院合编：《陕甘宁边区政府文件选编》（第一辑），档案出版社1986年版，第209—211页。

权"，以及选举、罢免、创制、复决这四种直接民权。上述"完全自由权"，孙中山又称之为"绝对自由权"。但享受这种"绝对自由权"是设限的，即限在"人民"范围之内的，也就是说，只有"真正反对帝国主义之个人及团体"，才能"享有一切自由及权利"，而"凡卖国罔民以效忠于帝国主义及军阀者，无论其为团体或个人，皆不得享有此等自由及权利"。

在中国共产党的理论体系中，实际上已经将这些问题作为建立民主国家的前提性问题加以重视了，而且在此基础上，马列主义还系统地对于资产阶级选举等所谓的"公民权利"之虚伪性进行了深刻批判。在公民都不具备相应知识水平的前提下，奢谈直接民权的行使是毫无意义的，而如国民党在宪政褓襁体系下进行所谓"训政"，更是以民主之名行独裁之实。因此，中国共产党在民权主义相关思想的具体落实上，不会再关注于建设某些具备特殊意义的代议机构或者政权的特殊组织形式，而是开始关注到每一个劳苦民众的切身利益，开始"从下而上"地考虑问题，脚踏实地地解决社会中的具体问题。如果想要实现民权，除了选举问题必须解决以外，教育等问题也完全不能忽视。例如，在《陕甘宁边区抗战时期施政纲领》中，民权主义对于人权的保护就具体落实为数项极具实践性的措施：

（二）民权主义

……

（七）发扬民主政治，采用直接、普遍、平等、不记名的选举制，健全民主集中制的政治机构，增强人民之自治能力。

（八）保障人民言论、出版、集会、结社、信仰、居住、迁徙与通信之自由，扶助人民抗日团体与民众武装之发展，提高人民抗战的积极性。

……

（十一）发扬艰苦作风，厉行廉洁政治，肃清贪污腐化，铲除鸦片赌博。

（十二）实行男女平等，提高妇女在政治上、经济上、社会上的地位，实行自愿的婚姻制度，禁止买卖婚姻与童养媳。

……

（十五）实行普及免费的儿童教育，以民族精神与生活知识教育儿童，造成中华民族的优秀后代。

（十六）发展民众教育，消灭文盲，提高边区成年人民之民族意识与政治文化水平。①

另一个非常引人注目的问题，是中国共产党在司法人权问题方面采取的积极态度。中国传统法在长期的演变过程中，受司法行政主管官员基本统一等因素的影响，在司法人权领域重视程度不够，不仅难以体现对犯罪分子合法人权的保护，也严重影响了司法系统的声誉和公信力。在近代变法修律的过程中，这些问题一度被西方列强所诟病，成为法律领域变革的一个重点内容。中国共产党对于此类问题的态度是极为鲜明的，即要以团结的态度和挽救的方针来处理人民内部的矛盾，但是对于阶级敌人或者敌对破坏分子的处罚仍然是较为严厉的。受制于革命形势的严峻和军事斗争的残酷，实践领域对于此类问题的执行往往并未严格按照其原有的理论体系进行。但这种现象在敌后抗日根据地时期开始发生了根本性的扭转。如在黄克功案件和"学疗人命案"等案件中即可见一斑。

黄克功为红军师团级干部。1937年10月5日，黄克功因逼婚未遂在延河河畔枪杀了陕北公学女学员刘茜，由一个革命的功臣堕落为杀人犯。事件发生后，中共中央高度重视，中共中央在毛泽东的主持下召开会议，经过慎重讨论，决定将黄克功处以死刑。1937年10月11日，经陕甘宁边区高等法院判决死刑立即执行。黄克功案件体现出党中央对于法律严肃性的高度认识，保障了正义得以伸张。

"学疗人命案"是延安时期另一起非常有影响力的司法人权案件。1942年1月19日下午，延安市学生疗养院运输员刘世有与保管员李德成一同前往三十里铺运木炭，归途中因发生口角动武，刘世有将李德成

---

① 陕西省档案馆、陕西省社会科学院合编：《陕甘宁边区政府文件选编》（第一辑），档案出版社1986年版，第209—211页。

打伤。回院后，李德成遂将经过报告给总务科科长白占山，白请示刘副院长后，刘副院长让白斟酌处理。白占山斥责刘世有不应打架伤人，刘世有当时态度强硬，白占山遂命勤务员张永玉让管理员杜湛捆绑刘世有，杜湛见刘世有态度稍转软而未动手。后白占山命令刘世有次日去朱家沟运炭，当日返回。刘世有表示可以去，但称路太远一日内无法返回。管理员杜湛将此情形报告给秘书李延德，李听后即有捆绑刘之意，并拟将刘次日送管理局运输大队处理。杜湛将情形转达白占山，白遂下令将刘绑缚。

嗣后，白占山与李延德商量次日运炭之事，白叫运输队员郝树国来。郝因就寝不愿起床，白占山叫人屡召亦未见来。李延德遂怒下令，命杨永和、王玉华、赵凤岗绑郝树国来。后郝树国、刘世有两人被王玉华、杨永和、赵凤岗等人带走，分别被禁闭于窑洞内，绑绳紧拴在窗上。此时刘世有是大绑，郝树国是小绑。王玉华提议两个人应一样，遂将刘世有改成小绑，在场的赵凤岗、杨永和表示同意，杜湛亦未反对。后赵凤岗表示要捆就捆紧，遂由王玉华、杨永和进入窑洞，杨永和反捆了刘世有的双手，王玉华接着又把绳子在刘世有的右胳膊缠绕一周，经左肩与捆手腕之绳接连，紧系于窗上。杨等事后把情形报告给白占山，"刘、郝两人都捆绑起来了，走不掉"。白占山当时问绑的松紧，王玉华表示比以前绑自己时松得多了。后白占山遂命令杨永和等分班看守。

不久，刘世有即痛哭喊叫，唯不认识错误，以致捆绑未放松，不久即停止叫喊。晚上十一时，杨永和等在窑洞门外叫刘世有时，刘已不应，开门后见刘已倒地。杨永和遂将此情形告知秘书李延德，并商议请医生。李延德表示，刘世有主要是疲惫，并命令杨永和解开绳子给刘喂水，让刘卧地休息，不必深夜去麻烦医生。待之后再请来医生时，刘世有已气绝。

"学疗人命案"案发后，延安市学生疗养院即在当日将该案报告于其上级机构中央管理局及延安市公安局。次日，延安市公安局交案于延安市地方法院。院长周玉洁于1月28日前往学疗检验尸首、调查案情。经几次审讯后，2月1日，周玉洁即呈文将案卷转呈边区高等法院请示处理办法。高等法院于2月4日下达了雷经天院长批复、叶映宣拟稿的第68号判决指令。2月7日，也就是在案发后不到20天的时间，延安市地方法院一审宣判。判处王玉华、杨永和有期徒刑各四年，杜湛有期徒刑一年零六个月，白占山有期徒刑一年零三个月，刘副院长应负行政上的处分。关于死者葬埋费及家属抚恤费，由学疗付出边币一千五百元。家中小孩由公家负责培养，免费入学，帮助生活。

延安市地方法院一审宣判后，该案被告人之一杨永和认为，自己实施捆绑的行为，系受总务科长白占山之命令，并在发现致死征兆时，曾立即报告秘书李延德，故其捆绑之因与致死之果，一则是总务科长之命令，二则是李秘书之漫不经心。遂以一审判决与事实大有差异而与刑事责任之确定尤为不合为由向边区高等法院提起上诉，并委托孙孝实和庄健两位律师为二审辩护人。3月4日，被告人杨永和提交了书面上诉状。为慎重起见，边区高等法院决定将全案重审。3月18日，《解放日报》刊登了杨永和的辩护人孙孝实的署名文章——《"学疗"命案判决之研究》，该文从刑事责任、因果关系、共同正犯、教唆犯、科刑轻重等五个方面，就"学疗"命案一审判决进行了深入的法理探讨。

而就在前一天，《解放日报》还刊发了题为《高院定期开庭学疗上诉人命案》的报道，称"兹探得高等法院业已重新调查案情，详细侦讯完竣，定于本月十九日（星期四），午后一时在该院刑事审判庭开庭审理，传唤人证及通知辩护人开庭，届时即将热烈进行辩论"。而从《解放日报》的报道看，法庭的调查、公开辩论也远不止一次。6月13日，边区高等法院在历经数次侦讯后，在边区参议会大礼堂举行公开辩论。这次辩论会由边区高等法院刑庭庭长任扶中主审，书记员为金石，被告人白占山、李延德、杨永和、王玉华、杜湛、赵凤岗及杨永和的辩护人孙孝实、庄健均出席。辩论的中心是刘世有致死的责任问题。此次公开庭审，延安市各界参加旁听的群众就达七百多人。

7月22日，边区高等法院就"学疗人命案"公开作出二审宣判：撤销延安市地方法院一审判决，判处秘书李延德有期徒刑三年，总务科长白占山有期徒刑二年零十个月，王玉华、赵凤岗有期徒刑二年，杨永和有期徒刑一年零十个月，杜湛宣告无罪释放。宣判后，法庭告知各犯如不服可在十日内向边区政府审判委员会上诉，杨永和及其辩护人均表示服从判决。至此，在经过近半年的侦查、辩论、审判后，这起在边区各界引起较大震动的人权保护案件，以边区高等法院改判延安市地方法院一审判决而落幕。

前述两个案件表明，中国共产党在延安时期就已经对于司法人权问题有着极为深入的认识和思考。《解放日报》明确指出："我们有的同志还不懂得尊重人权、保障人权，乃是建立革命秩序的起码条件；还不晓得，随便捆人押人是应该肃清的'游击作风'之一。这类事件，在边区恐怕不止一件。我们愿意唤起社会人士严重注意它的揭发与纠正。让我们共同努力致力于革命秩序的建立与巩固！"并且，此种深刻认识也以宪法的方式进行表述，为保障司法人权等问题在实践领域的具体操作和执行提供了制度基础。其他革命根据地也有类似表述，较有代表性的如《陕甘宁边区施政纲领》中要求保证一切抗日人民（地主、资本家、农民、工人等）的人权、政权、财权及言论、出版、集会、结社、信仰、居住、迁徙之自由权。除司法系统及公安机关依法执行其职务外，任何机关、部队、团体不得对任何人加以逮捕、审问或处罚，而人民则有用无论何种方式控告任何公务人员非法行为之权利。《中共晋察冀边委目前施政纲领》则强调一切抗日人民，有言论、集会、结社、出版、信仰及居住自由，非依政府法令及法定手续，任何机关团体或个人均不得给人以逮捕、禁闭、游街及任何侮辱人格、名誉之行为，以保障人权。《晋冀鲁豫边区政府施政纲领》也强调，一切抗日党派、团体、人民均享有集会、结社、言论、出版、居住、信仰之自由，非依政府法定手续，任何机关、团体或个人不能加以压制、逮捕、拘禁、审问、处罚、游街或任何侮辱他人人格的行为。

中国共产党还认识到，无论是抗日的军人、公务人员还是普通民众，保有一定的合法财产并对其财产权利进行保护，进而对于弱势群体给予物质方面的帮助，是非常必要的。客观上看，对于军人和公务人员财产权利的保护能够从一定程度上减少他们面对经济利益诱惑而可能出现的危害抗日和危害民众利益的行为；对于一些特殊群体如地主和民主人士的财产权利的保护可以最大限度地激发他们抗日的热情，使得他们能够紧密地团结在中国共产党周围，为抗日作出贡献；对于普通民众的财产保护是维护他们生活所必需的，也能够使民众认识到敌后抗日根据地的生活乃至于敌后抗日根据地制度下的整个社会都与旧时代存在本质区别，彰显出中国共产党的先进性。由此出发，财产保护和社会救济等条文，在各个地区的宪法性文件中都有明确体现，如《陕甘宁边区施政纲领》中强调，应厉行廉洁政治，严惩公务人员之贪污行为，禁止任何公务人员假公济私之行为，共产党员有犯法者从重治罪。同时实行"俸以养廉"原则，保障一切公务人员及其家属必需的物质生活及充分的文化娱乐生活。《中共晋察冀边委目前施政纲领》也强调，要保障一切抗日人民的财产所有权，人民除每年缴纳一次统一累进税，及对外贸易时之出入口税外，任何机关团体不得另以任何名目勒索或罚款；在减租减息后，佃户须依约纳租；债户须依约偿付租息，一切契约之缔结，均须双方自愿，契约期满，任何一方均有依法解约之权。在减轻敌寇蹂躏区域同胞之负担方面，则以力求保护其生命财产及政治权利为主，反对敌寇绑架、奸淫、勒索、强抽壮丁与奴化教育，抚恤被敌寇惨杀同胞的家属，凡因被迫一时错误触犯汉奸治罪条例之分子，准其自新，对死心塌地的汉奸严予惩办。认真优待抗属，抚恤抗日烈士遗孤及伤员残废。严厉镇压汪派、托派、汉奸，对罪大恶极的大汉奸之土地财产，专署以上各级政府应依当地群众之要求，即依法没收之，对反共派、顽固派、伪军官兵之财产，不得宣布没收，全家逃亡敌区的汉奸嫌疑犯之土地财产由政府暂管，待其重回边区抗日时，发还之，所有上述之被没收及暂管之土地，应由政府低价出租给农民，或分给被日寇摧残之农民，或充作优待抗属田地。对汉奸审判须依确实证据，其未参与汉奸活动之家属，不得株连，该家属财产仍须依法保障，汉奸犯不服初审判决时，得上诉至边区最高审讯机关。[①]

另外，在《晋冀鲁豫边区政府施政纲领》和《对于巩固与建设晋西北的施政纲领》中，也都强调了敌占区政策和对抗蚕食的问题：

十三、面向敌占区，开展敌占区工作，扩大抗日根据地，缩小敌占区

甲、减免敌占区人民负担，抚恤与救济被敌寇汉奸残杀或洗劫之敌占区同胞。

乙、敌占区同胞曾被迫加入伪组织者，一经脱离，不咎既往。

丙、伪军一经反正，与抗日军队一视同仁。不缴枪，不编散，并帮助其扩大，以增强抗日力量。敌军一经投诚，即予以优待，并给予工作或加释放。

丁、反对敌寇抽丁及奴化毒化政策，欢迎敌占区青年到根据地学习，并给予优待及适当工作。[②]

（十二）救济灾民难民，使其取得职业与受教育的机会。对各地会门组织，实行争取团结与教育的政策。

（十三）开展对敌斗争，坚决打击敌伪的蚕食政策。减轻或免除敌占区和接敌区人民的负担，设法保护其生命财产，体谅其困难，凡不堪敌伪蹂躏而来根据地者，政府应予以慰问与安置。[③]

综合以上几个方面可以看出，中国共产党领导的各个敌后抗日根据地，在抗日战争时期的人权保障事业都有极大的发展。这些人权保障的经验在《陕甘宁边区宪法原则》中被系统总结，共计为以下六大权利。其一为政治权利，人民为行使政治上各项自由权利，应受到政府的诱导与物质

[①] 晋察冀边区行政委员会：《现行法令汇集》（上册），1945 年编印，第 1—5 页。另见中国社会科学院法学研究所、韩延龙、常兆儒编：《中国新民主主义革命时期根据地法制文献选编》（第一卷），中国社会科学出版社 1981 年版，第 37—41 页。

[②] 晋冀鲁豫边区冀鲁豫行署：《法令汇编》（上册），1944 年版。另见中国社会科学院法学研究所、韩延龙、常兆儒编：《中国新民主主义革命时期根据地法制文献选编》（第一卷），中国社会科学出版社 1981 年版，第 43—50 页。

[③] 《晋绥根据地资料选编》（第一集），中共吕梁地委党史资料征集办公室 1983 年 8 月编印，第 90—93 页。另见《华北人民政府法令选编》，中国法学会董必武法学思想研究会 2007 年 8 月编印，第 50—53 页。

帮助。其二为经济权利，人民有免于经济上贫困的权利。保证方法为减租减息与交租交息，改善工人生活与提高劳动效率，大量发展经济建设，救济灾荒，抚养老弱贫困等。其三为教育卫生权利，人民有免于愚昧及不健康的权利。保证方法为免费的国民教育，免费的高等教育，优等生受到优待，普施为人民服务的社会教育，发展卫生教育与医药设备。其四为武装自卫权利，人民有武装自卫的权利。办法为自卫军、民兵等。其五为民族权利，边区人民不分民族，一律平等。其六为妇女权利，妇女除有与男子平等权利外，还应照顾妇女之特殊利益。这些规定具体、完整、周密，不仅深刻体现了中国共产党的革命性，也照顾到了抗日战争时期的具体社会现实，为此后中国共产党领导的无产阶级国家人权事业的发展，奠定了坚实的基础。

值得注意的是，人权保障的条文不仅体现在宪法性文件当中，各个敌后抗日根据地还有自己专门制定的人权保障相关条例、法规等，更加系统完整。如《山东省人权保障条例》，非常具体翔实：

第一条　兹为发扬民主，动员全民参战，贯彻法令保障人权之真精神，特根据抗战建国纲领、国民政府法令制定本条例。

第二条　凡中华民国国民，无男女、种族、宗教、职业、阶级之区别，在法律上、政治上一律平等。

第三条　中华民国人民均享有建国大纲所定选举、罢免、创制、复决之权，但汉奸及褫夺公权者不在此例。抗战前之政治犯不受前项但书之限制。

第四条　在不违害抗战范围内，人民有下列之自由：（一）人民有身体与抗日武装之自由；（二）人民有居住与迁徙之自由；（三）人民有言论、著作、出版、集会、结社与通讯之自由；（四）人民有信仰、宗教与政治活动之自由；

第五条　前条所列之自由，非根据抗战建国纲领及抗战法令，不得限制之。

第六条　人民因犯罪嫌疑被捕拘禁者，其执行逮捕或拘禁之机关，至迟应于二十四小时内移送审判机关。

第七条　凡人民因犯罪嫌疑有逮捕之必要者，非持有逮捕状不得逮捕之。县以上政权机关，团以上之军事机关，始有签发逮捕状之权。

第八条　区、乡、村政府及各群众团体，除对现行犯及涉有重大嫌疑而有逃亡之虞者外，不得径行逮捕或拘禁。

第九条　凡经判处死刑之罪犯，非经主任公署批准后不得执行，若无主任公署之地区，须得专员公署之批准，县政府不得径行执行。

第十条　凡各级政府公务人员违法侵害人民之自由或权利者，除依法惩办外，应负刑事及民事责任，被害人民得就其所受损害依法请求赔偿。[①]

陕甘宁边区制定有专门的人权财权保障条例，条例开篇即明确表示，条例以保障边区人民之人权财权不受非法之侵害为目的。边区一切抗日人民，不分民族、阶级、党派、性别、职业与宗教，都有言论、出版、集会、结社、居住、迁徙及思想、信仰之自由，并享有平等之民主权利。边区保障边区一切抗日人民的私有财产权及依法之使用及收益自由权（包括土地、房屋、债权及一切资财），在土地已经分配区域，保证一切取得土地的农民之私有土地权。在土地未经分配区域，保证地主的土地所有权及债主的债权。租佃及债权债务双方，须遵照政府法令实行减租减息、交租交息。一切租佃债约的缔结，须依双方自愿原则。边区人民之财产、住宅，除因公益有特别法令规定外，任何机关、部队、团体不得非法征收、查封、侵入或搜捕。除司法机关及公安机关依法执行其职务外，任何机关、部队、团体不得对任何人加以逮捕、审问、处罚，但现行犯不在此例。人民利益如受损害时，有用任何方式控告任何公务人员非法行为之权利。司法机关或公安机关逮捕人犯应有充分证据，依法定手续执行。非司法或公安职权之机关、军队、团体或个人，拘获现行犯时，须于二十四小时内连同证据送交有检察职权或公安机关依法办理，接受犯人之检察或公

---

① 山东省档案馆、山东社会科学院历史研究所合编：《山东革命历史档案资料选编》（第六辑），山东人民出版社 1982 年版，第 66—67 页。另见《山东省战时法规政令汇编》（第一辑第二分册），1942 年 4 月。

安机关应于二十四小时内侦讯。逮捕人犯不准施以侮辱、殴打及刑讯逼供、强迫自首，审判采证据主义，不重口供。

陕甘宁边区特别指明，司法机关审理民刑案件，从传到之日起，不得逾三十日必为判决之宣告，使当事人不受积延讼案。司法机关受理民事案件非抗传或不执行判决及有特殊情形时，不得扣押。除戒严时期外，非现役军人犯罪不受军法审判，如军人与人民发生争讼时，刑事案件在侦审完结后，军人交军法处，非军人送司法机关依法裁判，民事诉讼则由司法机关办理。人民诉讼，司法机关不得收受任何费用。被捕人犯之财物非经判决不得没收，并不得调换或任意损坏。区乡政府对该管区居民争讼事件，得由双方当事人之同意为之调解，如不服调解时，当事人得自由向司法机关告诉，不得拦阻或越权加以任何之处分。区级以下政府对违警以外任何案件，仅可进行侦查及调解，绝无审问、拘留与处决权。边区人民不服审判机关判决之案件，得依法逐级上诉。各级审判机关判决死刑案件，已逾上诉期限而不上诉者，须呈报边区政府审核批准，方得执行。

与此类似，冀鲁豫边区和晋西北边区也有同样保障人民权利的条例。冀鲁豫边区行署指出，条例可以安定社会秩序，巩固抗日民主根据地，团结抗日民众，而晋西北边区更是明确了条例与国民党相关法律的关系，称是依据中华民国约法第二章及晋西北施政纲领所制定。二者在具体内容中差别较小，基本都强调了人民之身体，非依法不得逮捕、拘禁、审讯或处罚。人民有行动之自由，非依法不得搜查、留难。人民有居住之自由，其住所非依法不得侵入、搜索或封锢。人民之财产，非依法不得查封或没收。商贩运货，非稽征机关或受稽征机关之委托持有稽查证者，不得实行稽查、征税、扣留或没收。人民有集会、结社、言论、出版及思想、信仰之自由权。

在司法方面，则特别指出了军队、民众团体均无逮捕、拘禁、审讯或处罚人民之权，军队逮捕与军事秘密有关人犯时，须通过当地政府或有关机关。区公所或村公所除违警案件外，非有县政府之命令，无逮捕人民之权；各级政府（包括公安局）逮捕人犯时，须有正式拘票或证明文件。逮捕的条件非常严苛，军队、区公所、村公所、民众团体及人民，遇有下列情形之一者，得实行逮捕，惟须将逮捕之人犯立即交县政府审讯，不得擅自处理：（1）确有证据之汉奸敌探，有逃脱之虞者；（2）持械行凶及窃盗、抢劫者；（3）逃逸之罪犯；（4）带有违禁物品者；（5）弃职潜逃或开小差者；（6）其他现行犯。审讯人犯时，禁用刑讯。死刑须经行署批准后执行之，但敌占区、游击区遇有必须立即处决者，得由专署决定，呈报行署备案。执行死刑，概用枪毙。执行时，须由执行机关公布罪状及判决理由。现役军人犯法，非军事机关不得逮捕，但现行犯由非军事机关逮捕后，须送军事审判机关审理。因犯罪嫌疑被捕者，至迟须于二十四小时内送解该管审判机关，该受理机关须依法于二十四小时内进行审讯，但有特殊情形者，不在此限。审判机关处理民刑案件，自传到之日起，简易案件不得逾十五日，复杂案件不得逾三十日，必为判决之宣告，但有特殊情形者，不在此限。

（三）解放区人民民主政权时期人权保障思想

进入解放战争时期以后，人权保障工作仍然以前述六个方面作为基本的出发点，但是随着革命形势的发展，人权保障方面也出现了一些新的变化，集中体现为对于官僚主义损害民众利益等现象进行打击方面。例如，在晋察冀边区财经会议上，董必武指出在华北地区的解放区连成一片的情况下，要节约民力，避免浪费；要将所有公营商业统为一部，严格管理，避免山头主义和挪用公款；要将财务业务和公款统一到银行之中，避免以公款谋私利，避免因分散性的财政而导致生产和战争出现困难。而在华北人民政府时期，即出现了不少浪费民力的案件，其中较为著名的如广平县兴建大会堂案件。广平县是一个经济并不发达的县城，人民生活亦相对贫困，在这样的前提下，未经过请示批准，县负责人王和苏即决定兴建大会堂。大会堂的规格本就超越了经济发展水平和人民可承受的水平，实际建设过程中规模又不断加大。在王和苏调离广平时，工程并未完工，新任县负责人李和杨不遵上级制作预算的指示，以决算方式继续进行工程，后申报行署批准，行署拒绝后仍继续建设直至此大会堂最后竣工。工程耗资巨大，其建材取得方式有二：拆除天主教堂及民房者，未付任何补偿价金；购买的一部分共计折米三万六千六百三十五斤；再考虑用工成本，整个成本折米高达六万八千八百六十六斤，劳民伤财可谓甚矣。监察院工作组经过调查，给予王记过处分，给予李警告处分，并对负有领导责任的专署、行署勒令检查，并通报华北人民政府各级政府、单位和机关。

华北人民政府是新中国的雏形，华北人民政府存在的重要意义之一也正是为成立新中国积累相关的经验，因此，当官僚主义、游击习气以及浪费民力等伤害民众切身利益的案件出现时，中国共产党人在此类问题上保持了高度的警惕性和责任感。在华北人民政府宪法性文件当中即将之作为政治问题的一个重要内容，专条强调，并与其他人权保障条文并列，体现出中国共产党打击官僚主义的决心和魄力，《华北人民政府施政方针》中有详细的表述。

在民主基础上所建立起来的华北人民政府，是华北解放区行政上的统一领导机构，应提高行政效率，加强行政能力，严格执行行政纪律，肃清某些机构中所存在的若干无纪律、无政府的状态，反对地方主义和山头主义。应该厉行政简便民政策。农忙季节，应全力领导、组织群众进行生产，停开对于生产无益的群众会议，停止对于生产无益的各种"运动"。农闲季节，也必须照顾群众副业生产，不可无限制地开会、"运动"。支前战勤必不可免，但应尽量节省民力，要求前方做到战时三兵一夫、平时五兵一夫的比例，并且必须做到精确计算，准时动员，准时解员，后方做到停止一切与战争无关的支差。为此，政府重新制颁新的支差条例，革除旧有弊端，以期一方面保证战争需要，另一方面防止浪费民力。

同时注重保障人民的合法的民主自由权利。保障人民的言论、出版、集会、结社、信仰、迁徙、旅行等自由，不得侵犯；保障人民的身体自由和安全，除司法机关和公安机关可依法执行其职务外，任何机关、部队、团体、个人，不得加以逮捕、监禁、审问或处罚；判处死刑的执行，除边沿区、游击区应由行政公署核准外，巩固地区一律须经华北人民政府核准。保障人民的政治权利，凡年满十八岁的华北解放区人民，除精神病患者和依法判决剥夺公民权者外，不分性别、种族、阶级、职业、信仰、教育程度等，一律享有选举权和被选举权；依据男女平等原则，从政治、经济、文化上提高妇女在社会上、政治上的地位，发挥妇女在经济建设上的积极性；禁止买卖婚姻，男女婚姻自由自主，任何人不得干涉；依据民族平等原则，保障居住在华北解放区内的蒙古族、回族及其他少数民族，在政治、经济、文化上和汉族享有平等权利，尊重蒙古族、回族的宗教信仰和风俗习惯；外国人在华北解放区居住或游历者，只要尊重中国主权和遵守华北人民政府法令，一律加以保护，并允许其从事合法的文化和宗教活动；对会门组织及其盲从的群众，采取破除迷信、争取教育和改造的方针，但假借名义、阴谋破坏秩序者，其首倡分子，必须分别罪恶大小，依法惩处。

另外值得注意的是，在新解放的地区，中国共产党也迅速颁布了人权保障的相关法律、条例，以期迅速遏制先前对于人权的侵害，并切实地保障民众尤其是特殊主体如罪犯等的人权。例如，《哈尔滨特别市政府布告》指出：

保障人权本为我民主政府的一贯政策。维护革命后方之治安，贯彻政府法令，严惩反革命分子、敌探分子及破坏分子，建立新民主主义的秩序，亦为我民主政府之一贯方针。现自卫战争日益胜利，后方日益巩固，为发挥后方人力、物力、财力，发展生产，繁荣经济，支援战争，巩固新民主主义国家经济基础，从而逐渐改善人民生活，必须更进一步地建立民主秩序，保障人权。为此，本府除饬令公安局所暨法院严加注意外，特在重申保障人权的命令如下：

一、禁止任何机关、团体、学校、工厂、商店，不按司法手续，召开带有侵犯人权打人罚款等之任何斗争会议。今后一切民刑纠纷，须经本市公安机关或司法机关处理，方为合法，否则被告人有依法拒绝接受及向本府控诉之权。

二、禁止任何机关、团体、学校、工厂、商店拘捕、扣押、审讯、处罚、没收等侵犯人权一切行为，违者概以侵害罪论处。

三、各区街政府暨公安分局所，对民刑案件只有调解仲裁及违警处罚权，如有拘捕之人犯须经判处者，一律于拘捕后连同证件解交市公安局或法院处理，不得擅行处理。

四、为建立传讯、拘捕、搜索手续，防止宵小分子假借名义侵犯人权起见，凡因民刑或特刑案件之必要，须进行传讯、拘捕或住宅之搜索时，其执行职务之人员，必须携带主管之司法或公安机关之传讯、拘捕或搜索证，且被告人有索阅该项证件之权。无该项证件者，被告人亦得有拒绝其执行职务之权。

五、建立户口检查制度，乃公安机关之专权。非公安机关，任何部门或公安人员皆无检查户口之职责，违者以侵犯人权论处。但公安机关执行上项职务时，在一般情况下，不得于黑夜行之。

六、为维护公共秩序，对现行犯之逮捕，为每个公民之职责，但逮捕后须立即解交就近之公安局所处理，并不得伤害。[①]

一些旧有的边区和老革命区在原有边区立法的基础上进行了经验的总结，并进一步完善了立法的表述和逻辑性。例如，豫皖苏边区行政公署训令各级政府，要切实保障人权，严禁乱抓乱打肉刑逼供。公署表示，保障人权，为我解放区建立民主秩序主要政策之一，执行以来，已得到广大人民的拥护与良好的政治影响。但是，近来各地政府注意不够，随便抓人、肉刑拷打、侵犯人权等事件屡有所闻，致使某些不了解共产党之政策者恐惧、逃亡，或参加土匪与政府对立。此种现象如不及早纠正，其危害所及将不堪设想。为此，各革命根据地也根据本区情况，明确规定了保障人权的具体办法。主要内容大致包括县政府无杀人权，如需处决者，县政府可将罪犯材料、口供及处理意见报告专署，经专署批准后执行，但现行犯除外。政治犯的处理，一律报告行署及军区，专署及县政府无处理权。逮捕

---

① 《法令汇编》（第一辑），哈尔滨市人民政府办公室 1950 年 10 月编印，第 639—640 页。另见中国社会科学院法学研究所、韩延龙、常兆儒编：《中国新民主主义革命时期根据地法制文献选编》（第一卷），中国社会科学出版社 1981 年版，第 106—107 页。

案犯，地方必须经区以上机关研究批准，禁止乱抓乱捕。部队逮捕案犯，必须有团、营以上的证明文件，通过当地政府后执行；倘有少数人员违犯保障人权的规定，政府应先行说服，说服无效时，可将其人员送回原部队处理。县区地方武装及民兵，普遍进行保障人权政策教育，严禁乱抓乱打现象。凡经逮捕之案犯，应以教育启发与搜集材料的方法进行审讯，禁止肉刑逼供以及变相肉刑（如不给饭吃、关禁闭等）。凡按规定逮捕之案犯，政府扣押一般不得超过四十八小时，如属罪大恶极、群众所痛恨者，为了发动群众，必须延长扣押时间时，须经县政府批准。

又如淮海区，也制定有人权保障之条例，条例不仅切实保障了淮海区人民之权利，奠定民主政治之基础，而且赋予了人民相当多的权利，加强了中国共产党与人民群众的联系以及军民的团结。条例指出，人民无阶级、性别、宗教、信仰、地域之分，其政治上、法律上的地位一律平等。人民有信仰、言论、出版、集会、结社、居住、迁移及从事职业之自由。人民身体、财产、名誉以及其他权益受侵犯时，均有依据法令向主管机关控诉之权利。人民非依法律不得逮捕。区乡政府保安处逮捕人犯时，应于二十四小时内解送主管司法机关处理之，其因道远不及解送时，至迟不得超过四十八小时。

第四章 中国共产党经济建设思想的宪法表述及演进

一、 马列主义经济建设思想

无产阶级政权的经济建设和政权内部的建设，一直以来都是无产阶级革命要克服的一个重大问题。马克思和恩格斯创立的无产阶级政治经济学，以社会的生产关系即经济关系为研究对象。马克思和恩格斯批判地继承古典政治经济学的优秀成果，着重剖析了资本主义的经济关系，创立了剩余价值学说，揭示了资本主义生产和剥削的秘密，揭露了无产阶级与资产阶级之间阶级对立和斗争的经济根源，论证了资本主义必然灭亡和社会主义必然胜利的客观规律，指明了无产阶级的历史使命就是推翻资本主义制度和建立社会主义制度，最终实现共产主义。革命导师们依据自身丰富的经济学政治学知识，结合欧洲资产阶级革命和无产阶级斗争，尤其是巴黎公社运动失败的经验教训，总结出一整套行之有效的经济建设和政权建设理论，为中国革命政权的建设、根据地经济建设以及新中国成立以后的经济改造和改革开放，奠定了坚实的理论基础。

从 1843 年开始，马克思和恩格斯研究社会经济问题，为构建研究经济问题的社会科学理论贡献了毕生的精力。马克思提出的剩余价值理论，认为劳动者的付出没有得到同样的回报，剩余价值被没有付出劳动的"资本"所剥削。生产资料的私人占有和产品的社会化必然会导致周期性的经济危机，解决的办法只有实行计划经济。马克思主义的政治经济学是一种社会学的观点，是马克思在大英图书馆中经年累月研究出来的。他没有提出实行计划经济的具体办法，虽然后来的社会主义国家在实行过程中产生了许多偏差，甚至导致东欧剧变、苏联解体，但目前仍没有足够的证据证明马克思主义政治经济学的基本原理有错误，市场经济仍然要不断地和周期性经济危机作斗争，而解决的方法仍然是要不断地加强政府调控，即对经济进行计划。

马克思和恩格斯用辩证唯物主义和历史唯物主义研究经济问题。他们从社会生活领域划出经济领域，从社会关系中划出生产关系，认为它是一切社会关系中的本质关系。他们把生产关系归结于生产力水平的高度，认为生产关系是随生产力的发展而变化的，每一种生产关系是暂时地存在于历史的一定阶段。这样，他们就阐明了生产方式及与之相应的生产关系的发展变化遵循着不以人们意志为转移的客观经济规律，表现为一种自然历史过程。马克思和恩格斯把经济理论体系建立在以"客观经济规律"为依据的坚实的基础上，使政治经济学成为真正的科学。马克思和恩格斯为当时创立的理论体系规定的任务是：揭示社会经济运动的规律，从而揭露现代化生产方式发展和趋于瓦解的过程中必然产生的各种矛盾和弊病，并从社会经济运动形式内部发现未来的能够消除这些矛盾和弊病的力量和因素。

马克思和恩格斯研究了古典的、科学的、社会主义的、空想社会主义的绝大部分经济学著作，批判地继承了古典经济学和空想社会主义的研究成果，收集和研究了关于社会经济发展历史的大量文献和资料，深入地分析了社会的经济结构，阐述了它的运动过程。马克思和恩格斯廓清了经济理论研究的对象问题。他们阐明了政治经济学所研究的是人与人之间的关系；在阶级社会，归根结底是阶级和阶级之间的关系；虽然这些关系总是同物结合着，并且作为物出现。这一重大贡献是建立在马克思对劳动价值学说作了全面论证和革命性的发展的基础上的。马克思在研究商品的二重性时，发现了商品二重性中包含的劳动的二重性：具体劳动创造使用价值，抽象劳动形成价值。这就使价值的本质得到了科学的说明，并为剖明现代生产方式的各种现象提供了重要的钥匙。马克思区分了"劳动和劳动力"，对"劳动力这种特殊商品"的"使用价值和价值"进行了研究，发现了资本家雇佣劳动者的劳动力所创造的价值超过劳动力本身的价值是"剩余价值"的真正源泉，揭露了生产和"剥削"的秘密，创立了他的"剩余价值学说"，奠定了马克思的经济学说的基石。"剩余价值学说"对生产关系的本质和劳资关系的基础给出了解释，使人豁然开朗，这是马克思在经济理论上的最大功绩。马克思研究了"剩余价值转化为资本"的积累过程，揭示了资本主义积累的一般规律，指出"这一规律制约着同资本积累相适应的贫困积累"。[①]

马克思全面考察了社会总资本的再生产，把社会产品按实物形式分为生产资料和消费资料两个部分，按价值分为不变资本、可变资本和剩余价值三个部分，在这一基础上，分析了资本主义简单再生产和资本主义扩大再生产的实现条件，阐明了资本主义的价值和剩余价值的实现中的深刻矛盾。马克思从本质到现象分析了资本主义经济运动的全过程，解决了等量资本获得等量利润并不违背价值规律这一李嘉图学派不能解决的难题，阐明了价值转化为生产价格以及剩余价值转化为利润和平均利润的过程，并进一步阐明了剩余价值在产业资本家、商业资本家、借贷资本家和土地所有者之间的分割。通过对经济结构和经济运动的全面分析，马克思证明了经济危机的不可避免性，并且得出以下结论：生产资料的集中和劳动的社会化之间的矛盾必然达到同它的制度不相容的地步，相应的就是劳资对抗尖锐。马克思和恩格斯共同论证了社会进步的必然性。

恩格斯在概括政治经济学研究的历史和成果时，提出了狭义政治经济学和广义政治经济学的区别。只限于研究资本主义生产方式的发生和发展的政治经济学，恩格斯称之为狭义政治经济学；研究人类各种生产方式，阐明人类各个社会支配物质资料的生产和交换以及与之相适应的产品分配

---

① 《马克思恩格斯全集》（第二十三卷），人民出版社1972年版，第707页。

和消费的规律的政治经济学，恩格斯称之为广义政治经济学。①

马克思和恩格斯把政治经济学的研究扩展到资本主义以外的社会经济形态。马克思对资本主义生产方式以前的各种生产方式和比较不发达国家内与资本主义生产方式并存的其他生产方式，进行了研究和比较。恩格斯关于原始公社和相继的社会经济形态的精辟的研究，也是广义政治经济学的重要成果。马克思和恩格斯依据共产主义必然取代资本主义的规律性，对未来的新社会作了科学的预测和论述，提出了共产主义将分为低级阶段和高级阶段的理论，并对社会主义和共产主义的基本特征作了原则性的推断。由于阐明了一些社会经济形态的特殊经济规律，又确立了为数不多的、适合于一切社会经济形态的共有经济规律，马克思和恩格斯成为广义政治经济学的奠基者。

在无产阶级政权的经济建设领域，列宁也有突出贡献。面对帝国主义的猖狂进攻，列宁领导苏俄人民首先采取了战时共产主义政策。1918 年苏维埃政府决定把国内一切工作都纳入战时轨道，制定并实施战时共产主义政策，其基本内容首先包括国内贸易国有化。人民委员会颁布了《关于组织一切产品、个人消费品及日用品的居民供应》的法令，规定：一切食品、个人消费品和家用物品均由国家和合作社组织供应，取代私商。第一，国家继推行粮食垄断制之后，开始对糖、茶、盐、火柴、布匹、鞋、肥皂等实行国家垄断。第二，还规定有余粮收集制。人民委员会颁布了《关于国家在出产谷物的省份征粮办法》的命令，在全国各地实行了谷物和饲料的余粮收集制。征收数额由粮食部根据收成情况规定，原则是富农多征、中农少征、贫农不征。第三，实施产品配给制。一切非农业人口都必须加入消费合作社，由合作社分配站按照工种定量配售食品及日用品。但其供应量远远不能满足居民的需要。第四，推行劳动义务制。要求凡是有劳动能力的人必须参加劳动，并强迫剥削阶级分子参加体力劳动。第五，实施全部工业国有化。大工业国有化是内战前就开始的，1920 年 11 月 29 日，

---

① 参见［德］恩格斯：《反杜林论》，人民出版社 1999 年版。

最高国民经济委员会决定，将拥有机械动力，工人在 5 人以上的，或没有机械动力，工人超过 10 人的私营企业，全部收归国有。

1921 年，列宁将战时共产主义政策转变为以粮食税取代余粮收集制为核心的"新经济政策"，这一转变主要有两方面的原因。首先是直接原因，十月革命胜利以后，俄国建立了第一个无产阶级专政的国家政权，但是国内仍然存在各种尖锐的矛盾。从 1918 年春天直至 1920 年底，帝国主义对其进行武装干涉，同时国内也爆发了革命战争，苏维埃政权面临着被颠覆的危险，苏俄面对内忧外患，为了度过经济危机和政治危机，实行了以余粮收集制为核心的战时共产主义政策，集中全国的人力、物力、财力击败了帝国主义的武装干涉，赢得了国内战争的胜利。战时共产主义政策在特殊的时期起到了积极的作用。但是，战争使国民经济遭到了极大的破坏，加之 1920 年暴发的自然灾害，使得苏俄的农业发展遭受了重大损失，经济的凋敝使得广大群众的生活十分艰难，人们不满的情绪日益滋长，工农联盟也面临着破裂的危险，针对当时的紧急情况，以列宁为首的俄共采取了果断的措施，转变了发展战略。1921 年 3 月，俄共（布）十大决定由以余粮收集制为核心的"战时共产主义政策"向以粮食税为核心的"新经济政策"转变。

推动列宁实施"新经济政策"的根本原因在于俄国的落后。十月革命的胜利，使俄国建立了世界上第一个无产阶级专政的社会主义国家，资本主义一统世界的局面被打破，如列宁所言，俄国打开了资本主义的第一个缺口。但是，就俄国具体国情而言，在政治经济文化等基础方面都欠发达，如何在一个政治经济文化都比较落后的国家建设社会主义是以列宁为首的布尔什维克党面临的一个艰难课题。列宁在 1918 年指出："我们俄国无产阶级在政治制度方面，在工人政权的力量方面，比不管什么英国或德国都要先进，但在组织象样的国家资本主义方面，在文明程度方面，在从物质和生产上实施社会主义的准备程度方面，却比西欧最落后的国家还要落后。正是由于这种特殊情况，工人们目前有必要对那些最文明、最有才干、最有组织能力、愿意为苏维埃政权服务并且诚心诚意地帮助搞好大的和最大的国家生产的资本家实行特殊的'赎买'，这难道还不明白吗？"①
列宁深刻地认识到农民占人口的绝大多数，生产力十分落后，文化程度
低，资本主义尤其是国家资本主义发展不充分，这些均比西欧最落后的国
家还要落后的国家向纯社会主义形式和纯社会主义分配直接过渡，是俄国
力所不及的事情。正是俄国特殊的国情，决定了俄国向社会主义过渡必须
采取迂回的方式。通过战时共产主义政策的实践，列宁和俄共充分认识到
这一点。正是基于对战时共产主义政策的深刻反思和对苏俄国情的正确把
握，列宁和俄共提出有别于战时共产主义政策的新经济政策。

　　新经济政策的一项重要内容是以征收粮食税代替余粮收集制。农民按
国家规定缴纳一定的粮食税，超过税额的余粮归个人所有，大大减轻了农
民的负担。1922 年，政府通过《土地法令大纲》，允许农民自由使用土地
和在苏维埃监督下出租土地和雇佣工人。在流通方面，1921 年 5 月，苏维
埃政权通过关于交换的法令，宣布实行产品交换。国家通过合作社组织工
业品同农民手中的余粮直接交换。同时，允许私人在地方范围内进行商业
往来。后因国家没有足够的工业品可资交换，遂放弃产品交换的做法，并
取消商业的地区范围限制，允许私人自由贸易。为了促进市场贸易，1921
年 10 月，政府重建国家银行，统一管理货币流通事务。1920 年 11 月，人
民委员会发布租让法令，允许外国资本家在苏俄经营租让企业或同苏维埃
国家组织合营股份公司。1921 年 5 月 17 日，国家把一部分小企业发还原
主经营。7 月又决定把一批中小工厂和商店租赁给本国的合作社或个人。
这些租让和租赁企业由私人经营，所有权属于国家。由于商品货币关系的
恢复，国家企业和合作社的管理制度也作了改变。国家企业按部门组成托
拉斯，受最高国民经济委员会下属中央工业处管理领导。托拉斯的财产属
于国家，但国家非经合同协议无权动用托拉斯的财产和产品。托拉斯的财
务和商业活动独立。职工由各企业自行招用，不再由国家统一调配。废止
劳动义务制。1921 年 9 月，人民委员会发布关于工资级别问题的规定，改

---

① 《论"左派"幼稚性和小资产阶级性》，载《列宁全集》（第三十四卷），人民出版社 1985 年
版，第 285 页。

变过去的平均主义做法，实行按生产率高低确定工资级别的制度。1921 年 10 月，政府发布法令给予合作社以完全独立经营的权利。

新经济政策是对传统的社会主义观念的一种大胆的突破，是社会主义国家进行的影响较为深远的经济改革政策。它所反映的是生产关系必须适应生产力发展的这一社会发展规律。新经济政策着力于发展商品生产和多种形式的经营，活跃市场经济和自由贸易，使高度集中的计划管理向一定限度内的对外开放、对内搞活过渡，促进了生产力发展，巩固了工农联盟。这一政策的成功，是立足于多种经济成分——如社会主义的、资本主义的、其他非社会主义的和非资本主义的合作与共存。它反映了无产阶级在掌握政权后应大力发展社会生产力这一基本规律，因而具有普遍的指导意义，大大丰富了科学社会主义理论。在国民经济的恢复取得显著成绩的情况下，为了消灭资本主义成分，建成社会主义社会，1928 年，苏联改变了这一政策。此后，苏联的经济政策左右摇摆，时有变更，甚至出现过经济停滞和倒退，人民生活水平提高的速度和层次也相对较低。

总体上看，苏俄早期的经济建设是比较成功的，苏俄的经济思想也是比较成熟、完整、系统的，新经济政策探索了在小农国家建设社会主义的途径和方法，为其他社会主义国家向社会主义过渡提供了经验和教训。中国与苏俄一样，在进行社会主义国家的经济建设方面，经历了曲折的摸索过程，也走过一些弯路，但是中国共产党以更为宏阔的视野对于经济进行了更为准确的定位，实现了"青出于蓝而胜于蓝"的历史进步。

二、 中国共产党人对于马列主义经济建设思想的新贡献

中国共产党领导的革命根据地，从一开始就在各个方面与马列经典的论述有所区别。首先，革命根据地的经济基础并非是工业或者重工业，而

是以农业为主体，附以一定数量的手工业和工业，这是由革命根据地的地理位置和人口聚落决定的。这就意味着，在革命根据地当中，要特别注重解决农业问题，且要适当处理工农关系。其次，革命根据地面对的敌人十分强大，而其经济状况与敌人相比则基本处于弱势，且军事斗争的严酷性要求革命根据地开动其绝大部分的经济建设机器为战争服务。因此，革命根据地的一切经济大方针，基本都是为实现革命任务服务的。再次，革命根据地所涉及的地区较多，民众当中的传统问题较多，且大多亟待提高知识水平，因此经济建设必须与改善民众生活、平衡地缘发展和兴办教育等结合起来。最后，革命根据地的具体现实决定必须将扩大经济生产与精兵简政相结合，将厉行节约与拓展规模相结合，将主抓农村经济与治理城市经济相结合。这种多角度多样貌的经济形态是中国共产党人所面对的巨大挑战，恰恰也正是中国共产党领导的革命根据地经济能够保持活力的关键所在。正是因为能够统筹多种不同的经济表现形式甚至是经济形态，中国共产党才能够在面对不同革命任务时选取最为有效的方针政策，取得经济建设和革命斗争的胜利。

具体观之，在革命时期，在革命根据地经济建设方面，以毛泽东为代表的中国共产党人，大致主要关注了以下几个方面。

第一，根据地必须围绕革命战争进行必要的和可能的经济建设。毛泽东指出：在白色势力的四面包围中，军民日用必需品和现金的缺乏，成了极大的问题。一年以来，边界政权割据的地区，因为敌人的严密封锁，食盐、布匹、药材等日用必需品，无时不在十分缺乏和十分昂贵之中，因此引起工农小资产阶级群众和红军士兵群众的生活的不安，有时真是到了极度。红军一面要打仗，一面又要筹饷。每天除粮食外的五分钱伙食费都感到缺乏，营养不足，病的甚多，医院伤兵，其苦更甚。这种困难，在全国总政权没有取得以前当然是不能免的，但是这种困难的比较地获得解决，使生活比较地好一点，特别是红军的给养使之比较地充足一点，则是迫切地需要的。边界党如不能对经济问题有一个适当的办法，在敌人势力的稳定还有一个比较长的期间的条件下，割据将要遇到很大的困难。这个经济问题的相当的解决，实在值得每个党员注意。①

面对第五次反"围剿"的严峻形势，毛泽东又指出：现在我们的一切工作，都应当为着革命战争的胜利，首先是粉碎敌人第五次"围剿"的战争的彻底胜利；为着争取物质上的条件去保障红军的给养和供给；为着改善人民群众的生活，由此更加激发人民群众参加革命战争的积极性；为着在经济战线上把广大人民群众组织起来，并且教育他们，使战争得着新的群众力量；为着从经济建设去巩固工人和农民的联盟，去巩固工农民主专政，去加强无产阶级的领导。为着这一切，就需要进行经济方面的建设工作。这是每个革命工作人员必须认识清楚的。过去有些同志认为革命战争已经忙不了，哪里还有闲工夫去做经济建设工作，因此见到谁谈经济建设，就要骂为"右倾"。他们认为在革命战争环境中没有进行经济建设的可能，要等战争最后胜利了，有了和平的安静的环境，才能进行经济建设。同志们，这些意见是不对的。抱着这些意见的同志，他们不了解如果不进行经济建设，革命战争的物质条件就不能有保障，人民在长期的战争中就会感觉疲惫。②

在全体政府工作人员中，在广大工农群众中，造成一种热烈的经济建设的空气。要大家懂得经济建设在革命战争中的重要性，努力推销经济建设公债，发展合作社运动，普遍建设谷仓，建设备荒仓。……我们的目的不但要发展生产，并且要使生产品出口卖得适当的价钱，又从白区用低价买得盐布进来，分配给人民群众，这样去打破敌人的封锁，抵制商人的剥削。我们要使人民经济一天一天发展起来，大大改良群众生活，大大增加我们的财政收入，把革命战争和经济建设的物质基础确切地建立起来。这是一个伟大的任务，一个伟大的阶级斗争。

在现在的阶段上，经济建设必须是环绕着革命战争这个中心任务的。

---

① 毛泽东：《中国的红色政权为什么能够存在？》，此文章是 1928 年 10 月 5 日毛泽东为中共湘赣边界第二次代表大会起草的《政治问题和边界党的任务》决议的一部分，载《毛泽东选集》第一卷，人民出版社 1991 年版，第 53 页。

② 毛泽东：《必须注意经济工作》，载《毛泽东选集》第一卷，人民出版社 1991 年版，第 119—120 页。

革命战争是当前的中心任务，经济建设事业是为着它的，是环绕着它的，是服从于它的。那种以为经济建设已经是当前一切任务的中心，而忽视革命战争，离开革命战争去进行经济建设，同样是错误的观点。只有在国内战争完结之后，才说得上也才应该说以经济建设为一切任务的中心。在国内战争中企图进行和平的，为将来所应有而现在所不应有的，为将来的环境所许可而现在的环境不许可的那些经济建设工作，只是一种瞎想。当前的工作是战争所迫切地要求的一些工作。这些工作每件都是为着战争，而不是离开战争的和平事业。如果同志们中间有离开战争进行经济建设的想法，那就应立刻改正。①

在论述苏区的经济方面，毛泽东指出：我们的经济政策的原则，是进行一切可能的和必须的经济方面的建设，集中经济力量供给战争，同时极力改良民众的生活，巩固工农在经济方面的联合，保证无产阶级对于农民的领导，争取国营经济对私人经济的领导，造成将来发展到社会主义的前提。我们的经济建设的中心是发展农业生产，发展工业生产，发展对外贸易和发展合作社。②

在全中国卷入经济浩劫，数万万民众陷入饥寒交迫的困难地位的时候，我们人民的政府却不顾一切困难，为了革命战争，为了民族利益，认真地进行经济建设工作。事情是非常明白的，只有我们战胜了帝国主义和国民党，只有我们实行了有计划的有组织的经济建设工作，才能挽救全国人民出于空前的浩劫。③

就革命与建设的问题，毛泽东还进一步指出：为着冲破敌人封锁，抵制奸商操纵，保证革命战争的需要，改良工农群众的生活，苏维埃必须有计划地进行各种必要的与可能的经济建设。

在敌后抗日根据地时期，经济建设有了进一步的发展，毛泽东将经济问题作为中心问题加以强调，他在同谢觉哉交流的信件中表示：边区有政

---

① 毛泽东：《必须注意经济工作》，载《毛泽东选集》（第一卷），人民出版社1991年版，第121—123页。

② 毛泽东：《我们的经济政策》，载《毛泽东选集》（第一卷），人民出版社1991年版，第131页。

③ 毛泽东：《我们的经济政策》，载《毛泽东选集》（第一卷），人民出版社1991年版，第134页。

治、军事、经济、财政、锄奸、文化各项重大工作，就现时状态即不发生大的突变来说，经济建设一项乃是其他各项的中心，有了穿吃住用，什么都活跃了，都好办了，而不要提民主或其他什么为中心工作。①

在另一次专门的论述中，毛泽东还指出了经济工作和教育工作的同等重要性：在目前陕甘宁边区的条件下，大多数人做工作，讲革命，除了经济与教育（理论教育，政治教育，军事教育，文化教育，技术教育，业务教育，国民教育，均在内）两件工作以外，究竟还有什么工作值得称为中心工作，或所谓第一位工作的呢？究竟还有什么工作是更革命的呢？不错，其他工作是有的，而且还有许多，但是中心的或第一位的工作，就目前边区条件说来，就大多数同志说来，确确实实地就是经济工作与教育工作，其他工作都是围绕着这两项工作而有其意义。我们如果认真地做好了这两项工作，我们就算很好地援助了前方的战争，我们也就算很好地协助了大后方的人民。两项工作中，教育（或学习）是不能孤立地去进行的，我们不是处在"学也，禄在其中"的时代，我们不能饿着肚子去"正谊明道"，我们必须弄饭吃，我们必须注意经济工作。离开经济工作而谈教育或学习，不过是多余的空话。离开经济工作而谈"革命"，不过是革财政厅的命，革自己的命，敌人是丝毫也不会被你伤着的。②

考虑到反对日本帝国主义的斗争具有长期性的特点，经济问题也必须恒久发力，毛泽东强调：因为中国革命的长期性，一方面为着革命与战争事业的物质供给上的需要，一方面为着人民的需要，都必须从事经济建设的工作，不应该也不可能等候把全部敌人打平后才去进行建设工作。加以中国地方的广大，要使全国人民都信服我们所指出的道路的正确性而拥护我们，而参加革命奋斗，需要我们拿建设的榜样给他们看，才能作得到。③ 战争不

---

① 毛泽东：《关于总结财经工作经验给谢觉哉的信》，载《毛泽东文集》（第二卷），人民出版社1993年版，第369—370页。

② 毛泽东：《经济问题与财政问题（节选）》，载《毛泽东文集》（第二卷），人民出版社1993年版，第465页。

③ 中共中央文献研究室编：《毛泽东著作专题摘编》（上卷），中央文献出版社2003年版，第673页。

但是军事的和政治的竞赛，还是经济的竞赛。我们要战胜日本侵略者，除其他一切外，还必须努力于经济工作，必须于两三年内完全学会这一门。①

到了解放战争期间，经济建设成为保障前线的重要一环，而且在长期的战争的破坏下，解放区的经济亟待恢复和发展。就此，毛泽东指出：恢复和发展解放区的工业生产和农业生产，是支援战争、战胜国民党反动派的重要环节。中央会议认为，必须一方面使人民解放军向国民党区域发展胜利的进攻，将战争所需要的人力资源和物力资源大量地从国民党方面和国民党区域去取给；另一方面，必须用一切努力恢复和发展老解放区的工业生产和农业生产，使之较现有的水平有若干的增长。只有这两方面的任务都完成了，才能够保证打倒国民党反动统治，否则是不可能的。②

第二，根据地财政经济工作的总方针和财政税收政策需要适时地进行变革。

毛泽东指出：从发展国民经济来增加我们财政的收入，是我们财政政策的基本方针，……必须充分注意：国家银行发行纸币，基本上应该根据国民经济发展的需要，单纯财政的需要只能放在次要的地位。关于税收政策。必须按收入多少规定纳税多少。一切有收入的人民，除对最贫苦者应该规定免征外，百分之八十以上的居民，不论工人农民，均须负担国家赋税，不应该将负担完全放在地主资本家身上。③ 实行合理的税收制度，居民中除极贫者应予免税外，均须按照财产等第或所得多寡，实施程度不同的累进税制，使大多数人民均能负担抗日经费。同时健全财政机构，调整金融关系，维护法币，巩固边币，以利经济之发展与财政之充裕。④

在财政与经济的关系方面，毛泽东指出：发展经济，保障供给，是我们的经济工作和财政工作的总方针。但是有许多同志，片面地看重了财

---

① 毛泽东：《游击区也能够进行生产》，载《毛泽东选集》（第三卷），人民出版社1991年版，第1024页。

② 毛泽东：《中共中央关于九月会议的通知》，载《毛泽东选集》（第四卷），人民出版社1991年版，第1347—1348页。

③ 毛泽东：《论政策》，载《毛泽东选集》（第二卷），人民出版社1991年版，第767页。

④ 《陕甘宁边区施政纲领》，载《毛泽东文集》（第二卷），人民出版社1993年版，第336页。

政，不懂得整个经济的重要性；他们的脑子终日只在单纯的财政收支问题上打圈子，打来打去，还是不能解决问题。这是一种陈旧的保守的观点在这些同志的头脑中作怪的缘故。他们不知道财政政策的好坏固然足以影响经济，但是决定财政的却是经济。未有经济无基础而可以解决财政困难的，未有经济不发展而可以使财政充裕的。陕甘宁边区的财政问题，就是几万军队和工作人员的生活费和事业费的供给问题，也就是抗日经费的供给问题。这些经费，都是由人民的赋税及几万军队和工作人员自己的生产来解决的。如果不发展人民经济和公营经济，我们就只有束手待毙。财政困难，只有从切切实实的有效的经济发展上才能解决。忘记发展经济，忘记开辟财源，而企图从收缩必不可少的财政开支去解决财政困难的保守观点，是不能解决任何问题的。①

在民力方面，毛泽东深刻认识到：为了抗日和建国的需要，人民是应该负担的，人民很知道这种必要性。在公家极端困难时，要人民多负担一点，也是必要的，也得到人民的谅解。但是我们一方面取之于民，一方面就要使人民经济有所增长，有所补充。这就是对人民的农业、畜牧业、手工业、盐业和商业，采取帮助其发展的适当步骤和办法，使人民有所失同时又有所得，并且使所得大于所失，才能支持长期的抗日战争。有些同志不顾战争的需要，单纯地强调政府应施"仁政"，这是错误的观点。因为抗日战争如果不胜利，所谓"仁政"不过是施在日本帝国主义身上，于人民是不相干的。反过来，人民负担虽然一时有些重，但是战胜了政府和军队的难关，支持了抗日战争，打败了敌人，人民就有好日子过，这个才是革命政府的大仁政。另外的错误观点，就是不顾人民困难，只顾政府和军队的需要，竭泽而渔，诛求无已。这是国民党的思想，我们决不能承袭。②

在论述生产运动的保守主义倾向和现实之间的矛盾时，毛泽东明确强调：在生产运动中，不注重发展经济，只片面地在开支问题上打算盘的保

① 毛泽东：《抗日时期的经济问题和财政问题》，载《毛泽东选集》（第三卷），人民出版社1991年版，第891—892页。
② 毛泽东：《抗日时期的经济问题和财政问题》，载《毛泽东选集》（第三卷），人民出版社1991年版，第893—894页。

守的单纯的财政观点，是错误的。不注重组织党政军群众和人民群众的广大劳动力，以开展群众生产运动，只片面地注意少数政府人员忙于收粮收税弄钱弄饭的观点，是错误的。不知用全力帮助群众发展生产，只知向群众要粮要款的观点（国民党观点），是错误的。不注意全面地发动群众生产运动，只注意片面地以少数经济机关组织少数人从事生产的观点，是错误的。把共产党员为着供给家庭生活（农村党员）和改善自己生活（机关学校党员）以利革命事业，而从事家庭生产和个人业余生产，认为不光荣不道德的观点，是错误的。在有根据地的条件下，不提倡发展生产并在发展生产的条件下为改善物质生活而斗争，只是片面地提倡艰苦奋斗的观点，是错误的。不把合作社看作为群众服务的经济团体，而把合作社看作为少数工作人员赚钱牟利，或看作政府公营商店的观点，是错误的。不把陕甘宁边区一些农业劳动英雄的模范劳动方法（劳动互助，多犁多锄多上粪）推行于各地，而说这些方法不能在某些根据地推行的观点，是错误的。不在生产运动中实行首长负责，自己动手，领导骨干和广大群众相结合，一般号召和个别指导相结合，调查研究，分别缓急轻重，争取男女老幼和游民分子一律参加生产，培养干部，教育群众，只知把生产任务推给建设厅长、供给部长、总务处长的观点，是错误的。在目前条件下，发展生产的中心关节是组织劳动力。①

面对节约问题，毛泽东也有着非常清晰的认识，他不止一次地提出：为着应付最近时期的紧张工作而增重了的财政负担，在 1946 年中，必须有计划有步骤地转到正常状态。人民负担太重者必须酌量减轻。各地脱离生产人员，必须不超过当地财力负担所许可的限度，以利持久。……发展生产，保障供给，集中领导，分散经营，军民兼顾，公私兼顾，生产和节约并重等项原则，仍是解决财经问题的适当的方针。② 在财政供给上，必须使自卫战争的物质需要得到满足，同时又必须使人民负担较前减轻，使

---

① 毛泽东：《开展根据地的减租、生产和拥政安民运动》，载《毛泽东选集》（第三卷），人民出版社 1991 年版，第 911—912 页。
② 毛泽东：《一九四六年解放区工作的方针》，载《毛泽东选集》（第四卷），人民出版社 1991 年版，第 1176 页。

我解放区人民虽然处在战争环境，而其生活仍能有所改善。① 各地必须作长期打算，努力生产，厉行节约，并在生产和节约的基础上，正确地解决财政问题。这里第一个原则是发展生产，保障供给。因此，必须反对片面地着重财政和商业，忽视农业生产和工业生产的错误观点。②

第三，要努力发展公营和合作社经济，同时鼓励私人和民营经济的发展。毛泽东早在1934年，就对此问题有了深刻认识，他强调：现在我们的国民经济，是由国营事业、合作社事业和私人事业这三方面组成的。国家经营的经济事业，在目前，只限于可能的和必要的一部分。国营的工业或商业，都已经开始发展，它们的前途是不可限量的。我们对于私人经济，只要不出于政府法律范围之外，不但不加阻止，而且加以提倡和奖励。因为目前私人经济的发展，是国家的利益和人民的利益所需要的。私人经济，不待说，现时是占着绝对的优势，并且在相当长的期间内也必然还是优势。目前私人经济在红色区域是取着小规模经营的形式。合作社事业，是在极迅速的发展中。据1933年9月江西福建两省十七个县的统计，共有各种合作社一千四百二十三个，股金三十余万元。发展得最盛的是消费合作社和粮食合作社，其次是生产合作社。信用合作社的活动刚才开始。合作社经济和国营经济配合起来，经过长期的发展，将成为经济方面的巨大力量，将对私人经济逐渐占优势并取得领导的地位。所以，尽可能地发展国营经济和大规模地发展合作社经济，应该是与奖励私人经济发展，同时并进的。③

在边区，毛泽东也指出要同时发展两种不同的经济模式：边区的经济，分为民营公营两大方面。民营经济，就是一切私人的农工商业。公营经济，就是政府、军队与机关学校所经营的农工商业。这两方面的作用与关系：

① 毛泽东：《以自卫战争粉碎蒋介石的进攻》，载《毛泽东选集》（第四卷），人民出版社1991年版，第1188页。
② 毛泽东：《迎接中国革命的新高潮》，载《毛泽东选集》（第四卷），人民出版社1991年版，第1216页。
③ 毛泽东：《我们的经济政策》，载《毛泽东选集》（第一卷），人民出版社1991年版，第133—134页。

民营经济是为了解决边区一百四十万人民的生活，同时以租税的形式援助政府与军队，支持抗战建国的神圣事业。公营经济是为了解决数万党政军的生活费与事业费的主要部分，以便减少取之于民，休养民力，便于将来紧急需要时的取给。在这里适用的原则，就是"公私兼顾"，或"军民兼顾"。①

毛泽东还特别重视合作社和合作形式经济的发展，他指出：在农民群众方面，几千年来都是个体经济，一家一户就是一个生产单位，这种分散的个体生产，就是封建统治的经济基础，而使农民自己陷于永远的穷苦。克服这种状况的唯一办法，就是逐渐地集体化；而达到集体化的唯一道路，依据列宁所说，就是经过合作社。在边区，我们现在已经组织了许多的农民合作社，不过这些在目前还是一种初级形式的合作社，还要经过若干发展阶段，才会在将来发展为苏联式的被称为集体农庄的那种合作社。②我们的经济是新民主主义的，我们的合作社目前还是建立在个体经济基础上（私有财产基础上）的集体劳动组织。这又有几种样式。一种是"变工队""扎工队"这一类的农业劳动互助组织，从前江西红色区域叫做劳动互助社，又叫耕田队，现在前方有些地方也叫互助社。无论叫什么名称，无论每一单位的人数是几个人的，几十个人的，几百个人的，又无论单是由全劳动力组成的，或有半劳动力参加的，又无论实行互助的是人力、畜力、工具，或者在农忙时竟至集体吃饭住宿，也无论是临时性的，还是永久性的，总之，只要是群众自愿参加（决不能强迫）的集体互助组织，就是好的。③

第四，强调农业生产的第一性地位。毛泽东指出：在目前的条件之下，农业生产是我们经济建设工作的第一位，它不但需要解决最重要的粮食问题，而且需要解决衣服、砂糖、纸张等项日常用品的原料即棉、麻、蔗、竹等的供给问题。森林的培养，畜产的增殖，也是农业的重要部分。在小农经济的基础上面，对于某些重要农产作出相当的生产计划，动员农

---

① 毛泽东：《经济问题与财政问题》，解放社1944年版，第9页。
② 毛泽东：《组织起来》，载《毛泽东选集》（第三卷），人民出版社1991年版，第931页。
③ 毛泽东：《组织起来》，载《毛泽东选集》（第三卷），人民出版社1991年版，第931页。

民为着这样的计划而努力，这是容许的，而且是必须的。我们在这一方面，应该有进一步的注意和努力。①

毛泽东还强调，发展农业不只有经济方面的意义，更有政治意义和军事意义：我们用尽力量使农民发展农业生产，其目的究竟何在呢？第一个目的是使农民富裕起来，改善他们的生活；第二个目的，是使农民有力交付粮食税，帮助抗战的需要；还有第三个目的，是使农民在取得减租利益之后，发展农业生产，能够以一部分交给地主作地租，因而便于团结地主和我们一同抗战。……一切部队、一切机关学校都要将重点逐渐转到农业、工业与运输业上去；而在我们的条件下，特别重要的是农业。因为我们在目前条件下，大部分需要的东西是农产品（正粮、杂粮、蔬菜、麻、肉食、植物油、动物油、棉花、马草、木料、柴火等）；农产品又可以出口换取工业品。如果我们再从事一部分可能与必要的手工业（纺纱、纺毛、做鞋、织毛线衣、挖炭、锯木头、榨油等）及较大的轻工业（纺织业、造纸业等），则可以很大部分地解决我们的日常需要，并可争取出卖。②

第五，强调自己动手，丰衣足食。毛泽东指出：我们曾经弄到几乎没有衣穿，没有油吃，没有纸，没有菜，战士没有鞋袜，工作人员在冬天没有被盖。国民党用停发经费和经济封锁来对待我们，企图把我们困死，我们的困难真是大极了。但是我们渡过了困难。这不但是由于边区人民给了我们粮食吃，尤其是由于我们下决心自己动手，建立了自己的公营经济。边区政府办了许多的自给工业；军队进行了大规模的生产运动，发展了以自给为目标的农工商业；几万机关学校人员，也发展了同样的自给经济。军队和机关学校所发展的这种自给经济是目前这种特殊条件下的特殊产物，它在其他历史条件下是不合理的和不可理解的，但在目前却是完全合理并且完全必要的。我们就用这些办法战胜了困难。③ 为了支持战争，为

① 毛泽东：《我们的经济政策》，载《毛泽东选集》（第一卷），人民出版社1991年版，第131页。
② 毛泽东：《关于发展军队的生产事业》，载《毛泽东军事文集》（第二卷），军事科学出版社1993年版，第690页。
③ 毛泽东：《抗日时期的经济问题和财政问题》，载《毛泽东选集》（第三卷），人民出版社1991年版，第892页。

了对付敌人的"三光"政策，为了救济灾荒，就不能不动员全体党政军民，一面打击敌人，一面实行生产。前方的生产，过去几年已经有了一些经验，加上今年冬天的思想准备、组织准备和物质准备，明年可能造成广大的运动，并且必须造成广大的运动。前方处于战争环境，还不能做到"丰衣足食"，但是"自己动手，克服困难"，则是完全可以做到，并且必须做到的。①

毛泽东还指出：军队的生产自给，在我们的条件下，形式上是落后的、倒退的，实质上是进步的，具有重大历史意义的。在形式上，我们违背了分工的原则。但是，在我们的条件下——国家贫困、国家分裂（这些都是国民党主要统治集团所造成的罪恶结果）以及分散的长期的人民游击战争，我们这样做，就是进步的了。大家看，国民党的军队面黄肌瘦，解放区的军队身强力壮。大家看，我们自己，在没有生产自给的时候，何等困难，一经生产自给，何等舒服。现在，让站在我们面前的两个部队，例如说两个连，去选择两种办法中的一种：或者由上面全部供给生活资料；或者不给它或少给它，让它全部、大部、半部或小部地生产自给。哪一种结果要好些？哪一种它们愿意接受些呢？在认真地试行一年生产自给之后，一定会认为后一种办法结果要好些，愿意接受它；一定会认为前一种办法结果要差些，不愿意接受它。这是因为后者能使我们部队的一切成员改善生活；而前者，在目前的物质困难条件下，无论怎样由上面供给，也不能满足他们的要求。至于因为我们采用了这种表面上"落后的""倒退的"办法，而使我们的军队克服了生活资料的困难，改善了生活，个个身强力壮，足以减轻同在困难中的人民的赋税负担，因而取得人民的拥护，足以支持长期战争，并足以扩大军队，因而也就能够扩大解放区，缩小沦陷区，达到最后地消灭侵略者、解放全中国的目的。这种历史意义，难道还不伟大吗？②

---

① 毛泽东：《组织起来》，载《毛泽东选集》（第三卷），人民出版社1991年版，第930页。

② 毛泽东：《论军队生产自给，兼论整风和生产两大运动的重要性》，载《毛泽东选集》（第三卷），人民出版社1991年版，第1106—1107页。

第六，毛泽东多次强调，根据地必须实行精兵简政。毛泽东指出：各抗日根据地的全体同志必须认识，今后的物质困难必然更甚于目前，我们必须克服这个困难，我们的重要的办法之一就是精兵简政。……假若我们缩小自己的机构，使兵精政简，我们的战争机构虽然小了，仍然是有力量的；而因克服了鱼大水小的矛盾，使我们的战争的机构适合战争的情况，我们就将显得越发有力量，我们就不会被敌人战胜，而要最后地战胜敌人。[①] 这一次精兵简政，必须是严格的、彻底的、普遍的，而不是敷衍的、不痛不痒的、局部的。在这次精兵简政中，必须达到精简、统一、效能、节约和反对官僚主义五项目的。这五项，对于我们的经济工作和财政工作，关系极大。精简之后，减少了消费性的支出，增加了生产的收入，不但直接给予财政以好影响，而且可以减少人民的负担，影响人民的经济。

第七，强调在经营模式上采取集中领导、分散经营。毛泽东在对于工业问题尤其是工业的领导问题进行论述时指出：建立全部自给工业的统一领导，克服严重存在着的无政府状态。过去提出的"集中领导、分散经营"的原则是正确的，但因没有切实执行，致使建厅管的财厅管的军队管的机关管的各部分工业之间，缺乏计划性，生产过于分散，又缺乏工作检查，浪费人力物力。1943年应由财经办事处建立统一的领导，首先要使所有公营工业，不论是属于哪一部门管理的，均须有一个统一的计划。在这个统一计划上，统一地筹划原料与粮草的供给、产量的定数、销路的衔接。在原料供给上，要解决由于地区分散、原料不集中和有些原料仰给外来，而使许多工厂随时都闹原料恐慌的现象。在粮草供给上，应由财厅经过一定的核算办法，供给各厂以所需的食粮及草料，以免各厂负责人分散其管理生产的注意力。在产量与销路问题上，应由财厅及各有关机关，在财经办事处统一计划下，给予各厂以一定数额的生产任务，需要什么就生产什么，需要多少就生产多少，成品有一定机关按时接收，解决产销之间的矛盾现象。在这个统一的计划性上，要实行各业间的互相协助，消灭互

---

① 毛泽东：《一个极其重要的政策》，载《毛泽东选集》（第三卷），人民出版社1991年版，第881—882页。

相孤立甚或互相妨碍的本位主义。在这个统一的计划上，要实行统一的检查，对各业各厂有奖励，有批评，使工作差的赶上好的。总之，统一领导问题，为1943年改进公营工业的中心问题，必须彻底地努力地解决之。①

实行统一领导。切实执行"统一领导、分散经营"的原则，所有中央一级、边区一级、专区一级、县署一级，均应建立关于统一一切生产事业的强有力的领导机关，按系统按级统一企业经营方针，统一调整各企业相互间的关系，统一检查各企业的经营方法，并在允许以相当收益归各生产单位所有的条件下，在各相当范围内，按照生产性质与经营情形，统一支配生产赢利，务必免除各自为政、盈亏不一、苦乐不均的弊病。经济和财政工作机构中的不统一、闹独立性、各自为政等恶劣现象，必须克服，而建立统一的、指挥如意的、使政策和制度能贯彻到底的工作系统。这种统一的系统建立后，工作效能就可以增加。②

第八，要对企业实行严格的核算制度。毛泽东指出：建立经济核算制，克服各企业内部的混乱状态。为此必须：首先，每一工厂单位应有相当独立的资金（流动的和固定的），使它可以自己周转，而不致经常因资金困难妨碍生产。其次，每一工厂单位的收入和支出，应有一定的制度和手续，结束收支不清、手续不备的糊涂现象。再次，依照各厂具体情况，使有些采取成本会计制，有些则暂不采取，但一切工厂必须有成本的计算。又次，每一工厂的生产，应有按年按月生产计划完成程度的检查制度，不得听其自流，很久不去检查。最后，每一工厂应有节省原料与保护工具的制度，养成节省原料与爱护工具的习惯。所有这些就是经济核算制的主要内容。有了严格的核算制度之后，才能彻底考查一个企业的经营是否是有利的。③

改善工厂的组织与管理，克服工厂机关化与纪律松懈状态。首先，应

---

① 毛泽东：《经济问题与财政问题》，解放社1944年1月版，第125页。
② 毛泽东：《经济问题与财政问题》，解放社1944年1月版，第206页。
③ 毛泽东：《经济问题与财政问题（节选）》，载《毛泽东文集》（第二卷），人民出版社1993年版，第463页。

该改革的是工厂机关化的不合理现象。目前我们有许多工厂在组织上非常不合理，人员众多，组织庞大，管理人员和直接生产人员的分配不适当，以及将管理大工厂的制度应用到我们的小工厂上面，这些现象必须迅速改变，使一切工厂实行企业化。一切工厂，应依自己经济的盈亏以为事业的消长。一切从业员的薪给，应由工厂自己的盈利解决，而不支领公粮、公衣与公家的津贴费。其次是实行十小时工作制及计件累进工资制，借以提高劳动热忱，增加生产。八小时工作制，是将来大工业发展时应该实行的，目前则应一律实行十小时制，应使职工们了解这是抗战的需要。平均主义的薪给制抹杀熟练劳动与非熟练劳动之间的差别，也抹杀了勤惰之间的差别，因而降低劳动积极性，必须代以计件累进工资制，方能鼓励劳动积极性，增加生产的数量与质量。军工生产暂时不能实行计件工资制，亦应有计件奖励制度。再次，应改善职工会的工作。……职工会工作有不适合于提高劳动纪律与劳动积极性的，必须加以改造。一个工厂内，行政工作、党支部工作与职工会工作，必须统一于共同目标之下，这个共同目标，就是以尽可能节省的成本（原料、工具及其他开支），制造尽可能多与尽可能好的产品，并在尽可能快与尽可能有利的条件下推销出去。这个成本少、产品好、推销快的任务是行政、支部、工会三方面三位一体的共同任务，各顾各地把三方面工作分裂起来的做法，是完全错误的。三方面要组织统一的委员会，首先使行政人员、行政工作、生产计划走上正轨，而党与工会的任务就是保障生产计划的完成。最后，工厂应奖励最有成绩的工人与职员，批评或处罚犯错误的工人与职员。没有适当的奖惩制度，是不能保证劳动纪律与劳动积极性的提高的。①

在公营企业中，必须由行政方面和工会方面组织联合的管理委员会，以加强管理工作，达到降低成本、增加生产、公私两利的目的。私人资本主义企业也应当试行这种办法，以达到降低成本、增加生产、劳资两利的

---

① 毛泽东：《经济问题与财政问题（节选）》，载《毛泽东文集》（第二卷），人民出版社 1993 年版，第 463—464 页。

目的。工人生活必须酌量改善，但是必须避免过高的待遇。[①]

　　上述八个方面，统一构成了一个完整的经济建设体系，系统地涵盖了农业、工业、企业制度、金融等各个方面，充分体现出中国共产党在革命时期对于革命根据地经济特点的深刻认识，同时也表明了中国共产党对于民众利益尤其是劳动者利益的高度重视。正是由于中国共产党在经济领域的杰出表现，广大农民和无产阶级才能够紧密团结、同仇敌忾，取得了革命斗争的伟大胜利。

　　在当代，中国的社会主义建设迈入了崭新的历史时期，以习近平同志为核心的党中央对于马列主义的经济学理论又增加了新的内容，赋予了其崭新活力。关于经济建设方面的思想和表述大略分为以下几个方面。

　　1. "社会生产力总体跃升"的新境域

　　党的十八大召开后不久，习近平总书记就强调，党领导人民全面建成小康社会、进行改革开放的根本目的，就是"要通过发展社会生产力，不断提高人民物质文化生活水平，促进人的全面发展"。当代社会生产力的发展，同充分发挥科学技术的作用密切相关。习近平总书记提出："当今世界，科学技术作为第一生产力的作用愈益凸显，工程科技进步和创新对经济社会发展的主导作用更加突出，不仅成为推动社会生产力发展和劳动生产率提升的决定性因素，而且成为推动教育、文化、体育、卫生、艺术等事业发展的重要力量。"[②] 要突出工程技术创新在发挥科学技术第一生产力作用中的意义和作用，这不仅是新科学技术转化为现实生产力的重要特征和基本规律，也是实施创新驱动发展战略的根本出路和关键环节。与实施创新驱动发展战略相连接的新生产力观的结论就是"最大限度解放和激发科技作为第一生产力所蕴藏的巨大潜能"。

　　"实现我国社会生产力水平总体跃升"，是习近平总书记新生产力观的又一重要观点。要从"进一步解放思想，进一步解放和发展社会生产力，

---

　　① 毛泽东：《关于目前党的政策中的几个重要问题》，载《毛泽东选集》（第四卷），人民出版社1991年版，第1269页。

　　② 习近平：《让工程科技造福人类、创造未来》，载《人民日报》2014年6月4日，第2版。

进一步解放和增强社会活力"① 这"三个进一步解放"的总体关系上，更好地理解"全面建成小康社会，实现社会主义现代化，实现中华民族伟大复兴，最根本最紧迫的任务还是进一步解放和发展社会生产力"。当代中国正在推进的全面深化改革，既是对社会生产力的解放，也是对社会活力的解放，是推动中国经济社会发展的强大动力，是总体意义上的社会生产力的跃升。因此，在开始提出中国经济发展的新常态时，习近平总书记强调就是为了"实现我国社会生产力水平总体跃升"。

解放和发展社会生产力是中国特色社会主义的根本任务，也是根本目的。习近平总书记从"最大限度解放和激发科技作为第一生产力所蕴藏的巨大潜能"，到"实现我国社会生产力水平总体跃升"的系列阐释，提供了全面深化改革新的理论指导，开辟了马克思主义政治经济学关于生产力理论的新境域。

2. 经济趋势性变化和阶段性特征的新判断

对经济发展的趋势性变化和阶段性特征问题的认识和判断，是习近平经济思想的基本出发点和重要着力点。2012 年 12 月，在党的十八大后召开的第一次中央经济工作会议上，习近平总书记就提出，我国经济发展呈现出新变化、新特征。根据经济发展的这些趋势性变化和阶段性特征，必须保持清醒头脑，增强"问题意识"，深入分析背后的原因，引导"问题倒逼"，采取有效举措解决问题。据此，习近平总书记作出了"要继续把握好稳中求进的工作总基调"这一涉及趋势性变化和阶段性特征的准确判断。

在 2014 年 12 月召开的中央经济工作会议上，习近平总书记明确地把"科学认识当前形势，准确研判未来走势，必须历史地、辩证地认识我国经济发展的阶段性特征"的问题提了出来。他从对我国经济中消费需求、投资需求、出口和国际收支、生产能力和产业组织方式、生产要素相对优势、市场竞争特点、资源环境约束、经济风险积累和化解、资源配置模

---

① 参见《中共中央关于全面深化改革若干重大问题的决定》，载《人民日报》2013 年 1 月 16 日，第 1 版。

式和宏观调控方式等方面变化的分析中提出："这些趋势性变化说明，我国经济正在向形态更高级、分工更复杂、结构更合理的阶段演化，经济发展进入新常态，正从高速增长转向中高速增长，经济发展方式正从规模速度型粗放增长转向质量效率型集约增长，经济结构正从增量扩能为主转向调整存量、做优增量并存的深度调整，经济发展动力正从传统增长点转向新的增长点。"① 据此，习近平总书记作出了认识新常态、适应新常态、引领新常态，是当前和今后一个时期我国"经济发展的大逻辑"的判断。

2015 年政府工作报告中提出："我国经济发展进入新常态，正处在爬坡过坎的关口，体制机制弊端和结构性矛盾是'拦路虎'，不深化改革和调整经济结构，就难以实现平稳健康发展。"显然，这一"经济发展的大逻辑"，作为对经济发展趋势性变化和阶段性特征的新研判，无论对经济改革发展的顶层设计，还是对新常态经济运行的把握，都有着至关重要的意义。历史地、辩证地认识我国经济发展的趋势性变化和阶段性特征，是习近平总书记关于经济发展战略思想的基本方法和重要内涵。

3. 经济转型发展的新布局

社会主义市场经济的发展，是中国特色社会主义最具创新性的理论和实践问题，也是实现中国经济转型发展的体制性基础。党的十八大以来，在对中国经济转型发展新布局的探讨中，习近平总书记强调，经济体制改革任务远远没有完成，经济体制改革的潜力还没有充分释放出来。要找准市场功能和政府行为的最佳结合点，努力形成市场作用和政府作用有机统一、相互补充、相互协调、相互促进的新布局。

在党的十八大以后召开的三次中央工作会议上，习近平总书记根据经济改革和发展的新情况，对经济转型的格局作出新的阐释，可以概括为以下十个方面：一是加强和改善宏观调控，加快调整经济结构、转变经济发展方式，使经济持续健康发展建立在扩大内需的基础上；二是要坚持稳中

---

① 《中央经济工作会议在北京举行》，载《人民日报》2014 年 12 月 12 日，第 1 版。

求进，促进提质增效升级，积极发现培育新增长点，保持经济增速在合理区间平稳运行；三是深化产业结构战略性调整，提高产业整体素质；四是优化经济发展空间格局，完善区域政策，促进各地区协调发展、协同发展、共同发展；五是保持物价稳定，为推进改革和调整结构创造良好环境；六是毫不放松抓好"三农"工作，加快农业发展方式转变，夯实农业基础，保障农产品供给；七是推动城乡一体化发展，积极稳妥推进城镇化，着力提高城镇化质量；八是坚持实施科教兴国战略，实施创新驱动发展战略，增强经济社会发展核心支撑能力；九是坚持把人民利益放在第一位，突出民生优先，促进社会公正，进一步做好保障和改善民生工作，使发展成果更多、更公平惠及全体人民；十是实施更加积极主动的开放战略，创建新的竞争优势，全面提升开放型经济水平。这些对转型发展中完善和调适经济运行各方面问题的论述，凸显了习近平经济思想的实践性和指导性。

4. "以开放的最大优势谋求更大发展空间"的新格局

党的十八大以来，在进一步创建全面提高开放型经济水平的新格局中，习近平总书记提出了一系列重要思想，极大地拓展了改革开放的视野，全面深化了改革开放的实践与理论。如何"以开放的最大优势谋求更大发展空间"，是习近平总书记部署全方位改革开放新格局的重要思想。

在2013年3月十二届全国人大一次会议上，习近平总书记就提出，"以开放的最大优势谋求更大发展空间"的思想。2014年3月，习近平总书记强调："要牢牢把握国际通行规则，加快形成与国际投资、贸易通行规则相衔接的基本制度体系和监管模式，既充分发挥市场在资源配置中的决定性作用，又更好发挥政府作用。"① 作为全方位开放格局的新的实验，要提升战略眼光，要增强战略思考。"要大胆闯、大胆试、自主改，尽快形成一批可复制、可推广的新制度"，"在自由贸易试验区要做点压力测试，把各方面可能发生的风险控制好，切实防范系统性风险特别是金融风

---

① 《推进中国上海自由贸易试验区建设　加强和创新特大城市社会治理》，载《人民日报》2014年3月6日，第1版。

险"。习近平总书记阐明了"以开放的最大优势谋求更大发展空间"在全方位对外开放新格局的深刻意蕴。

在中国上海自由贸易试验区开始建设的同时,2013 年 9 月习近平总书记在出访哈萨克斯坦时提出共同建设"丝绸之路经济带"。10 月在出访印度尼西亚时提出共同建设 21 世纪"海上丝绸之路",这是在全球经济的大平台上,对中国全方位对外开放新格局的国际表达,也是对"以开放的最大优势谋求更大发展空间"格局的新的战略构思。

2013 年 10 月,在周边外交工作座谈会上,习近平总书记从"着力深化互利共赢格局"的高度,提出"要同有关国家共同努力,加快基础设施互联互通,建设好丝绸之路经济带、21 世纪海上丝绸之路"。2014 年 11 月,在亚太经合组织工商领导人峰会开幕式上,习近平总书记再次提到"一带一路"建设。"一带一路"的倡议自提出以来,在国际上引起强烈共鸣和热烈反响。2015 年的政府工作报告中更是将"一带一路"建设与区域开发开放结合起来,加强新亚欧大陆桥、陆海口岸支点建设。这是有望提振全球经济发展的"中国声音"和"中国贡献",是党的十八大后开拓对外开放新格局的"中国方案"和"中国道路",也是对"以开放的最大优势谋求更大发展空间"的理论和实践的新拓展。

5. "新常态"经济的新探索

对中国经济发展新态势的探索,是党的十八大以来习近平总书记一直高度关注的问题。对于中国经济新态势的认识,要正确处理好勇于改革、勇于创新和稳妥审慎、稳中求进的辩证关系。在中国经济的改革和发展中,既有过去"积存多年的顽瘴痼疾",也有现在和未来面对的"硬骨头"和"险滩",需要面对既坚守已有成就和经验的经济发展的"常态",又不断开拓进取的"新"态势。

中国经济运行轨道,正进入增长速度换挡期、结构调整阵痛期、前期刺激政策消化期"三期"叠加,各种矛盾和问题相互交织的关键时段。这就要求破除"唯 GDP 神话"、摆脱高速度增长的"纠结",要保持合理的增长速度,让经济运行处于合理区间;要坚守转方式、调结构的总体目标，以提高创新驱动发展能力、提高产业竞争力、提高经济增长质量和效益为根本手段，缜密谋划高效率、低成本、可持续经济发展的新态势。这些成为习近平总书记谋划经济发展新常态的基本事实和重要基础。

"新常态将给中国带来新的发展机遇。"对于经济发展新常态的特点，习近平总书记作了深入阐释。在新常态经济发展中，"经济结构优化升级，发展前景更加稳定"，经济增长朝着质量更好、结构更优方向发展。面对经济发展这一新态势，习近平总书记清醒地意识到："新常态也伴随着新矛盾新问题，一些潜在风险渐渐浮出水面。能不能适应新常态，关键在于全面深化改革的力度。"① 在 2014 年的中央经济工作会议上，习近平总书记对经济发展新常态进一步作出新的阐释。他强调，经济发展进入新常态，没有改变我国发展仍处于可以大有作为的重要战略机遇期的判断，改变的是重要战略机遇期的内涵和条件；没有改变我国经济发展总体向好的基本面，改变的是经济发展方式和经济结构。面对我国经济发展新常态，要认识新常态，适应新常态，引领新常态。对经济发展新常态的这些系统阐释，是党的十八大以来习近平经济思想的集中体现和深刻凝练。

6. 顺利跨越中等收入陷阱：善于突破中国经济发展的瓶颈

2014 年 11 月 10 日，习近平总书记在北京出席亚太经合组织领导人同工商咨询理事会代表对话会上致辞时指出，"对中国而言，'中等收入陷阱'过是肯定要过去的，关键是什么时候迈过去、迈过去以后如何更好向前发展。我们有信心在改革发展稳定之间，以及稳增长、调结构、惠民生、促改革之间找到平衡点，使中国经济行稳致远"②。换挡之后的经济增长新引擎已经点燃。"十三五"时期中国将不再纠结于 GDP 是否增长 7%，而更加注重 GDP 的科技含量、民生福祉，这是尊重经济规律、做实经济质量的明智之举。

习近平总书记曾经说过："我们在国际上腰杆能不能更硬起来，能不

---

① 习近平：《谋求持久发展 共筑亚太梦想——在亚太经合组织工商领导人峰会开幕式上的演讲》，载《人民日报》2014 年 11 月 10 日，第 2 版。

② 《习近平出席亚太经合组织领导人同工商咨询理事会代表对话会》，载《人民日报》2014 年 11 月 11 日，第 1 版。

能跨越'中等收入陷阱',很大程度取决于科技创新能力的提升。"① 从现实状况看,中国的工业化、信息化、城镇化和农业现代化带来的发展空间很大,国内市场潜力巨大,生产要素综合优势明显。因此,只要我们继续向纵深推进改革开放,不断释放市场活力和社会创造力,从而增强经济发展的内生动力,同时加快转变经济发展方式,推动产业升级和经济转型,就有信心顺利跨越"中等收入陷阱"。

三、 中国共产党的经济建设和社会建设思想

(一) 工农民主政权时期根据地建设思想

早在苏维埃时期,中国共产党即以宪法的形式对经济问题进行了系统规定,如在《中华苏维埃共和国国家根本法(宪法)大纲草案》中对于劳动与剥削问题就表述为:

中国苏维埃国家根本法的最大原则之七,就是苏维埃的中国是工人阶级和农民群众的国家,所以苏维埃政府要彻底拥护工人利益,实行土地革命,消灭一切封建残余,没收地主阶级的土地,废除一切封建式的资产阶级的税捐,实行统一的累进所得税的原则,税则完全由工农兵会议(苏维埃)决定。只有这样,农民群众才能够在无产阶级领导之下取得土地。无产阶级领导下的苏维埃政权,一定要坚决地拥护工人的利益,实行对于一切中外资本家的严厉监督——由工人群众组织执行监督生产的任务。镇压中外资本家一切怠工破坏等阴谋,坚决执行八小时工作制及劳动保护法。中国工农苏维埃的国家将要努力在保护工人和农民主要群众利益的原则之下,有系统的进攻资本主义的剥削关系,进行经济的建设,发展全国的生产力,不但要领导中国走出帝国主义压迫束缚之下的巨大恐怖状态,而且

---

① 习近平:《在上海考察时的讲话》(2014年5月23日、24日),转引自中共中央文献研究室:《习近平关于科技创新论述摘编》,中央文献出版社2016年版,第79页。

要在世界无产阶级和世界无产阶级国家——苏联的帮助之下，努力进到社会主义发展的道路。①

可以看出，在早期对于革命根据地经济体系进行具体阐述的法律文件中，工人阶级是国家最重要的阶级基础，而工人阶级的利益需要得到最大限度地保证，如在《中华苏维埃共和国宪法大纲》中就强调，以彻底改善工人阶级的生活状况为目的，制定劳动法，宣布八小时工作制，规定最低限度的工资标准，创立社会保险制度与国家的失业津贴，并宣布工人有监督生产之权。但是问题在于，从实践上看，八小时工作制在革命斗争形势较为急迫的苏区是根本不可能实现的；即便是从理论上看，八小时工作制背后所代表的，以阶级压迫和阶级斗争为主要线索的劳动制度实际上也是更多集中于对于工人合法权利的探讨当中，而其逻辑前提是工作的剩余价值为资本家所占有，因而需要为自身权益展开斗争。但是，苏维埃国家在建立起来以后，由于其是无产阶级专政的国家，资本家们将会无法立足，自然再无法进行经济上的剥削与控制，全部生产资料都掌握在劳动者自己手中，那么此时再对于劳动时长进行限制，是违背政权的人民性质的。如果认为劳动者的劳动当中，不含有对于剩余价值的占有问题，而仅仅是为了表明工人应该享有相应的待遇的话，那么相应地，苏维埃国家将以各类手段保证工人阶级的权益，而这种表述方式的一个重要内涵就代表了苏维埃国家希望以确保工作时长作为确立工人当家作主的一种具体表现方式，那么工人的劳动将以一种前所未有的状态来进行——没有资本家进行管理而以近乎平等的方式对于各类问题进行自我管理和决议，此时八小时的标准将丧失其原有的合理性，因它已不是通过共通性质的决议或者讨论而来的了，而是直接照搬了原有经验。因此无论从哪个角度讲，此类规定都只能停留在制度层面，难以落到实处。

除此以外，苏维埃政权还特别强调对于帝国主义列强在华经济侵略的

---

① 《苏维埃中国》（第一集），1933 年版。另见中国社会科学院法学研究所、韩延龙、常兆儒编：《中国新民主主义革命时期根据地法制文献选编》（第一卷），中国社会科学出版社 1981 年版，第 2—7 页。

制止和反击。宣布将要以彻底地将中国从帝国主义压榨下解放出来为目的，宣布中国民族的完全自主与独立，不承认帝国主义在华的政治上和经济上的一切特权，宣布一切与反革命政府订立的不平等条约无效，否认反革命政府的一切外债。在苏维埃领域内，帝国主义的海陆空军绝不容许驻扎，帝国主义租界的租借地无条件地收回，帝国主义手中的银行、海关、铁路、商业、矿山、工厂等，一律收回国有，在目前可允许外国企业重新订立租借条约继续生产，但必须遵守苏维埃政府的一切法令。

1933 年颁布的《中华苏维埃共和国十大政纲》与前文所述内容大体一致，只是规定得更为细致，相关条款为：

二、没收帝国主义的资本在中国开设的一切企业和银行，无代价地收回中国各地的租借地与租界，但是目前外国资本在遵守苏维埃政府法律与法令之下，可另订条约，允许其继续营业。

……

五、改善中国工人生活，实行八小时工作制，青工工作六小时，十四岁到十六岁者工作四小时，禁止十四岁以下的童工工作，改善女工待遇，增加工资，施行失业救济与社会保险等。

六、无代价地没收一切封建地主、豪绅、军阀、官僚〔的〕祠堂、庙宇，以及其他大私有主的土地与财产，平均分配给贫农、中农、雇农、苦力和其他失地的农民，在目前允许出租买卖。

……

九、在遵守苏维埃政府一切法律与法令下，准许私人资本经营与贸易自由，取消一切国民党政府、军阀、豪绅、地主所施行的捐税和厘金，实行统一的累进税。①

在另一些苏维埃政权当中，则特别强调对于工会的组织，如广州苏维埃强调：

五、应该即刻给工人八小时工作制。

---

① 韩延龙、常兆儒编：《革命根据地法制文献选编》（上卷），中国社会科学出版社 2013 年版，第 12—13 页。

六、没收一切大资本家的公馆、洋楼做工人的寄宿舍。

七、苏维埃政府应该维持失业工人的生活，其需要若干，先由各自工会制定预算并报苏维埃核发。

八、苏维埃宣言维持并增加省港罢工工人原有的利益和特权。只有中华全国总工会与他所属的工会才有一切自由的行动，什么广东总工会、机器工会和什么国民党自称的革命工人联合会（其实是反革命的工会），应该即刻封闭。他们这三个工会领袖不是工人，而是白色恐怖的走狗，应该扣留起来即刻枪毙，同李济深和张发奎的工会改组委员也应枪毙；至于在这三个会下面的简单工人，他们反对他们领袖的，他们不是我们的仇敌，而是我们的兄弟，他们同我们做一样苦的工作，得同样子的工钱，因此，我们不追究这些工人，并且希望这些工人即刻加入中华全国总工会与他所属的工会。①

1925年5月1日至9日，第二次全国劳动大会和广东省第一次农民代表大会在广州同时举行。第二次全国劳动大会决定成立中华全国总工会，它代表166个工会，共拥有有组织的工人54万人。大会通过了工人阶级与政治斗争、工农联盟、经济斗争、组织问题及加入赤色职工国际等决议案。大会选举林伟民、刘少奇、苏兆征、邓中夏等25人为中华全国总工会执行委员。同日，全国总工会执行委员会举行第一次会议，选举林伟民为委员长，刘少奇、邓培等为副委员长，并组织干事局，林伟民兼总干事。此后，中华全国总工会一直作为工人运动的重要领导力量，为工人解放事业和党的革命事业作出了巨大贡献。

与此同时，苏维埃还非常重视教育工作，强调提倡平民教育，创办红色学校、成人补习班，允许失业工农兵及贫民子弟免费入学。中国共产党认识到，如果希望广泛地发展苏区的文化教育，工作的重心应当是发展社会教育。因此，在苏区各处都办工余学校、俱乐部、识字班、读报班，加紧识字运动，使苏区工农大众能识字，有计划地建立各地列宁小学；为适应教育需要，还开展了出版工作，大批出版共产主义的书籍。同时为了适

---

① 中国社会科学院法学研究所、韩延龙、常兆儒编：《中国新民主主义革命时期根据地法制文献选编》（第一卷），中国社会科学出版社1981年版，第18—21页。另见广州起义纪念馆常设展览。

应苏维埃的需要，中国共产党还决定以省苏维埃文化委员会作为主要部门，迅速成立苏维埃学校，作为苏维埃的高等学府，以培养文化和其他各种专门人才。

在包括土地在内的生产资料方面，苏维埃强调要对于剥削阶级的生产资料进行没收，以交予人民进行重新分配，其中首先是没收一切地主阶级的财产土地，没收的土地归当地苏维埃政府处理，分配给无地或少地的农民及退伍的红军士兵使用。同时也包括一切祠堂、庙宇、教堂的地产及其他公田公地，概归当地苏维埃政府没收处理，分配给农民使用。苏维埃政权宪法性文件中此类表述很多，如《目前形势与川陕省苏维埃的任务》和《江西省苏维埃临时政纲》中谈道：

第二、没分田的地方赶快分，已分田的地方赶快以各乡为单位组织查田突击队，加紧查田运动。召集各乡各村群众大会，讨论这个工作。省苏县苏的土地委员要多负责指导这个工作。坚决反对地主窃取土地，富农窃取较好的土地。一切好田好地都要分给雇农、贫农。中农土地不动。红军、游击队员分土地有优先权，切实执行苏维埃礼拜六制度，组织广大群众的代耕队，进行替红军家属代耕。秋收已到眼前了，各级苏维埃要立刻加紧秋收秋耕，号召并组织广大苏区公民武装起来，保护秋收，不让有一颗谷子被敌人抢去，同时组织地方武装，大举向白区游击，收割豪绅地主的谷子分给穷人，发动白区群众的秋收斗争。在秋收前后必须加紧耕种，多点秋粮（苦荞，花荞）、冬粮，不让苏区有一寸土地放荒。①

一、没收地主土地及一切耕种工具交由农民协会无代价的分与无地贫农及退伍兵士耕种经营，候政府派员调查测量后，再行从新分配。

二、没收庙产、祠产及一切地方公产，如山林、川泽、围田、荒场、交由农民协会无代价地分与无地贫农及退伍兵士耕种经营，候政府正式派员调查测量后，再从新分配。

---

① 文件之标题名为《目前形势与川陕省苏维埃的任务》，载西华师范大学历史文化学院、川陕革命根据地博物馆编：《川陕革命根据地历史文献资料集成》（上册），四川大学出版社2012年版，第79页。

三、没收私人一切大企业及大生产机关，如银行、工厂、矿山、大公司等，归地方苏维埃与各该工会共同管理之，候苏维埃政权巩固后，即交全省或全国苏维埃与各该工会共同管理。

四、没收一切交通机关，如轮船、铁道、邮电等，归地方苏维埃管理，候全省或全国苏维埃建立后，即交全省或全国苏维埃与各该工会共同管理之。

五、没收军阀官僚地主土豪劣绅及一切反革命派财产交当地苏维埃，作工农银行基金，无利息的借款与工农。

……

二十四、没收外人在本省内设立之银行、工厂及大企业，由各该地方或省苏维埃及各该工会共同管理。

二十五、没收外人在本省内设立之教会、教堂、学校、医院等，由各该地方或省苏维埃管理之。[①]

在金融方面，苏维埃主要强调了两方面的内容，其一为防止高利贷盘剥，苏维埃首先强调工农平民过去一切欠债、欠租、欠税、欠捐，一律免除偿还与缴纳义务。工农平民过去的一切卖契、典契、借契等也一律废除。在此以后的民间借贷利率被控制在一个非常有限的范围内，例如一分五厘左右，从苛重的债务关系中解放贫苦民众。其二为强调税收的合理性。改变以往反动政府苛捐杂税、摊派盘剥的状况，设立统一的税收标准。一般而言，性质上是以农业累进税为主，形式上则可能根据苏维埃地区的不同而有所区别，名称方面包括农业税、土地税等，基本上都是为了将农民的束缚解开，使之拥护苏维埃的政策。同时，由于苏维埃对于土地进行了重新分配，农民实际上已经获得了相应的生产资料，此时的税收就不仅仅是为了某个人或某些人的生活，而是维系整个苏维埃政权运行的必要条件，因此各地对此问题都非常重视。

另外一个值得关注的问题是，苏维埃并未宣布要彻底断绝一切形式的

---

① 《江西省苏维埃临时政纲》，载韩延龙、常兆儒编：《革命根据地法制文献选编》（上卷），中国社会科学出版社 2013 年版，第 20—21 页。

资本主义、商业和文化机构。事实上，苏维埃对此问题是以人民生活水平作为出发点进行衡量的，一些不反动的小资产阶级和商人在从事自由贸易的过程中，为活跃经济、提高民众生活水平作出了一定的贡献，一些交通邮电机关和社会慈善救济群体虽然从性质上看属于资本主义甚至帝国主义的机构，但是其行为于整个社会来说都是有益的，因此也应该得到法律的认可与保护。当然，从此类问题运行的逻辑上看，大体上苏维埃最后还是要强调国家兴办的方式，但是在目前的状况下，仍然有给予其合法地位的必要性。苏维埃还系统地规定了一些提振农村经济和农民生活水平的具体办法，如《湘鄂赣边革命委员会革命政纲》规定：

二十三、保护不反动的小资产阶级及商人自由贸易。

二十四、保护交通（如邮电等）及不反动的文化机关、救济团体。

……

二十六、兴办农村合作社，农民借贷机关，发展农业经济，改良水利，防御天灾，促进农业生产，改善农民生活。[①]

《江西省苏维埃临时政纲》中谈道：

十、开办各种合作社，以运输农村及城市需要品，并以调剂农业及工业等品的价格。

……

十五、由政府设立养老院、育婴院、残废院及病院，以养育并医治老弱儿童及残废疾病者。

……

十七、整理市政，修筑道路，敷设铁路及汽车路，以便利交通。

十八、改良士兵待遇，提高士兵地位及教育，士兵须参加军队的管理。

十九、修治河道，修筑堤防，以兴水利。

二十、实行普及义务教育及职业教育。

二十一、注意工农成年补习教育及职业教育。

[①] 韩延龙、常兆儒编：《革命根据地法制文献选编》（上卷），中国社会科学出版社 2013 年版，第 17 页。

二十二、发展农村教育，提高乡村文化。

二十三、发展社会教育，提高普通文化程度。

……

二十六、以前各反动政府与外人订立之一切不平等条约，如领事裁判权、海关管理权等，以及侵害中国主权之一切权利，在本省苏维埃势力之下者，即日取消，候全国政府成立后，再由全国政府与之重订双方平等之条约。

二十七、以前各反动省政府与外人所订之条约，有损害本省苏维埃之利益者，即日宣告失效。

二十八、以前各反动省政府所借外债及发行内地债，有防害本省苏维埃政治上或实业上利益者，即日宣布不负偿还之责。①

（二）抗日民主政权时期根据地建设思想

在抗日战争时期，敌后抗日根据地经济方面最具有代表性的制度设计为"减租减息"。为建立和巩固抗日民族统一战线，抗日民主政权规定：在未实行土改的地区，允许地主出租土地，但原则上须按照战前的原租额减低百分之二十五；承认战前的借贷关系，但年利息一般不得超过一分半，如债务人付息已超过原本一倍者，停利还本，如付息已超过原本两倍者，本利停付，原借贷关系视为消灭。实际上，这些政策有着长期的执行历史。

1926年7月，中国共产党四届三次扩大会议对广东的农民运动决议中，提出减租25%，借贷利率不得超过二分。1926年9月，在中国共产党的推动下，中国国民党联席会议作出了"减轻佃农田租25%""禁止重利盘剥，最高利率年利不得超过20%"的规定，减租减息遂成为国民党和共产党两党的一致主张。当时对发动农民反对土豪劣绅，打倒军阀，推动北伐战争，起过重要作用。1927年8月7日，中共中央政治局召开紧急会议

---

① 《江西省苏维埃临时政纲》，载韩延龙、常兆儒编：《革命根据地法制文献选编》（上卷），中国社会科学出版社2013年版，第21—22页。

（即"八七会议"），确定了土地革命的武装反抗国民党反动派的总方针。从此进入了没收地主的土地，分配给无地和少地农民的土地革命新时期。在此时期中，中国共产党在国民党统治区，仍以减租减息和抗租抗息作为发动农民起来进行土地革命的策略手段。1937年2月，中国共产党为了促成抗日民族统一战线的建立，在致国民党五届三中全会电中提出"在全国停止没收地主土地"的主张，并在陕甘宁苏区停止了没收地主土地的运动。1937年8月25日，中共中央政治局洛川会议通过《抗日救国十大纲领》，决定以减租减息作为解决农民土地问题的基本政策。1939年冬和1940年春，华北各根据地兴起了减租减息的群众运动，在晋察冀边区普遍实行了二五减租，最高地租额不得超过土地正产物的37.5%，农民战前所欠的旧债，按年利一分、一本一利清理，利息超过原本停利还本，超过两倍本利停付；同时广泛开展了回赎抵押地和典地的运动。

　　1942年1月28日，中共中央政治局在详细研究了各抗日根据地减租减息经验的基础上，通过了《关于抗日根据地土地政策的决定》，制定了抗日时期土地政策的三项基本原则。除了重申"减轻地主的封建剥削，实行减租减息，借以改善农民的生活，提高农民抗日与生产的积极性"和"减租减息之后又须实行交租交息，借以联合地主一致抗日"两项基本原则之外，进一步提出了"奖励富农发展生产和联合富农"的原则。决定指出："富农的生产方式带有资本主义性质，富农是农村中的资产阶级，是抗日与生产的一个不可缺少的力量。……富农，不但有抗日要求，而且有民主要求。故党的政策……不是削弱富农阶级与富农生产，而是在适当的改善工人生活条件之下，同时……奖励富农生产与联合富农。但富农也有其一部分封建性质的剥削，……对富农的租息也须照减。"以上三项基本原则阐述了减租减息政策的三个有机组成部分，即减租减息、交租交息和奖励富农发展生产。决定的附件规定了减租减息的具体政策和办法：（1）减租：不论任何租地、任何租佃形式均照抗战前租额减低25%，在游击区及敌占点线附近，可少于二五减租，只减二成、一成五或一成。多年欠租应予免交。保障佃户的佃权。（2）减息：只对于抗战前成立的借贷关系，以一分半为计息标准，如付息超过原本一倍者停利还本，超过两倍者本利停付。抗战后的借贷息额，应依据当地社会经济关系听任民间自行处理。自 1945 年 8 月抗日战争胜利至 1946 年 5 月全面内战爆发以前，中国共产党在解放区继续实行减租减息政策。

各个敌后抗日根据地对此问题基本上都有所规定，内容方面相对粗疏，差异不大，如《陕甘宁边区施政纲领》和《中共晋察冀边委目前施政纲领》中分别为：

在土地已经分配区域，保证一切取得土地的农民之私有土地制。在土地未经分配区域（例如绥德、鄜县、庆阳），保证地主的土地所有权及债主的债权，惟须减低佃农租额及债务利息，佃农则向地主缴纳一定的租额，债务人须向债主缴纳一定的利息，政府对东佃关系及债务关系加以合理的调整。[①]

（十二）普遍实行二五减租，保证地租不得超过总额千分之三百七十五，利息不得超过一分，如因借贷期满无力偿还而押出之土地，应依法清理。抗战义务之负担与组织，应力求合理化。[②]

此后，在一些其他地区，本原则的具体表述则略有变化，如晋冀鲁豫边区政府制定的施政纲领中强调要加强农村阶级团结，给予农村一切贫苦人民与游民分子以生存教育的机会，切实实行减租减息，减租一般以二五为原则，减息减至一分半为标准。减租减息后，佃户应按期如数交租，债户应按期如数交息，一般不得再行拖延或减免。实行低利借贷与救济灾难民，并将没收之汉奸土地，分配或租给贫苦抗属及贫苦人民耕种。给社会游民分子以耕种土地及取得职业和享受教育的机会，对各种会门组织，实行争取团结与教育的政策。而在西部地区，中国共产党也强调要坚持执行

---

① 《陕甘宁边区第二届参议会汇刊》，1942 年版。另见中国社会科学院法学研究所、韩延龙、常兆儒编：《中国新民主主义革命时期根据地法制文献选编》（第一卷），中国社会科学出版社 1981 年版，第 34—37 页。

② 晋察冀边区行政委员会：《现行法令汇集》（上册），1945 年编印，第 1—5 页。另见中国社会科学院法学研究所、韩延龙、常兆儒编：《中国新民主主义革命时期根据地法制文献选编》（第一卷），中国社会科学出版社 1981 年版，第 37—41 页。

中共中央的土地政策，保证地主的土地所有权、债主的债权，彻底实行减租减息，保证交租交息，政府对人民的租佃关系、债务关系，应予合理的调整。各地的政纲当中，尤以山东省最具有代表性：

六、正确执行中共中央所提出之土地政策和劳动政策，调整阶级关系，改善工农生活：

甲、普遍并彻底执行一面减租减息，一面交租交息之土地政策，减租以依照抗战前租额减轻百分之二十五为原则，废除各种额外剥削，边沿游击区在战争期间其减租额应酌量减低（整理旧有借贷关系，息率以分半为标准，对新成立之借贷关系，息率尊重其合理的自愿契约）。

乙、普遍并彻底执行一面增加工资，改善雇工待遇，一面遵守劳动纪律，努力增加生产之劳动政策，农业长年雇工工资，以能维持其家属一个人之生活为最低标准。

丙、救济贫民、难民、灾民，扶助其参加生产，在自愿的原则下，发扬贫富互助精神，发动富户借粮借款救济贫民，救济灾荒，救济流亡难民。

丁、本双方照顾之原则，调解土地纠纷，租佃纠纷、劳资纠纷、达到贫富团结，共同抗日之目的。

戊、扶助生产组织，开展民众运动，以提高人民生产之积极性，职工会、农救会除保障劳工及农民利益外，应从政治上提高工人农民劳动热忱，并使遵守劳动纪律。①

此外，南方一些地方采用因地制宜的方针，对中共中央制定的纲领进行了一定程度的调整。例如，苏皖边区临时行政委员会在其颁布的施政纲领中强调：要贯彻改善民生政策，扶助工农运动的发展，实行减租减息，交租交息，保障佃权及资本家与雇主，要增加工资与减少工作时间，以每天九至十小时为标准；工人与雇工要执行劳动纪律与提高生产效率，以期

---

① 《山东省战时施政纲领》，载山东省胶东区行政公署：《法令汇编》，1944 年版。另见中国社会科学院法学研究所、韩延龙、常兆儒编：《中国新民主主义革命时期根据地法制文献选编》（第一卷），中国社会科学出版社 1981 年版，第 53—58 页。

调剂东佃劳资关系；没收汉奸财产，救济灾民难民。

在对土地问题进行系统修改的基础上，敌后抗日根据地还对商业和金融政策进行了大幅度的修改。基本思路是发展手工业及其他可能开办之工业，奖励商人投资，提高工业生产。同时保护商人自由营业，发展边区商业。为此，则必须确定私人财产所有权，保护边区人民由改革所得之利益。在边区与外界的关系方面，边区强调，发展工业生产与商业流通，奖励私人企业，保护私有财产，欢迎外地投资，实行自由贸易，反对垄断统制，同时发展人民的合作事业，扶助手工业的发展。肃清境内敌寇伪币，巩固边币，维护法币，平衡边币流通，健全边区银行机构，活跃边区金融，严格统制外汇。边区对于敌人的经济入侵采取了鲜明的抵制态度，例如边区强调，严格管理对外贸易，禁止必需品出境及非必需品入境，取缔奸商，反对投机操纵，调节粮食和物价。对边区周围沦陷区，则实施配给制度、公仓制度。物资为战争之重要因素，对战争胜负，具有决定作用。故必须动员全民，加强对敌经济斗争，打破敌寇经济封锁，保存游击区、沦陷区物资，免为敌有。总体上看，这种做法的本质属于对敌实行统制贸易，根据地实行自由贸易。敌占区及根据地之士绅商贾可到根据地内自由经营投资，给予保护，如不愿居留时，可自由处理与携带其财物。

在金融税收领域，边区首先强调了税收的统一性和必要性，其实质是实行合理的税收制度，居民中除极贫者应予免税外，均须按照财产等第或所得多寡，实施程度不同的累进税制，除百分之二十极贫苦人民得以免税外，其余百分之八十的人民，都有纳税的义务，但最高不得超过全年收入，使大多数人民均能负担抗日经费。同时健全财政机构，调整金融关系，维护法币，巩固边币，以利经济之发展与财政之充裕。肃清伪钞在根据地内流通，并防敌吸取我物质。具体执行方面，则是实行有免征点和累进最高率的统一累进税（以粮租钱三种形式缴纳），整理出口税或征田赋，废除其他一切捐税，非经边区参议会通过，政府不得增加任何捐税。另外，基本上所有边区都强调，要整理财政，建立严格经济制度，肃清贪污浪费。在开支方面，边区已经注意到了预算决算的重要性，因而基本已经开始实行统筹统支，确立预算决算与会计制度，并厉行节约运动。

在劳动问题上，此时规定得更为灵活，虽然仍然以八小时工作时长作为倡导和目标，但已经不再片面地强调八小时工作制度的象征性意义，而是开始关注实际当中的执行情况，例如《陕甘宁边区抗战时期施政纲领》中规定：

（二十四）确定八小时工作制度，改善劳动待遇，保护工人利益，同时提高劳动热忱，增加生产效能。①

此后，陕甘宁边区施政纲领又将此原则调整为十小时，表述也有变化，如强调调节劳资关系，实行十小时工作制，提高劳动生产率，增强劳动纪律，适当地改善工人生活等。中共晋察冀边委也强调，目前要减少工作时间，实行工业部门八小时工作制，增加工人实际工资，实行半价物工资制，改良劳动条件和工人待遇，提高工人劳动积极性和生产效率，安置失业工人，雇主不得违约解雇，女工生产前后例假五星期，工资照给，禁止使用青工、女工、童工从事妨害身体健康之劳动，并保障同工同酬。而晋察冀边区在实施当中，更加注重对敌的经济斗争，加强根据地经济建设，厉行深耕易耨、不误农时，增加农业生产。奖励工商企业，鼓励私人投资，扶助家庭副业及合作事业，发展境内贸易以增加根据地内物资，改善人民生活。减租减息政策，在边区大部分地区均已实行，因此发动了广大群众抗日与生产的积极性，成为坚持抗战之决定力量。但为活跃金融，增加生产，今后借贷利率，应由双方自定，工业部门亦应暂时实行十小时工作制，以促进边区经济建设之发展。

这一时期，本领域以《晋冀鲁豫边区政府施政纲领》之规定最为具体翔实，包括：

七、调节劳资双方利益，巩固阶级团结

甲、为着调节劳资双方利益，资方应适当改善工人生活，增加工人工资，减少工作时间。工资应以实际能养活一个至一个半人为标准，工作时

---

① 陕西省档案馆、陕西省社会科学院合编：《陕甘宁边区政府文件选编》（第一辑），档案出版社1986年版，第209—211页。

间除公营企业已实行八小时外，其他一般以十小时为原则。

乙、劳工应遵守劳动纪律，自动增加生产。职工会除保护劳工利益外，应从政治上教育工人，提高生产热忱。

丙、在劳资合同有效期间，劳资双方均应遵守，不得随意破坏。

丁、保护青工、女工、童工，不得令其担负足以妨碍其健康与发育之工作，并实行同工同酬。①

在另一些地方，尤其是中西部地区，对于巩固与建设敌后抗日根据地的经济有着相当独到的经验和心得。例如，晋西北在施政纲领中强调，应该提高农业生产，发展手工业，管理对外贸易，实行单一本位币，改良生产技术，奖励发明，扶助合作社的发展。工业部门工作时间以十小时为原则，农民工作时间则依照习惯。而晋察冀边区行政委员会也在其施政要端中表示，应该迅速恢复农工商业，取消配给制度及组合统制。敌伪一切垄断农工商业之措施概予废除，实行减租减息，保障佃户土地使用权，保障地主土地所有权，以提高农民生产积极性。自由发展工商业，奖励私人经营，严禁囤积居奇、操纵垄断。为调节劳资间利害关系，应适当改善工人、店员生活，提高工作效能，保证各种企业之正当盈利，适当安置失业工人。在边区境内，贸易一律自由，但对敌伪仍在盘踞之城市、据点，予以封锁。政府设立公营贸易机关，以调节人民生产与消费；人民得依自愿按工场、学校、街道大量组织合作社，政府积极帮助，以调剂民生。

此时，另一个值得注意的问题是关于在革命根据地开展的教育和人才工作。抗战时期，中国共产党在延安地区实施的富有生机和活力的政治、经济、文化政策，使得延安成为当时中国抗日的文化中心、人才中心。与此相适应，边区人民的文化素质水平也有了迅速提高，为抗战事业和敌后抗日根据地民主事业的发展奠定了坚实的基础。科教文卫事业的发展也是此时敌后抗日根据地建设的一个重要指标，民众对于卫生知识的初步掌握

---

① 晋冀鲁豫边区冀鲁豫行署：《法令汇编》（上册），1944年版。另见中国社会科学院法学研究所、韩延龙、常兆儒编：《中国新民主主义革命时期根据地法制文献选编》（第一卷），中国社会科学出版社1981年版，第43—50页。

和基层卫生事业的建立与发展，不仅标志着民众生活水平的提高，也标志着现代社会秩序的初步建立。

各敌后抗日根据地宪法性法律文件的相关条文较多，内容则大体类似。较有代表性的如《陕甘宁边区施政纲领》强调，要继续推行消灭文盲政策，推广新文字教育，健全正规学制，普及国民教育，改善小学教员生活，实施成年补习教育，加强干部教育，推广通俗书报，奖励自由研究，尊重知识分子，提倡科学知识与文艺运动，欢迎科学艺术人才，保护流亡学生与失学青年，给予在学学生以民主自治权利，实施公务人员的两小时学习制。而且，应该推广卫生行政，增进医药设备，欢迎医务人才，以达减轻人民疾病之目的，同时救济外来的灾民、难民。

中共晋察冀边委也在其施政纲领中强调，要发展农业，积极垦荒，防止新荒，扩大耕地面积，保护并繁殖耕畜，改良种子、肥料、农具等农业生产技术，有计划地凿井、开渠、修堤、改良土壤。发展军事工业及公营矿业、制造业和手工业，奖励合作社与私人工业，争取工业之自给自足，杜绝日货。发展森林、牧畜业及家庭副业。发展商业，保证境内正当贸易之自由。应设立专门机关，切实救灾治水，并发挥高尚的民族友爱的互助精神，以县区或村为单位，建立大众互助的储蓄救灾组织。提倡清洁运动，改良公共卫生，预防疾病灾害。在提高国民文化水准及民族觉悟的目标下，实行普及的义务的免费的教育，建立并健全学校教育，至少每行政村设一小学，每行政区设一完全小学或高小，每专区设一中学，高小及中学应收容半工半读生，建立并改进大学及专门教育，加强自然科学教育，优待科学家及专门学者，开展民众识字运动和文化娱乐工作，定期逐步扫除文盲。保护知识青年，救济沦陷区流亡学生，分配一切抗日知识分子以适当工作，提高小学教员的质量，改良小学教员的生活。

《晋冀鲁豫边区政府施政纲领》中，相关内容列举项目更多。包括：

十、加强文化教育建设，提高人民的文化政治水平

甲、实行普及免费义务教育，建立与健全正规学制，大规模地举办各种学校。

乙、开展群众性的社会教育，扫除文盲，特别加强男女青年的教育。

丙、规定在一定时期内，取消不合理田赋等税收。

丁、改善并充实财政机构，调整金融关系，坚决打击伪币，巩固与提高边区本位币百分之三十为标准。

戊、加强干部教育，实行公务人员两小时学习制度。

己、欢迎一切文化工作者、专家、科学家、学者来根据地共同建立抗战文化教育，并予以优待。

庚、帮助建立与健全文化团体，奖励私人创办各种文化事业。

辛、提高小学教员质量，并改善其生活待遇。

壬、建立各种印刷机关，增进各种抗战书报杂志之出版、发行与流通，特别要出版大量通俗读物。

……

十二、建设卫生行政，减少人民疾病死亡

甲、逐渐建立民众医院，增进医务设备，对贫苦抗属及人民实行免费或减费治疗，奖励私人医院之建立。

乙、利用各种土产药材，改良自制药品。

丙、欢迎与培养医务人才，并给予优待。

丁、加强人民的卫生教育，提高人民的卫生常识，注重公共卫生。[①]

其他一些地方的举措更加突出了地方色彩，如晋西北地区的《对于巩固与建设晋西北的施政纲领》中，以"推行国民教育，改善小学教员生活。加强干部教育，实行在职人员的两小时学习制"最有特点。并表示，应尊重知识分子，保护与优待流亡学生与失业青年。山东省在《山东省战时施政纲领》中详细列明了多项举措，如发展新民主主义的文化教育事业，广泛开展群众性的文化教育运动，深入民主教育，启发民主思想，反对法西斯主义及一切反民主的思想。改善原有学校，普及教育，减少文

---

① 晋冀鲁豫边区冀鲁豫行署：《法令汇编》（上册），1944 年版。另见中国社会科学院法学研究所、韩延龙、常兆儒编：《中国新民主主义革命时期根据地法制文献选编》（第一卷），中国社会科学出版社 1981 年版，第 43—50 页。

盲，奖励私人捐资兴学，免费帮助抗属抗工属及贫苦儿童入学。适应敌后环境、根据地需要与可能，设立中等学校及各种专门学校，提倡文化学术团体，奖励创造与各种专门研究。发展社会教育，广设民校、识字班、冬学、农村俱乐部，提高人民文化知识及政治觉悟。整理教育款产，增加教育经费。改善教师的物质生活，提高其社会地位，并着重培养其政治认识及工作能力。培养干部，加强在职干部教育，学习业务，研究政策，培养民主思想、民主作风，反对官僚主义。编订教材，出版教师学生及群众之各种读物，发展印刷出版等社会文化事业等。苏皖边区临时行政委员会在其施政纲领当中也表示，应该提高人民政治文化水平，普及成人教育，提倡民办学校，改进小学私塾，开展民间文化活动，兴办各种专门学校，改订学制课程，救济失业青年，改善教师生活，促进文化教育界民主团结，扶助文化教育团体之建立及出版事业，保障学术研究，奖励科学发明，优待专家学者及技术人才，进行卫生教育，开展公共卫生事业，提倡卫生合作事业，减除人民疾病痛苦，进一步发展新民主主义文化卫生建设工作。

总体上看，这一时期中国共产党解放区人民民主政权建设的宪法思想集中体现为六大方面：其一为保障耕者有其田，劳动者有职业，企业有发展的机会；其二为用公营、合作、私营三种方式组织所有的人力为促进繁荣、消灭贫穷而斗争；其三为适度进行内外交流投资等，保障其合理利润；其四为有计划地发展农工矿各种实业；其五为设立职业培训，培养技术人才，提升工业农业技术水平；其六为普及并提高一般人民文化水准和卫生水准，从速消灭文盲，减少疾病与死亡现象。经过长时间的努力，中国共产党领导的敌后抗日根据地不仅实现了自给自足，还进一步走上了丰衣足食的道路。中国共产党在抗日根据地实行的经济建设方针政策，使根据地军民克服了经济危机，最终实现了抗战的胜利。在这个过程中还积累了丰富的执政经验和经济建设经验，具有重大的历史意义。通过根据地经济建设战胜了当时面临的严重困难，为抗战的胜利乃至解放战争的胜利打下了坚实的基础。通过抗日根据地的经济建设，中国共产党也积累了执政和领导经济工作的宝贵经验。

（三）解放区人民民主政权时期根据地建设思想

解放战争时期，解放区人民民主政权的经济水平已经有了较大幅度的进步，但是前方战事的发展仍然要求解放区经济工作为整个革命的大趋势服务。解放区尤其是新解放的地区，经济民生受到战争的影响仍然很深，破坏十分严重，人民生活水平也亟待提高。中国共产党人就此指出，解放区的经济工作首先应该努力恢复和发展农业生产，使其从现有的基础上提高一寸。中国共产党在《华北人民政府施政方针》中指出：华北解放区，土地改革业已基本完成，应即普发土地证，确定地权，适应土地改革以后的农村经济情况，废除农业统一累进税，实行按土地常年应产量计算的比例负担制，以便在土地改革的基础上，充分利用劳动农民的热情，以恢复和发展农业生产；改定成分，适当补偿被侵犯的中农，安置没有分给一份土地、浮财的地主富农，以便安定农村社会秩序，使一切农业人口，各得其所，安心生产；各阶层人民的土地财产，法律应给予切实保障，不受侵犯；承认土地买卖的自由及在特定条件下出租土地的权利，只要不是游民、二流子，便一律不受限制；承认雇佣劳动自由，雇佣条件除法律已规定者外，由双方自行议定；承认私人借贷自由，利率在政府未规定最高标准以前，由双方自由议定。在土地改革已经进行，尚未完成的地区，应分别不同情况，适当调剂土地。这是必须要做的，但应根据中共中央重新颁布的一九三三年划阶级文件，划定阶级成分。在这些地区进行土地改革，也只应采取比较和缓的、稳妥的办法，抽出地主富农封建的、半封建的土地财产，调剂给无地少地的贫农、雇农和中农，使所有农民都获得大体上相当于平均数的土地，但要反对绝对平均主义，根据经验，仍可采取中农不动两头平的办法，坚决执行不侵犯中农的政策。边沿区、游击区和新解放区，除有特殊情况者外（如过去曾实行过土地改革，而又被地主倒算夺取回去者，比如山西等地的"兵农合一"区等），一般应采取减租减息的社会政策和合理负担的财政政策，充分发扬抗日时期团结对敌的经验。这在抗日期间已经证明了，反蒋战争中继续证明着是完全正确的政策；加强反对国民党反动统治的统一战线，开展游击战争，劳力与武力相结合，打击敌人，保卫人民利益。

城市经济与农村经济的结合是这一时期出现的新情况。由于人民解放军继续向国统区进攻，许多城市必将继续解放，城市居民特别是工人的粮食及为恢复工业继续开工所必需的原料，就要成为严重的问题，因此恢复和发展农业生产，增产商品粮食和工业原料作物，就成为刻不容缓的任务了。由此，华北人民政府提出，要求华北党政各级领导机关，应在全年拿出不少于六个月的时间，组织、领导和扶助群众生产。为了发展生产，必须在自愿结合、等价交换的原则下，继续发展农民的生产合作互助组织。这种合作互助组织，正如毛泽东所说的一样，是"建设在以个体经济为基础（不破坏个体的私有财产基础）上的劳动互助组织"。把农村的一切劳动力，包括已被分配给了土地的地主、旧富农在内，尽可能地都组织起来，使全劳动力、半劳动力、辅助劳动力都能在生产上发挥其应有的作用。在男劳动力缺乏的情况下，应大力鼓励并组织妇女参加劳动。但组织生产的合作互助，应从农村实际情况和从需要与可能出发，反对强迫命令，反对包揽一切，反对追求大变工、大互助的形式主义。

在经济结构上，中国共产党强调人民民主政权必须实行农业和副业相结合的原则，以发展生产。熬硝、淋盐、煮蓝、炼铁、采矿、运输、纺织以及编席、编草帽辫、编制竹器等一切群众性的副业，都应给予扶助和奖励。必须改良和提高农业技术，增加和改良农具，选用优良品种，改良耕作方法，繁殖牲畜，蓄积肥料，防除虫害，改良土质，治河防水，兴修水利以及植树造林等。

金融方面，贷款和供销合作成为刺激经济、提高人民生活水平的主要方式，华北人民政府表示，必须尽可能地发放低利无利农贷，以解决农民缺乏资本、工具、牲口、种子等生产资料的困难。改良农贷办法，纠正平均分配的错误方针；同样，也纠正不贷给中农的错误方针，有计划地、有重点地贷给农村从事生产的人们。简化贷款手续，保证全部贷款能很快地到达他们的手里，以免耽误生产。贷款必须有借有还，积累资本，扩大再生产，定期收回，反对只贷不收的恩赐观点。必须自上而下、自下而上地普遍组织供销合作社，这是把小生产者和国家结合起来的一根经济纽带。国营经济所生产的及由国营贸易机关从国外所贩买回来的（这当然是指必需的机器和肥料等而言）日用必需品及手工工具、农业用具等，可以经过供销合作社尽可能以公道的价格分配给小生产者（首先是社员）；农民、小手工业者的各种生产品和原料，国家贸易机关也可以经过供销合作社去有计划地向农民订货，引导农民增产粮食和工业原料作物，并尽量给农民、小手工业者的生产品和原料找到市场，推销出去；国家所收买的生产品和原料，可以有计划地配给各工厂各城市，也可以出卖和出口。供销合作社应在广大范围内，担任生产者与消费者社会分配的任务，为了使供销合作社能够巩固地组织千百万小生产者和劳动人民，能够以比较低廉的价格供给社员的必需品及以公道的价格收买小生产者的生产品，除其自己努力经营外，国家银行、贸易、交通、税收机关必须给以优待和帮助，且必须使供销合作社在国家统一的经济计划下进行经营。人民政府应即规定合作社章程、业务方针、社员守则等。

在迅猛发展的革命形势面前，必须及时考虑城市工作的问题，尤其是城市经济的问题。因此，中国共产党指出，当前经济工作的另一个重要方面，是在发展生产、繁荣经济、公私兼顾、劳资两利的总方针下，努力发展工商业。《华北人民政府施政方针》强调：为了实现城市领导乡村，为了继续巩固无产阶级对农民的领导，如果不能恢复和发展工业生产，将是不可能的。但为了恢复和发展工业，特别是为了有计划地使城市和乡村、工业品和农业品进行交换，就必须发展商业，轻视商业的观点是错误的。县以上党政各级领导机关，应把提高工农业生产和学会做生意的任务，摆在同等重要的地位。有计划地、有步骤地恢复和发展机器工业、手工业、家庭副业等。人民政府应重申坚决保护工商业不得侵犯的政策。华北区的国营企业，已经居于并将继续居于国民经济的领导地位。应当迅速改善它的经营管理方法，加强它的生产能力，更大地满足人民解放战争和人民生活的需要。反对国营企业中的农业社会主义思想，如平均主义、救济观点、"贫雇成分论"、分散机器和分散经营等；也反对国营企业中的单纯的资本主义经营方针，例如囤积物资、提高成本、专门以赚钱为目的，各自为政，无政府无纪律状态等。对在新解放区和在新解放城市所新接收的国营工厂、国营商店、银行等的旧有员工，只要不反对新民主主义，并对其工作能够胜任，就应分别录用，给以原职原薪。端正职工运动政策，以发展生产、繁荣经济、公私兼顾、劳资两利为目标，而不以近视的、片面的所谓"劳动者福利"为目标。必须保证工人的适当生活水平，也应适当地照顾到厂方的适当利益，否则对生产不利。规定能够发展生产的工资标准和工资等级，在法律规定的范围内，劳资双方得经协议，自由缔约，决定具体工资。采取切实扶助对国民生计有益的私人的以及合作社的工业的措施，使它们与国营企业共同服务于解放战争和解放区的建设事业。比较有计划地组织城市工业和乡村农业副业的有机联系。同时，有计划地恢复铁路，整理河运，修理公路和大车路，以恢复和发展交通运输事业。为了使工业生产能够普遍地、全面地发展，国营工业应该领导私营企业，不应对私营企业放任自流。某些人认为恢复生产、繁荣经济，只能依靠私人企业，用不着国营经济加以领导的说法，是错误的。国营工业的重点，首应放在发展机器制造业、军火工业、重要的工业材料制造工业和化学药品工业，以及在支持战争或人民生活上有迫切需要而为私人力量所不及或其性质不宜于私人经营的工业。所有工业，凡未经法令限制者，都准许私人经营。国营企业可以把自己暂时来不及经营的工矿业，采取国家资本主义的方式，租让给私人或合作社去经营；国营工业应有计划地供给对国民生计有益的私营工业及合作社工业以必需的机器、原料和动力，使私人工业及合作社得以发展。

国营商业的中心任务是促进和扶植生产。国营商店必须反对单纯追逐利润的资本主义经营方法，应当集中力量克服严重存在着的对于市场的盲目性，有计划地、切实地领导市场，控制对外贸易，沟通和调节广大生产者和消费者的需要，交换工业品和农业品，从而保护他们双方的利益，以便促进生产，稳定物价，使正当的奉公守法的私营商业也有利可图，而对投机操纵的奸商，则予以打击。

在国营商业外，如上所述，并应有计划、有系统、有步骤地组织供销合作社，使它逐渐普遍发展，成为国家经济和小生产者之间的桥梁和纽带，这就更能组织领导和促进小生产者的生产。

在贸易政策上，对内贸易，原则上采取自由贸易政策，出入口贸易则应采取正确的管理办法，以保护和发展解放区的新民主主义的经济建设，争取做到经济上的独立自主。精确计算解放区军民的需要，适当地输入和输出，反对放任外来非必需品充斥市场的殖民地观点。为了发展工商业，国家银行必须有计划地投资国营企业、供销合作社、私人手工业以及一切对国民生计有益的私营工商业。人民政府应宣布欢迎海外华侨和国民党统治区工商业者来解放区投资经营对国民生计有益的工商业，保障其合法营业，不受侵犯。为了解除国民党反动政府用恶性通货膨胀所加于人民的灾害，同时，稳定金融，避免经济上的波动和紊乱，华北人民政府在禁止蒋币流通后，应以适当的比值，规定一定的期限，与一定的数额，收兑蒋币。

中国共产党也非常重视文化教育工作，党中央指出：为了适应新民主主义的政治、经济建设，为了支援大规模的解放战争，争取全国胜利，应该在政权内部有计划、有步骤地努力发展文化教育工作。

首先，应该整顿各级学校教育，按照必要和可能，建立各种正规教育制度。统一制定课程标准，编印适用教材。中小学的学制，大体上，应当暂沿国民党时代的旧制，而在课程上加以必要的改革；同时，补以速成的班次，以便适应不同的需要。普通学校应加强文化学习，减少政治课程，开会、下乡、生产、演剧等课外活动应尽量减少。克服学校教育中无制度、无纪律的混乱状态和教学效果极端低落的现象。发展小学教育，并于适当时机，逐步推行义务教育。为此，必须普遍开办师范学校、简易师范学校或师范讲习所，以大量培养小学教师。必须适当改善现有中小学教员的生活待遇和政治待遇。为适应需要，应设立各种专科学校，以培养各类技术人才。华北大学除团结和培养专门人才和高级知识分子外，并大量吸收国民党地区大中学生，特别是理工医商农科学生，施以短期训练，使之成为各方面的建设干部。

其次，应继续加强社会教育，以提高人民大众的文化水平和政治觉悟。开展群众戏剧工作，专业剧团应有计划地、负责地帮助训练农村剧团，帮助部队、工厂的文娱活动，编制适用的剧本和歌曲。一切革命文艺工作者，应继续深入农村、部队和工厂中去，反映人民战士的英雄气概和劳动人民团结生产的热忱。报纸，特别是地方报纸，应力求通俗化，使能够深入农村、工厂，真正成为人民大众的报纸。乡村中已经存在的黑板报，应予鼓励，与农民生活密切联系起来，使更普遍发展。冬学和民众夜校，应有计划地奖励和扶助。

再次，必须推广卫生行政，欢迎医务人才，团结中西医，提高中医的科学水平，增建医院，增进医药设备，培养妇婴医务干部，有计划地施种牛痘和进行可能的卫生防疫工作，减少人民的疾病和死亡。

最后，在文化工作上，也必须建立广泛的统一战线，团结和教育一切知识分子，共同为华北解放区的建设服务。在土改和整党中，有些地方曾经对知识分子采取了不正确的态度，只单纯地看他们的成分、出身，不看他们的思想和能力，因而发生不信任他们、排斥他们的倾向，这是错误的，必须纠正。

特别值得关注的还有东北解放区。作为长时间受日本法西斯侵害的地区，东北解放区在文化教育方面更加强调要摆脱奴化教育，重新树立民族信念。东北各省市（特别市）民主政府在共同施政纲领当中强调，应该废除法西斯的奴化教育，以民主为教育的中心内容。普及国民教育，推广社会教育，加强职业教育、师范教育与专门教育。保障教职员与贫苦学生生活，优待科学家、艺术家、各种专家与文化工作者，并奖励特殊的发明与创造。

纵观各个历史时期中国共产党在革命根据地的建设，不难看出，革命根据地是中国共产党领导中国革命取得胜利的根基和立足点，而革命根据地的建设则是革命根据地能够建立和发展，星星之火可以燎原的一个重要保证。对于革命根据地建设以宪法性法律文件进行的规制，则是确保党的方针能够在具体建设中贯彻落实的最为重要的措施。此后，中国共产党越来越娴熟地运用宪法等法律方式对经济和社会进行调节管控，成功地将中国从原来贫困落后的面貌当中脱离，取得了举世瞩目的经济建设和社会建设成就，大大提高了生产力水平和人民的生活水平。这种经济建设和社会建设依靠制度、尊重制度、以制度固化建设成果的宪法思想，正是中国共产党领导下的政权区别于革命时期任何其他政权之关键所在，是在旧时代民生凋敝的社会经济状况下，革命的经济体仍然能够欣欣向荣的关键所在，也是新时代中国共产党继续领导中国人民取得经济建设伟大成就，实现中华民族伟大复兴的必由之路。

第五章　中国共产党军事思想的宪法表述及演进

一、 军事斗争思想渊源及马列主义对军事斗争与国防建设的论述

　　武装力量的保有和维护，并使武装力量能够真正地为抵御外敌和保障人民权益服务是一个国家最为重要的政治目标之一，也是一个社会能够安定有序不断发展的重要保证之一。长久以来，对于政权的取得和阶级地位的提升，各个时期内的不同国家、阶级往往都采用改革或者革命的方式。在为数众多的革命当中，流血冲突往往是其主要的表现形式。这也就意味着，在一个社会形态能够完整地、全部地将自身对于生产力水平的提高发挥出来以前，是不可能为更加先进的社会形态所代替的；一个阶级在掌握足够的力量之前，也是不可能取得对另一个阶级阶级斗争的胜利的。

　　马克思列宁主义非常注重国家武装力量的保有和国防力量的建设。军事斗争思想是马克思列宁主义关于军事规律的科学思想的结晶，是无产阶级及一切被压迫人民进行武装斗争的指南，是辩证唯物主义和历史唯物主义原理与战争和军队的实践相结合的产物，是马克思列宁主义的重要组成部分。马列主义的战争观包括暴力在社会历史发展中的作用、战争起源和消亡、战争的本质、战争的性质、战争和社会发展的关系、人民群众和统帅在战争中的作用、战争的胜负同人和武器的关系、人民战争的特点和战

争与和平的辩证关系等内容。马列主义经典作家运用唯物辩证法，对战争与生产力和生产关系的联系进行了深刻的分析研究，用无产阶级的立场、观点、方法揭示战争的本质。

马克思指出："战争就是为了占领生存的客观条件，或是为了保护并永久保持这种占领所要求的巨大的共同任务，巨大的共同工作。"对于战争起源问题，列宁指出："私有制引起了战争，并且永远会引起战争。"对于战争和政治关系问题，马克思指出："危机的军事原因在某种程度上是和它政治原因联系着的。"这肯定了普鲁士军事学家克劳塞维茨"战争无非是政治通过另一种手段的继续"的论断。即使是近几十年来所发生的多次局部战争也都证明了这些科学论断。根据战争性质，马克思和恩格斯把战争大致分为两类：进步的、革命的、解放的、防御性的战争和反动的、侵略的、进攻性的战争。列宁和斯大林则把战争分为侵略的、非正义的战争和解放的、正义的战争。他们都主张对进步战争要支持，要歌颂；对反动战争要反对，要谴责。

关于人民群众在战争中的地位和作用，他们都认为人民群众对战争的理解、同情和支持对战争的胜利至关重要。在正义的战争中，广大人民群众自觉自愿参加，这也就保障了充足的后备兵员并提供了经济保障。恩格斯指出：赢得战斗胜利的是人而不是枪。列宁也说，没有质量高的人才，没有具有主动精神的、自觉的陆海军士兵，要在现代化战争中取胜是不可能的。马列主义经典作家认为，决定战争胜负的因素是多方面的，斯大林曾经概括为五个方面：后方的巩固、军队的士气、师的数量和质量、军队的装备、军队指挥员的组织能力。同时他们也强调经济和人才等因素对于军队和作战的重要作用。马列主义经典作家对决定胜负的主要因素进行了全面、准确的分析，得出了科学的结论，为无产阶级取得军事斗争的胜利奠定了理论基础。

马克思列宁主义认为，旧的国家机器，只有通过暴力革命，才能彻底打碎。武装起义就是暴力革命。正如恩格斯所说："革命就是一部分人用枪杆、刺刀、大炮，即用非常权威的手段强迫另一部分人接受自己的意志。"这也肯定了克劳塞维茨"战争是迫使敌人服从我们意志的一种暴力行为"的论断。暴力革命是被压迫阶级和人民进行武装斗争、推翻反动统治的有效方法。人民战争思想同样是克敌制胜、指导无产阶级不断取得胜利的思想。正如列宁在《俄国革命的开始》中指出的：武装人民日益成为革命时刻最紧迫的任务之一，只有武装起来的人民才能成为人民自由的真正支柱。

建设一支强大的人民武装力量是无产阶级取得革命和战争胜利的根本保证。马列主义经典作家关于人民军队建设有一系列重要论述，包括：必须坚持党对军队的绝对领导；必须用无产阶级思想教育部队；必须实行官兵一致并紧紧地和人民群众站在一起；必须坚持严格训练、严格要求并培养良好的组织纪律观念；必须重视人的因素并加强装备建设和后勤供给等方面。这些将永远指导人民军队的建设和发展。恩格斯就曾强调训练、纪律、士气和科技对于军队的重要性。

马克思、恩格斯所处的时代是无产阶级从小到大、从弱到强、逐渐发展成为自主政治力量的时代。在马克思的一生中，主要是从事无产阶级革命活动和无产阶级革命及其军事理论的研究。作为马克思的亲密战友，恩格斯潜心研究军事四十多年，从军事的角度总结出了许多有价值的军事理论。虽然马克思没有在军队生活过，恩格斯也只当过一年兵。但他们对军事问题都有十分深入的研究，并有着独到的见解。他们对革命和战争的发展预见十分敏锐准确，受到当时社会的高度重视，被视为军事家、战略家。马克思和恩格斯认真地总结了无产阶级进行军事斗争的经验和教训，进一步从理论上阐明了无产阶级打碎旧的国家机器的必要性，论证了工人阶级要取得政权，必须要有自己的武装，必须要用革命的暴力的原理。在他们几十年的革命和斗争实践中，他们全面总结了工人阶级进行武装起义的经验、教训，分析了历史上多次战争和以往军事家的思想理论，批判地继承了那些符合客观规律的军事思想。他们撰写了大量的军事论文和专著，最突出的代表作有马克思的《法兰西内战》《路易·波拿巴的雾月十八日》，恩格斯的《德国农民战争》《德国的革命和反革命》等。从1851

年中国爆发太平天国起义到 1871 年法国爆发巴黎公社起义的 20 年间，世界范围内发生了十几场战争。这些战争多半属于反对封建主义和殖民主义侵略压迫的战争，也有强国争霸战争。而巴黎公社的武装起义，再一次为无产阶级暴力革命提供了宝贵的经验。马克思、恩格斯从国际工人运动的根本利益着眼，既向各主要国家的工人阶级指出对待这些战争的态度和策略，又从以军事知识武装工人阶级的需要出发，写了约 200 篇关于战争评论的文章。通过对具体战争的历史唯物主义分析，使军事理论领域内长期充斥着的宗教迷信、英雄史观、投机冒险、侥幸取胜等唯心主义观点，受到科学的冲击。这些评论，为正确认识战争规律和战争指导艺术等，奠定了科学的基础。同时，在总结各国人民起义和反对殖民帝国侵略的武装斗争经验的基础上，提出了人民战争的精辟思想。他们把 19 世纪中叶中国人民抗击英、法等帝国主义野蛮入侵的英勇流血斗争，称之为保卫中华民族的人民战争；他们对中国人民在战争中显示的革命潜力的深刻分析，准确地预报了中国将在东方崛起的光辉前景。在撰写大量战争评论的同时，恩格斯还撰写了一批军事条目，并写了大量其他著作。这些军事文献充分阐明了军队及其技术、战术发展的历史唯物主义原理，从而奠定了无产阶级的军事历史学、军事技术学、军制学、筑城学、战略学、战术学以及军事地理学等各门学科的理论基础。1871 年巴黎公社革命失败后，马克思和恩格斯总结这次无产阶级暴力革命的经验教训，进一步发展了无产阶级暴力革命的理论，为无产阶级必须创建自己的新的军队奠定了理论基础。

马克思和恩格斯关于无产阶级军事理论的主要观点包括：战争是人类社会发展到一定历史阶段的产物。它在社会历史发展过程中既起过残杀破坏作用，也起过破旧促新的革命作用。"暴力是每一个孕育着新社会的旧社会的助产婆"[①]，"是社会运动借以为自己开辟道路并摧毁僵化的垂死的政治形式的工具"[②]。资本主义的灭亡，只有经过无产阶级革命才能实现。

---

① 《马克思恩格斯军事文集》（第二卷），战士出版社 1981 年版，第 360 页。
② 《马克思恩格斯军事文集》（第一卷），战士出版社 1981 年版，第 31 页。

无产阶级革命虽不排除和平斗争手段，但只有用暴力推翻资产阶级的统治，夺取政权，经过无产阶级专政，才能实现共产主义和消灭战争的目的。夺取政权、实行无产阶级专政的首要条件是无产阶级军队。工人阶级必须用自己的新的"机器"去代替包括军队在内的全部旧的国家机器。无产阶级只有武装起来，建立起无产阶级的新的军队，在战场上争得自身解放的权利，才能实现暴力革命的目的。武装起义是无产阶级和被压迫人民暴力革命的开始形式。起义是一种艺术，它要遵守一定的规则，否则就要遭到失败。第一，不要玩弄起义，必须有充分的准备，并集中强大的优势力量，对付在组织、训练和习惯势力方面都占据优势的敌人。第二，起义一旦开始，就必须以最大的决心行动起来，并采取进攻。防御是任何武装起义的死路。必须在敌军还分散的时候，出其不意地袭击他们；每天都必须力求获得新的胜利；必须保持起义者第一次胜利的行动所造成的精神上的优势；必须争取中间的动摇分子；必须在敌人还没能集中力量对付起义之前就迫使它退却；要勇敢、勇敢，再勇敢！暴力（战争）的胜利是以暴力所拥有的物质资料为基础的。军队的全部组织和作战方式以及与之有关的胜负，取决于人和武器这两个条件，也就是取决于居民的质量和取决于技术。新的生产力是新的作战方法产生的前提；新的军事科学是新的社会关系的必然产物，革命就是解放生产力。一个完全新的阶级所进行的新的革命，必然会创造出新的兵器和新的作战体系。无产阶级的解放，在军事上同样将创造出自己特殊的新的作战方法。无产阶级革命战争和争取民族独立的战争，必须实行人民战争，而不应当局限于用正规军的一般的作战方法。群众起义，全民武装，到处组织游击队，采取游击战，进行人民战争，才是小民族制胜大民族，不够强大的军队抵抗比较强大和组织良好的军队的唯一方法。

列宁、斯大林身处帝国主义和无产阶级革命的时代。他们不但全面继承和实践了马克思、恩格斯创立的无产阶级军事理论，而且还丰富、完善和发展了这一理论。列宁领导了俄国"十月革命"并成为革命胜利后的苏维埃政权的主要领导，其间苏俄战胜了国内外敌人的多次武装干预和叛乱，巩固了苏维埃政权。斯大林配合列宁领导了"十月革命"，并担任了武装起义的总指挥。列宁逝世后，斯大林长期担任了苏联的最高领导人。他在"二战"期间以高超的指挥艺术，成功地领导苏联人民战胜了德国法西斯的侵略，取得了卫国战争的伟大胜利，并开创了国际共产主义运动的辉煌新局面。

列宁、斯大林由于常年从事革命武装斗争，具有丰富的革命和战争实践经验。他们运用无产阶级的军事理论，结合本国的实际深入研究了这一理论，撰写了大量军事著作，主要有列宁的《战争与革命》《革命军队和革命政府》《无产阶级革命的军事纲领》，斯大林的《武装起义和我们的策略》《论俄国共产党人的战略和策略问题》《论红军的三个特点》等。应该说马列主义军事理论在马克思、恩格斯时代主要是处于理论开创阶段，而到了列宁、斯大林时代就进入了实际应用和发展阶段。

列宁的主要军事斗争观点包括：

第一，发展了马克思主义关于战争的历史唯物主义观点。列宁提出现代战争产生于帝国主义的论断，指出帝国主义时代战争是绝对不可避免的；帝国主义战争是争夺世界霸权的战争，帝国主义战争既给社会造成前所未有的惨祸和痛苦，带来极严重的危机，但同时也唤醒了群众，使殖民地和半殖民地反对民族压迫的战争、无产阶级反对资产阶级的战争成为必然的、不可避免的。因此，帝国主义战争开辟了社会革命的新纪元，帝国主义是无产阶级社会革命的前夜。马克思主义者要根据战争的性质是正义的还是非正义的，来决定对待战争的态度。消灭战争的根本途径是消灭阶级和私有制。

第二，发展了无产阶级暴力革命的原理。列宁根据对帝国主义时代社会经济政治矛盾发展的唯物主义分析，充分论证了无产阶级暴力革命的必然性和必要性，同德国的考茨基、伯恩施坦等机会主义者在战争与和平、暴力革命与和平过渡、帝国主义国家的无产阶级在帝国主义战争中是"保卫祖国"还是反对战争等问题上，进行过激烈的论战，从理论上捍卫和发展了马克思主义的原理。列宁的主要观点是：革命就是战争，历史上没有一个阶级斗争的问题不是用暴力来解决的；专政是直接凭借暴力的政权；国内战争是阶级斗争最尖锐的形式；要把各国之间的帝国主义战争变为被压迫阶级反对压迫者的国内战争，变为剥夺资本家阶级的战争，变为无产阶级夺取政权、争取实现社会主义的战争；在阶级斗争已经尖锐到国内战争程度的时代，无产阶级政党的任务不仅应当是参加这个国内战争，而且应当是在这个国内战争中起领导作用。

第三，丰富和发展了武装起义的原理。列宁把马克思主义关于武装起义的"规则"，进一步作了理论的概括，并付诸实践，在实践中发展了起义的原理。列宁强调武装起义必须在出现不以各个阶级的意志为转移的、尖锐化了的革命形势时才能发动；必须使无产阶级政党成为起义的领袖和领导者；为准备起义，党必须在工人、农民和军队中培养一支无产阶级大军，积极做好起义准备；起义必须在决定的地点、在决定的关头，集中很大的优势力量，在统一的领导下，迅速而坚决地进攻；在发生全民政治罢工的时代，起义采取遍及全国的长期的国内战争的形式，是不可避免的；即使在现代军事技术和军事组织的条件下，武装起义仍然是能够取得胜利的。列宁还十分关注和支持东方特别是中国的民族独立战争。

第四，创立了无产阶级革命军队的建军原则。列宁强调：常备军是国家政权的主要强力工具。无产阶级在武装起义夺取政权的斗争中，必须破坏旧军队，在艰苦的内战中逐渐建立起无产阶级的新军队。无产阶级军队是由觉悟的农民和工人组成的，是为工农政权而战，"为整个国际革命的命运而斗争"①的军队。无产阶级军队必须由共产党领导，在军队中建立党组织，设立政治委员，加强军队的政治工作。建立新的军队，要培养大批新型军事干部，"只能从人民中间选拔指挥员"②，在当时历史条件下"又必须选择一些过去的军官来充任指挥人员"③。无产阶级军队不是用棍棒而是依靠工人和农民的觉悟、忠诚与自我牺牲精神建立起严明的纪律。

---

① 《列宁军事文集》，战士出版社1981年版，第490页。
② 《列宁军事文集》，战士出版社1981年版，第499页。
③ 《列宁军事文集》，战士出版社1981年版，第623页。

军队必须实行统一集中指挥，在军队内实行单一首长制。要像爱护眼珠一样爱护军队和国家的防御能力。

第五，发展了人民战争的思想。相信群众，发动群众进行革命战争，依靠群众的觉悟和英勇战斗的精神去战胜敌人，这是列宁军事思想中的一个基本思想。他认为，革命战争如果真正能够吸引被压迫劳动群众来参加它和关心它，能够使这些群众意识到自己是在反对剥削者，这种革命战争就会唤起创造奇迹的毅力和才能。

第六，确立了无产阶级革命战争的基本战略思想。它包括：利用敌人之间的利害矛盾，争取联合各种可能的同盟者，战胜强大的敌人；严肃地对待国防，精确地估计力量的对比，认真地切实地准备战争；在决定时机和决定地点拥有压倒性优势；除了学会进攻以外，还必须学会正确的退却；必须有巩固的有组织的后方；军队的统一指挥、国家的一切力量和资源的严格集中管理，是取得战争胜利的必要条件。

斯大林献身于无产阶级解放事业的毕生经历中，军事活动占据重要地位。他协助列宁组织和领导了"十月革命"。他同列宁一起创建了苏俄红军，并亲临前线，指挥作战。他在领导苏联的社会主义建设中，在领导与指挥苏联的卫国战争中，把马克思主义的军事原理，与建设社会主义国家的现代化国防、保卫社会主义国家的现代化战争实际相结合，丰富和发展了马克思列宁主义的军事理论，主要包括以下几个方面：

第一，发展了在资本主义势力包围中建设和巩固社会主义国家国防的理论。强调在争取到的国际和平环境中，有计划地高速地发展国民经济，建立雄厚的现代国防经济基础，创造一切技术和经济上的必要前提来最大限度地提高国防力量，精简军队数量，提高军队现代化军事装备水平。同时，注重从政治上、思想上巩固和加强国防。

第二，发展了马克思列宁主义关于战争的理论。斯大林坚持了列宁关于帝国主义时代战争的观点，同时根据第二次世界大战前后的历史情况和战争经验，发展了殖民地民族解放斗争和世界人民及一切被侵略者联合反对法西斯战争的理论；发展了社会主义国家反对帝国主义侵略战争的胜利必然性的理论，提出了决定战争命运的不是突然性这种偶然因素，而是那些经常起作用的因素的论断。

第三，发展了马克思列宁主义关于建设无产阶级军队的理论。斯大林强调社会主义国家军队的无产阶级性质，及其巩固无产阶级专政的基本任务；发展了军队现代化建设的理论，强调军队要彻底打败敌人，除了那种无比的勇敢精神以外，还必须有完全现代化的数量充足的装备，以及组织得很好的数量充足的供应；强调要加强技术兵种的建设并协调地发展各军种、兵种；强调加强干部和部队的训练，严格军事纪律等。

第四，发展了马克思列宁主义的战略理论和作战指导艺术。斯大林强调在战争的不同阶段正确选择和确定主要打击方向具有决定意义；强调必须正确地制订使用战争力量的计划，并要一往无前地实行既定的方针。强调现代条件下必须掌握战争的一切形式和这方面的一切科学成就，并善于合理地运用它们。在保卫社会主义祖国、反对强敌侵略的战争中，强调必须发动全民的卫国战争；实行积极防御；坚决顽强地抵抗敌人的进攻，并适时组织完善的反攻；当敌人力量强大、退却不可避免时，要实行正确的退却，以赢得时间，积聚力量，转入反攻。反攻和进攻作战必须集中优势兵力于选定的方向上，建立强大的突击集团，组织诸军种、兵种协同突击与巧妙机动相结合，以求达到合围敌人的目的。实行连续进攻的原则，不给敌人以喘息机会，同时，要注意巩固胜利。不断改进各军种、兵种，特别是航空兵、炮兵、坦克兵的作战使用方法等。

马克思列宁主义军事理论，使军事科学领域实现了根本变革，使无产阶级和一切被压迫人民的革命武装斗争，获得了制胜的科学指导，使社会主义国家的国防建设得以建立在科学的军事理论的基础上。马克思列宁主义军事理论是在无产阶级和被压迫民族、被压迫人民的革命武装斗争的实践中不断发展着的。它的发展历史生动地说明，继承马克思列宁主义军事理论，在于结合实际的应用，并在运用中进行创造。为此，必须要善于把它的基本原理同具体历史条件下的个别论断区别开来；善于把它的每一个结论、原则都放到产生它的具体历史环境中去考察和认识，真正把握其理论的精神实质；善于把基本的原理同具体的革命实践结合起来。马克思主义军事理论产生于 19 世纪 40 年代，距今已 100 多年，它的生命力就在于不断分析研究实践中出现的新情况、新问题，同各个时代和各个国家的具体革命实践相结合，从而得到不断的丰富和发展。

马克思主义先贤们，不断总结以往战争和革命实践的经验，创立了先进、科学的军事理论，为无产阶级争取彻底解放，用革命的战争消灭反革命的战争，最后实现永久的和平作出了卓越贡献。

二、 中国共产党人对马列主义军事思想的继承和再创造

以毛泽东为主要代表的中国共产党人，在中国革命战争中所创造的适合中国国情的毛泽东军事思想，是马克思列宁主义普遍原理与中国革命战争实践相结合的产物，是马克思列宁主义军事理论创造性的重大发展。

毛泽东是一位伟大的无产阶级军事家，他的军事斗争思想博大精深，在革命斗争中带领中国人民取得了一个又一个的辉煌胜利。毛泽东的军事思想，是毛泽东关于中国革命战争、人民军队和国防建设以及军事领域一般规律问题的科学理论体系，也是毛泽东思想的重要组成部分。它是马克思列宁主义普遍原理与中国革命战争和国防建设实际相结合的产物，是中国共产党领导中国人民及其军队长期军事实践经验的科学总结和集体智慧的结晶，同时也多方面地汲取了古今中外军事思想的精华，是中国共产党领导中国革命战争、军队建设、国防建设和反侵略战争的指导思想。

在中国共产党和人民军队早期的革命战争中，毛泽东在革命战争的理论与实践方面，都积累了丰富的经验成果。1945 年 4 月，中国共产党第七次全国代表大会在延安召开。毛泽东在所作的政治报告《论联合政府》中，不仅总结了抗日战争以来全党全军创造的新鲜经验，而且对中国共产党长期领导军事斗争和军队建设的基本经验作了进一步理论概括，明确提

出了"人民战争""人民的军队""人民战争所必需的一系列的战略战术"等概念，并作了精辟阐述。朱德在所作的军事报告《论解放区战场》中，就这些科学概念的具体内容进行了系统的阐发，并在所作关于军事问题的结论中，提出了"毛泽东的军事思想"这一概念。此次大会前后，中共中央和八路军、新四军的其他一些领导人，也分别对毛泽东军事思想作出了若干阐述。从此，毛泽东军事思想成为中国共产党在军事战线上的指导理论。在此后的全国解放战争、抗美援朝等战争中，毛泽东军事思想得到了全面的丰富和发展。毛泽东的战争指导艺术，特别是关于人民战争理论和战略防御理论都达到了炉火纯青的程度。

人民战争思想，是以毛泽东为主要代表的中国共产党人把马克思列宁主义关于人民群众的历史能动作用原理，创造性地运用于中国革命战争实践，形成的一套完整的人民战争思想。人民战争思想的主要内容有：

第一，革命战争是群众的战争，只有动员和依靠群众，才能进行革命战争。战争力量的对比不但是军力和经济力的对比，而且是人力和人心的对比。战争伟力之最深厚的根源存在于民众之中，兵民是胜利之本，真正有力量的是人民而不是反动派。革命战争是群众的事业，动员了广大军民，就造成了陷敌于灭顶之灾的汪洋大海，造成了弥补武器等缺陷的补救条件，造成了克服一切战争困难的前提。对广大军民的政治动员是一件绝大的事，是夺取战争胜利最基本的条件。

第二，在政治、经济发展不平衡的中国社会条件下，要首先在反动统治力量薄弱的广大农村建立革命根据地，并采取"波浪式"的推进政策逐步加以扩大，作为进行人民战争的依托。只有建立了巩固的根据地，才能造成军事上、政治上、经济上、文化上的伟大革命阵地，使之成为发动群众、扩大武装、发展生产、准备干部的战略基地，成为为人民军队提供人力物力支援的巩固后方和作战的良好战场，借以达到保存和发展自己、消灭和驱逐敌人的战争目的。建立和发展农村革命根据地，必须把武装斗争与土地革命结合起来，建立革命政权，广泛组织和武装群众。同时，也不可忽视城市工作和非根据地的农村工作。实行现代条件下的人民战争，国家必须建设巩固而强大的战略后方。

第三，革命战争是为人民利益而战的战争，要实行代表绝大多数人民利益的奋斗纲领和基本政策。战争中要兼顾人民群众的长远利益和眼前利益，重视发展生产，尽可能地减轻人民群众的负担，尽力改善群众生活，以调动和保持人民群众支持长期革命战争的积极性。

第四，必须团结一切可以团结的阶级、阶层和社会集团，利用一切可以利用的矛盾，结成最广泛的统一战线，使革命战争获得最广泛的国内社会基础和国际同情援助，最大限度地孤立和打击最主要的敌人。

第五，要把武装斗争这种主要斗争形式同其他各种非武装斗争形式，包括工人的、农民的、青年和妇女的斗争，经济战线、外交战线和思想文化战线上的斗争，合法的和非法的斗争，公开的和秘密的斗争等，在总体上配合起来，从一切方面的努力中不断增加革命的战争力量，减杀反革命的战争力量，使力量对比朝着有利于己不利于敌的方向逐步变化，最后达到获得力量优势、战胜敌人的目的。

第六，以人民军队作为进行人民战争的骨干力量，创建并实行主力兵团（野战军）和地方兵团相结合，正规军和游击队、民兵相结合，武装群众和非武装群众相结合的体制。主力兵团可以随时执行超越地方的作战任务，地方兵团执行保卫地方和进攻当地敌人的任务；游击队和民兵则是正规军的助手和后备力量，主要执行在固定地区内直接配合正规军作战和保卫地方的任务。三种武装力量分工不同，紧密配合作战，是实行人民战争的正确组织形式。

第七，实行与人民战争相适应的战略战术，灵活机动地使用兵力和作战形式。

在今天，毛泽东关于人民战争的思想，对于中国共产党领导中国各民族人民进行军队建设、国防建设，去争取未来反侵略战争胜利，仍然具有重要的指导与借鉴意义。

邓小平是马列主义军事思想和毛泽东军事思想的优秀继承和发展者，他不仅在革命战争时期贯彻落实并进一步拓展了无产阶级军事思想，还为新时期军队的建设指明了方向。

邓小平在革命时期的军事思想的核心是党指挥枪的原则，要保持人民军队的无产阶级性质。人民军队的性质与任务，决定了它必须始终坚持党指挥枪的根本原则，执行党的政治任务，绝对服从党的领导、指挥。部队党委要大力加强党的建设，坚持党对军队的绝对领导。军队党的领导机关必须保证党的各项政策与策略的贯彻，越是领导干部越要成为学习和遵守、执行党的政策与策略的模范。邓小平强调，要开展人民军队强有力的革命政治工作。建设一支真正的人民军队，必须贯彻毛泽东的建军路线和建军原则，把政治工作作为人民军队的生命线，以保证党对军队的绝对领导和人民军队的性质。为此，要正确处理军事与政治的关系。部队各级党委和政治机关要以最大力量，不断加强党的建设。要围绕党的路线、方针、政策和党赋予军队的各项任务，联系部队实际，有针对性地进行教育。

在革命时期的军事斗争方面，邓小平指出，应该从所在地区实际出发，确定创建党领导的新型革命军队、实行武装起义的方针。在军队中，应该发展党的组织，扩大党的影响，组建由共产党员掌握的部队，帮助愿与共产党协力革命的左派将领成为党的军事指挥骨干。要实行人民战争和相应的战略战术。敌我斗争的胜负决定于人，而不是技术。得到人民拥护，才能依靠民众力量克服革命战争中人力物力财力等困难，才能取得胜利。既要发动基本群众，也要发动各个社会阶层。要获得伟大胜利，必须实行主力军、地方军和群众武装密切配合作战。

邓小平革命战争时期的军事思想，对于毛泽东军事思想的形成和发展，起了重要作用；对于主要由他领导的革命根据地和部队的建设与发展及作战的胜利，起了重要指导作用。其基本精神，对于在新的历史时期加强中国人民解放军的革命化、现代化、正规化建设，推进中国的国防现代化建设，做好反侵略战争准备，仍具有重要的现实意义。

邓小平1975年参加党中央和中央军委领导工作以来，尤其是粉碎"四人帮"和召开党的十一届三中全会以来，依据马列主义、毛泽东思想的基本原理，坚持解放思想、实事求是的思想路线，对当今世界战略形势、新时期中国国情、现代战争特点和军队建设的现状，进行深刻分析判断，对于中国人民解放军的建设进行了科学的理论概括。邓小平新时期军队建设思想是对毛泽东军事思想尤其是毛泽东建军思想的继承和发展，是对新时期军队建设规律的科学反映，是新的历史条件下军队建设和改革的根本依据和指导思想，是邓小平理论的重要组成部分。

邓小平新时期军队建设的思想，内容非常丰富，含义非常深刻，目前有多种归纳法。根据中央军委办公厅选辑的《邓小平关于新时期军队建设论述选编》，分为下述 14 个要点。[①]

（1）要争取和维护一个和平的环境来实现四个现代化。在这个要点中，邓小平主要论述了新时期军队建设面临的国际战略环境，尤其是战争与和平的形势问题。邓小平指出，过去我们对战争与和平问题的认识，一直是战争不可避免，而且是迫在眉睫的。邓小平强调，战争仍是有可能的，但制止战争爆发的因素在增长。随着全世界维护和平力量的进一步发展，在较长时间内不发生大规模的世界战争是有可能的。据此，他要求我们，一方面要提高警惕，做好战备；另一方面要珍惜时间，发展自己的国家，努力增强综合国力。邓小平还强调，和平与发展是当代的两大主题，但这两个问题至今一个也没有解决。我们要奉行独立自主的和平外交政策，谁搞战争和霸权就反对谁，要争取和维护一个和平环境来实现四个现代化。军队要服从整个国家建设大局，要在这个大局下面行动。

（2）我们的战略方针是积极防御。邓小平强调，我们未来反侵略战争，究竟采取什么战略方针，我赞成"积极防御"四个字。当然，积极防御本身并不只是一个防御，防御中有进攻。我们的积极防御战略是同人民战争紧密相联系的，毛主席的战略思想就是人民战争，我们现在还要坚持人民战争。鉴于在相当时间内我们的武器装备仍将落后于发达国家军队的

---

① 参见《邓小平关于新时期军队建设论述选编》，八一出版社 1993 年版。

现实，我们要立足于以弱胜强，以劣势装备战胜优势装备的敌人。对此，人民解放军要有信心，要继承和发扬这个优良传统。

（3）把我军建设成为一支强大的现代化、正规化的革命军队。邓小平强调，中国人民解放军是人民民主专政的坚强柱石，肩负着保卫社会主义祖国、保卫四化建设的光荣使命。因此，必须以现代化建设为中心，把我军建设成为一支强大的现代化、正规化的革命军队。

（4）我们这个军队是党指挥枪，不是枪指挥党。邓小平指出，我们军队的传统历来是党领导的，我们国家所以稳定，军队没有脱离党的领导的轨道很重要。

（5）把军队搞精干，提高战斗力。邓小平深刻指出，军队要"消肿"，不"消肿"就不能很好地提高战斗力，就不能应付战争；"肿"，主要是"肿"在各级领导机构，因此，要"消肿"，不改革军队体制不行；通过精简机构所确定的精简方案要从严从紧掌握，要明确编制就是法律，不能随意改动。这一条体现了改革体制编制、减少数量、提高质量、走精兵之路的基本思想。

（6）加强科学研究，改善武器装备。邓小平强调，四个现代化，关键是科学技术的现代化。没有现代科学技术就不可能建设现代国防。武器装备的现代化是军队和国防现代化的主要标志，一定要在国民经济不断发展的基础上，改善武器装备。为此，要减少军队人员，把省下来的钱用于更新装备。要注意吸收和引进国外的先进技术，坚持质量第一的方针。同时，还必须改革装备管理和军工体制。在现代技术特别是高技术不断发展的条件下，中国必须发展自己的高科技，以便在世界高科技领域里占有一席之地。

（7）要把教育训练提高到战略地位。邓小平指出，我军过去是在长期战争环境中锻炼成长的，现在不打仗的条件下，考验干部、提高干部、提高军队素质和战斗力，要从教育训练着手，要靠教育训练来实现。加强教育训练，一方面是部队本身要提倡苦学苦练，通过学习、训练、拉练、演习，提高军队政治觉悟和军事本领；另一方面，是通过办学校来解决干部问题。要贯彻毛泽东关于把军队办成一个大学校的思想，使干部战士经过训练后，既能打仗，又能搞社会主义建设，成为在军队和地方都适用的人才。

（8）贯彻条令，治军要严。邓小平指出，制度问题带有根本性，军队要健全各种法规制度，做到有章可循，有了章程就要执行，增强法制观念，严格按照条令条例和规章制度办事，坚持依法治军；与此相适应的是，军队还必须严格纪律，做到一切行动听指挥；同时，还要提高部队管理能力，学会做人的工作，学会做思想工作，切实把部队管理好。

（9）必须做好后勤工作。邓小平指出，现代战争要靠强大的后方供应，要懂得后勤也是为了打仗，要重视现代战争中的后勤保障。要坚持艰苦奋斗、勤俭建军的原则。军费使用要精打细算，学会少花钱多办事，把钱真正用在提高战斗力上。邓小平指出，随着军事科学技术的发展和我军装备的逐步改善，随着现代战争对后勤依赖的不断增强，后勤工作之军需给养、物资储备、战场供应等也出现了许多新情况，应着重研究后勤工作的新情况新问题。

（10）加强和改善思想政治工作。邓小平强调，军队里的思想政治工作需要加强，必须把思想政治工作放在非常重要的地位。要加强军队党的建设，加强思想政治工作队伍建设。政治干部要特别强调以身作则。要抓紧四项基本原则教育，搞好马克思主义基本原理的学习和教育。在新的历史条件下，一方面要认真发扬政治工作的优良传统，另一方面要深入研究和解决新问题。还要加强社会主义精神文明建设。要有共产主义理想，有道德、有文化、守纪律。要有国际主义和爱国主义精神。要艰苦朴素，大公无私，一不怕苦二不怕死，照顾全局，不要只看眼前，而要看到长远。总之，要通过加强思想政治工作，发扬政治工作的优良传统，研究和解决新问题，以保证军队政治上要合格。

（11）实现干部队伍的革命化、年轻化、知识化、专业化。邓小平强调，选好和培养好接班人是关系到军队建设和未来反侵略战争大局的大问题，是关系到党和国家长远利益的大问题，非解决好不可。选拔人，第一是政治上要好。同时，要使干部逐步年轻化和具有专业知识，实现干部队伍的革命化、年轻化、知识化和专业化。要发扬尊重知识、尊重人才的风气，健全和落实各项干部制度。还要通过教育训练去促进干部队伍素质的提高。

（12）恢复和发扬我党我军的优良传统。邓小平指出，我们这个军队有个好作风，要恢复我们军队的优良传统作风。这个传统作风，就是艰苦奋斗的作风、实事求是的作风、群众路线的作风，还要坚持批评与自我批评的作风。恢复和发扬我军的这些优良传统，就要求我们谦虚谨慎，戒骄戒躁，全心全意为人民服务；就要求我们做老实人，说老实话，办老实事，做扎扎实实、埋头苦干的实干家；就要求我们真正相信和依靠群众，细心倾听群众的呼声，关心群众疾苦，一刻也不脱离群众，永远和群众心连心。

（13）发展我国军事科学。邓小平指出，要继承毛泽东军事思想，研究现代条件下的人民战争，发展我国军事科学。在军队中，科研和教育要一起抓。要坚持用马列主义、毛泽东思想的立场、观点和方法提出问题、分析问题和解决问题；要及时地研究新情况、解决新问题；理论问题的研究和讨论要执行"百花齐放、百家争鸣"的方针；科学研究机构的任务是出成果、出人才。总之，军事科学研究要坚持解放思想、实事求是的思想路线，发扬锐意改革、探索创新的精神，敢于和善于继往开来，研究新情况，解决新问题。

（14）军队、国家政权都要维护我们现在确定的这条道路。这条道路，就是建设有中国特色的社会主义道路，就是以"一个中心、两个基本点"的基本路线为主题的富国裕民强兵的现代化道路。为了健康有效地走这条道路，维护这条道路，要完整准确地坚持和发展毛泽东思想，要警惕右，更要防止"左"。邓小平在这一要点中，还根据军略服从政略、局部服从全局的基本原理，深刻论述了新时期军队建设的根本目的。

江泽民担任中央军委主席以来，对于国内外形势的重大变化和世界新军事变革的发展趋势进行了深刻洞察和把握，提出了一系列加强国防和军队建设的新论断、新举措，不仅继承了毛泽东军事思想和邓小平新时期军队建设思想，而且有着丰富和发展，形成了江泽民国防和军队建设思想，领导国防和军队建设取得巨大成就。江泽民紧紧扭住我军思想政治建设不放松，引领人民军队沿着坚定正确的政治方向阔步前进。

江泽民国防和军队建设思想，着眼于解决好打得赢、不变质两个历史性课题，科学分析和回答了新的历史条件下建设什么样的军队、怎样建设军队和未来打什么样的仗、怎样打仗的问题，提出了一系列新思想、新观点、新论断，阐明了新的历史条件下国防和军队建设的地位作用、目标任务、指导方针、总体思路、根本途径、战略步骤、发展动力和政治保证等，形成了一个完整的军事理论体系。江泽民国防和军队建设思想贯穿的根本性指针是坚定不移地走中国特色精兵之路，贯穿的历史性课题是打得赢、不变质，贯穿的主导性思想是积极推进中国特色军事变革。具体而言，包括以下 14 个有机结合的方面。

（1）从国际战略全局和国家发展大局谋划国防和军队建设。江泽民强调，必须站在时代的前列，用马克思主义的政治眼光观察世界，正确判断国家安全面临的国际环境。总体和平、局部战乱，总体缓和、局部紧张，总体稳定、局部动荡，将是今后一个时期国际局势发展的基本态势。中国安全环境总体上是好的，但也存在许多不安全的因素。因此，在集中精力进行经济建设、加快发展的同时，必须保持高度警惕，把维护国家安全统一和发展利益，摆在更加突出的战略位置，增强国家的战略能力。

（2）解决好打得赢、不变质两个历史性课题。江泽民指出，20 世纪90 年代以来，国际国内环境发生的重大变化，给人民军队建设带来前所未有的影响和挑战。高技术战争成为现代战争的基本形态，使人民军队打现代战争能力不足的问题更加突出，履行维护国家利益职能面临着更大的压力；国内社会主义市场经济的发展和对外开放的扩大使人民军队面临更加复杂的社会环境，保持人民军队的性质、本色和作风，面临更为严峻的考验。人民解放军能不能打赢可能发生的高技术战争，能不能始终保持人民军队的性质、本色和作风，是中共中央、中央军委对新形势下军队建设最为关注的两个历史性课题。

（3）党对军队的绝对领导是中国人民解放军永远不变的军魂。江泽民指出，中国共产党对军队的绝对领导，是人民军队建军的根本原则，是人民军队特有的政治优势和永远不变的军魂。坚持党对军队的绝对领导，决定着人民军队的性质和宗旨，关系到社会主义的前途命运和国家的长治久安，因此这始终是人民军队建设和发展的首要问题。

（4）积极推进中国特色军事变革。江泽民指出，世界新军事变革既给中国带来了严峻的挑战，也提供了历史性机遇。中国正处在一个关键的发展时期，只要战略运筹得当，可以在有利的国际安全环境中，加快实现国防和军队现代化建设的战略目标。积极推进中国特色军事变革，是人民解放军迎接世界新军事变革挑战的必然抉择。中国特色军事变革，就是适应世界新军事变革发展趋势，从中国国情和军情出发，走以信息化带动机械化、以机械化促进信息化的跨越式发展道路，通过深化改革，实现军队建设的整体转型，建设一支能够打赢未来信息化战争的强大的现代化、正规化革命军队。推进中国特色军事变革的根本目标，是按照"三步走"的战略构想，逐步实现国防和军队的信息化，打赢可能发生的信息化战争。

（5）用新时期军事战略方针统揽军队建设全局。江泽民指出，军事战略是治国之道，是指导军事斗争和军事力量建设的根本方针。军事战略必须与整个国家的政治、经济、外交密切协调。积极防御的军事战略是中国的传家宝，不仅继承了人民解放军的传统，也符合现阶段中国的国情和军情，有利于在政治和外交上保持主动。同时，也应随着形势的发展变化赋予积极防御军事战略以新的内容。以新时期军事战略方针统揽军队建设全局，要着力解决增强人民军队在信息化条件下防卫作战能力的关键问题，在继续重视陆军建设的同时大力加强海军、空军和第二炮兵部队的建设，把应急机动作战部队建设放在优先发展位置，提高部队在信息化条件下的联合作战能力。

（6）按照政治合格、军事过硬、作风优良、纪律严明、保障有力的总要求，全面加强军队革命化、现代化、正规化建设。江泽民指出，军队建设是一个整体，革命化、现代化、正规化建设相互联系，密不可分。各个方面的工作只有相互配合、相互促进，才能保证军队建设的顺利进行；也只有各个方面共同进步，才有军队建设总体水平的提高。要按照政治合格、军事过硬、作风优良、纪律严明、保障有力的总要求，加强军队的全面建设，使革命化、现代化、正规化建设的目标贯彻到军队各项工作中去，把人民解放军建设成为能够经得起任何风浪考验、无论在什么情况下都能完成自身使命与任务的威武之师、文明之师、正义之师。

（7）始终把思想政治建设摆在军队各项建设的首位。江泽民指出，思想政治建设是人民军队革命化建设的核心，是人民军队立于不败之地的重要前提和可靠保证。搞好军队的思想政治建设，是搞好军事训练、后勤保障乃至整个军队现代化建设的重要基础。把思想政治建设摆在全军各项建设的首位，是从党、国家和军队工作全局的战略高度提出的要求。要把学习掌握马克思列宁主义、毛泽东思想、邓小平理论、"三个代表"重要思想作为新形势下军队思想政治建设的首要任务。要牢牢抓住思想政治教育这个中心环节，广泛开展爱国奉献教育、革命人生观教育、尊干爱兵教育、艰苦奋斗教育，坚定官兵的革命理想和信念，保证党从思想上政治上掌握部队。

（8）实施科技强军战略，加强军队质量建设。江泽民指出，随着科学技术日新月异的进步，以及由此带来的世界军事变革的加速发展和武器系统效能的空前提高，军事力量的构成要素、运用方式都发生了很大变化，军队的质量对战争胜负越来越具有决定性意义。提升军队质量，是世界新军事变革的显著特征；争夺质量优势，是世界军事竞争的重要发展趋势。要开展科技练兵，提高广大官兵的科技素质，切实把军队战斗力的增长转移到依靠科技进步上来，提高军队在高技术条件下的整体作战能力。

（9）培养和造就大批高素质的新型军事人才。江泽民指出，人才是建军治军之本。没有一大批高素质的人才，就无法掌握新的武器装备，无法创造和运用新的战法，也就不可能赢得未来战争的胜利。军队现代化建设越发展，对高素质新型军事人才需求就越大。人才培养是长期任务，又是当务之急，必须坚持人才培养先行，宁肯让人才等装备，也不能让装备等人才。要按照德才兼备、任人唯贤的方针和革命化、年轻化、知识化、专业化的标准，选拔和任用军队干部，特别是要高度重视培养选拔年轻干部，使更多的优秀年轻干部及时走上领导岗位，保证军队建设后继有人。

（10）加快军队武器装备现代化建设的步伐。江泽民指出，军队武器装备的高科技化，是世界军事发展的重要趋势。在现代战争中，拥有高科技武器装备优势的一方比较容易掌握主动权，而落后的一方则可能陷入被动挨打的境地。提高人民军队武器装备的现代化水平，增强武器装备的高科技含量，是一项紧迫的任务。必须把武器装备建设摆在更加突出的位置，千方百计地把武器装备搞上去。要加强武器装备建设的集中统一领导和管理，建立和完善适应社会主义市场经济特点和武器装备发展规律的竞争、评价、监督和激励机制，深化国防科技工业体制改革。要大力弘扬"两弹一星"精神，尽快把武器装备建设搞上去。

（11）走出一条投入较少、效益较高的军队现代化建设路子。江泽民指出，随着改革开放和市场经济的发展，中国的综合国力增强，国防费也将相应增长，但国防费供需矛盾突出的问题在短期内不可能根本解决。中国不能同发达国家比国防费投入，国防和军队建设必须走一条投入较少、效益较高的发展之路。①坚持勤俭建军的方针，发扬艰苦奋斗的精神。军队要自觉体谅国家的难处，树立长期"过紧日子"的思想，大兴艰苦奋斗之风，勤俭办一切事业。不该花的钱一分也不花，一分钱能办成的事就不花两分钱。②突出军费使用重点，提高军事经济效益。在供需矛盾一时难以缓解的情况下，要突出保障重点，在保证部队生活不断改善的基础上，集中财力和物力，向装备建设、重点部队和重要方向倾斜。要学习并能运用科学管理的新思想、新知识、新技术、新手段，努力探索具有人民军队特色的管理理论和管理方法，向管理要效益。要适应社会主义市场经济发展的要求，改进物资筹措和供应办法，提高经费和物资使用效益。③建立和完善三军一体、军民兼容、平战结合的联勤保障体制。要打破三军自成体系的界限，坚定地走三军联勤、联合保障的路子，努力把三军通用物资和通用勤务保障全部统一起来，实现三军保障一体化。要打破军地界限，尽可能地把与军事职能没有多大关系的保障机构和功能剥离出去，最大限度地依托和利用国民经济体系，增大军队后勤保障特别是生活保障社会化的范围和程度。④军队必须停止一切经商活动。军队搞"自我发展""自我完善"是行不通的。军队不能走自己养自己的道路。要加强后勤建设和改革，提高综合保障能力。要根据现代技术特别是高技术条件下的作战需要，加强后勤和技术保障力量建设，调整战备物资储备的结构和布局，搞好战略后方基地建设，努力形成全方位的支援保障能力，尤其要提高应急综合保障能力。

（12）坚持依法治军、从严治军。江泽民指出，没有军队的正规化，就没有军队的现代化。提高军队的正规化水平，必须坚持依法治军。军队要适应国家民主法制建设的发展，自觉地贯彻依法治军的方针，把国防和军队建设纳入法制的轨道，做到有法可依，有法必依，执法必严，违法必究。依法治军，就是从制度上和法律上保证党对军队的绝对领导，使"党指挥枪"的原则更具稳定性、权威性和规范性；就是把党关于国防建设和军队建设的主张，通过法定程序上升为国家意志，使党的领导同依法办事统一起来；就是把人民军队成功的治军经验用法的形式确定下来，促进军队的革命化、现代化、正规化建设。必须抓紧军事立法工作，逐步建立适应社会主义市场经济发展要求、符合现代军事发展规律、能够体现人民军队性质和优良传统的军事法规体系，使军队的各项建设都有章可循、有法可依。必须坚决维护军事法规和条令条例的权威性和严肃性，提高全军各级领导干部依法办事的能力和意识，使他们学会用法规制度教育、引导和管理部队，协调和处理内外关系和各种矛盾。严格要求、严格管理是提高军队正规化水平的主要手段，越是管理得好、要求得严，部队战斗力就越高。全军要加强纪律建设，强化纪律观念，养成严守纪律、令行禁止的好作风，保证政令、军令畅通。各级领导干部要成为听从指挥、严守纪律、严格执行规章制度的模范，对士兵要有感情，要从关心、爱护、教育出发，通过深入细致的思想政治工作，动之以情、晓之以理，不能简单粗暴地对待士兵。要以科学理论为指导，把军队长期积累的管理工作的好经验、好方法，同现代管理科学结合起来，提高管理工作的科学性和有效性。

（13）军队现代化建设的动力在改革。江泽民指出，改革是推动军队建设的强大动力，创新是军队进步的灵魂。世界军事科学技术日新月异，军事领域斗争日趋激烈，要求人民军队必须更加发扬改革创新的精神，始终保持旺盛的生机和活力。军队各个方面的工作，都要在改革创新中谋发展、求突破。①创新发展中国特色的军事理论。要坚持以毛泽东军事思想、邓小平新时期军队建设思想为指导，适应世界军事变革的大趋势，坚持继承历史上的优秀军事遗产，积极借鉴外军的有益经验，发展中国特色的军事科学。要在继续加强基础研究的同时，把主要力量投入现实问题的研究上来，为军队建设和军事斗争准备服务。②调整改革体制编制。要从军队的职能、任务和特点出发，按照"精兵、合成、高效"的原则，着眼解决军队建设和作战面临的突出矛盾和主要问题，改革和完善军队体制编制，把人民解放军建设成为一支规模适度、结构合理、机构精干、指挥灵便、战斗力强的现代化、正规化革命军队。③调整完善政策制度。要适应改革开放和发展社会主义市场经济的要求，以兵役制度、士官制度、干部人事制度、工资福利津贴制度和后勤生活保障社会化等方面的改革为重点，对军人和国家、军人和社会以及军队内部的关系加以调整和规范，建立和完善有利于调动官兵积极性的政策制度，增强部队的吸引力和凝聚力。④积极稳妥地推进改革。要从现阶段的国情和军情出发，正确处理继承优良传统与改革创新的关系、借鉴外军经验与保持自身特色的关系、军队改革与整个国家改革的关系，以及深化改革与保持部队稳定的关系，使军队的改革发展在确保国家安全和军队稳定的前提下积极稳妥地进行。

（14）依靠人民建设军队、建设国防。江泽民指出，国防和军队建设是全党和全国人民的共同事业，必须依靠人民建设军队、建设国防。无论武器装备如何发展，战争形态如何变化，人民战争都是克敌制胜的法宝。未来信息化战争，是以军事力量对抗为主的综合国力的较量，更加需要充分发挥人民战争的威力。着眼打赢信息化战争进行军事斗争准备和武装力量建设，要求始终不渝地坚持全民办国防的方针。①要重视在全体人民中进行国防教育，增强国防意识。国防教育要突出爱国主义这个核心内容，着力增强全民忧患意识，增强民族自尊心和自豪感，使全体人民牢固树立关心国防、建设国防、保卫国防的光荣感和责任感。②要在加强军队建设的同时，高度重视国防后备力量建设，做到平时少养兵，战时多出兵。国防后备力量建设，要适应未来军事斗争的特点和发展社会主义市场经济的要求，注重提高质量，完善组织体制及相关的政策制度。预备役部队和民兵要保持适度规模，优化结构，提高快速动员能力和训练水平，真正做到召之即来，来之能战。③要按照"军民结合、平战结合、寓军于民"的方针，进一步调整和完善国防动员体制，提高国防动员能力。④要加强军政军民团结。军政军民团结是人民军队战无不胜的力量源泉，是保持社会稳定的重要因素。全国军民要像爱护眼睛一样维护军政军民团结，巩固和发展同呼吸、共命运、心连心的新型军政军民关系。各级党委、政府和人民群众，要关心和支持军队建设。军队要发扬拥政爱民的光荣传统，积极参加和支援国家经济建设。

胡锦涛担任中央军委主席以来，坚持运用马克思主义立场观点方法，按照科学发展观要求，着眼于时代条件发展变化，紧紧围绕新的历史条件下军队履行什么样的使命、怎样履行使命，实现什么样的发展、怎样发展，未来打什么样的仗、怎样打仗等重大问题，深刻阐明了新的历史条件下国防和军队建设的战略地位、使命任务、指导方针、战略任务、强大动力、根本保证等重大问题，提出一系列紧密联系、相互贯通的新思想新观点新论断，形成了胡锦涛国防和军队建设思想。胡锦涛国防和军队建设思想有着极为丰富的内涵，概括而言，包括下述 14 个方面。

（1）正确认识时代特征和国家安全形势的发展变化。分析和判断国家安全环境，要从国际战略全局高度来认识和把握。冷战结束以后，特别是进入 21 世纪以来，世界处在大发展大变革大调整之中。国际战略形势保持总体和平、缓和、稳定的基本态势，同时影响世界和平与发展的不确定因素在增加。这是党对国际大势和时代特征作出的基本判断。要准确把握国家安全形势的新特点新趋势，牢固树立综合安全的观念，坚持把发展作为第一要务，坚持把国家主权和安全放在第一位，进一步增强机遇意识、忧患意识、使命意识，统筹应对多种安全威胁，大力推进国防和军队现代化建设，坚决维护国家主权、安全和发展利益。要坚持从政治高度和国家利益全局观察和处理军事问题，大力提高国家战略能力特别是军事能力，确保能够应对危机、维护和平，遏制战争、打赢战争。

（2）在全面建设小康社会进程中实现富国和强军的统一。富国和强军，是发展中国特色社会主义、实现中华民族伟大复兴的两大基石。在全面建设小康社会进程中，通过推进国家经济社会发展，为国防和军队现代化建设提供更加充裕的物质和技术条件；通过加强国防和军队现代化建设，为国家发展提供更加坚强的安全保障和战略支撑，将富国和强军统一于发展中国特色社会主义之中，对于维护国家安全和发展战略全局，实现中华民族根本利益，具有重大而深远的意义。要坚持以经济建设为中心，坚持国防建设与经济建设协调发展的方针，在经济发展基础上大力加强国防建设，实现经济实力和国防实力同步发展。

（3）全面履行新世纪新阶段军队历史使命。人民军队的历史使命，历来同党的历史任务紧密相连，同国家安全和发展利益紧密相关，随着时代的发展而发展。新世纪新阶段，党要团结带领全国各族人民全面建设小康社会，实现继续推进现代化建设、完成祖国统一、维护世界和平与促进共同发展三大历史任务，在中国特色社会主义道路上实现中华民族的伟大复兴。在这一伟大历史进程中，军队应该肩负的历史使命是：为党巩固执政地位提供重要力量保证，为维护国家发展的重要战略机遇期提供坚强安全保障，为维护国家利益提供有力战略支撑，为维护世界和平与促进共同发展发挥重要作用。要牢固树立与履行历史使命相适应的思想观念，把捍卫国家主权、安全、领土完整，保障国家发展利益和保护人民利益放在高于一切的位置上，忠于使命、献身使命、不辱使命。

（4）在国防和军队建设中贯彻落实科学发展观。科学发展观开辟了当代中国马克思主义发展新境界，是指导党和国家全部工作的强大思想武器。在国防和军队建设中贯彻落实科学发展观，是适应国家安全形势发展变化的迫切要求，是实现经济建设和国防建设协调发展的必然要求，是新世纪新阶段军队建设发展的内在要求。国防和军队建设贯彻落实科学发展观，必须全面准确地把握科学发展观的深刻内涵和基本要求，把科学发展观贯彻落实到国防和军队建设的各个领域和全过程。

（5）围绕"三个确保"时代课题加强军队思想政治建设。思想政治建设是人民军队的根本性建设。注重从思想上、政治上建设部队，是党建军治军的宝贵经验。国际国内形势的变化和军队使命任务的拓展，对思想政治建设提出了新的更高要求。新形势下军队思想政治建设面临的时代课题，是从思想上、政治上、组织上确保军队始终成为党绝对领导下的人民军队，确保国防和军队建设科学发展，确保有效履行新世纪新阶段军队历史使命。

（6）坚持不懈地拓展和深化军事斗争准备。军事斗争准备是军队长期的主要战略任务。无论国家安全形势是紧张还是缓和，军事斗争准备任何时候都不能有丝毫放松。要适应形势的发展变化，坚持以国家核心安全需求为导向，坚持用新时期军事战略方针为统揽，正确把握新形势下军事斗争准备的目标、任务和要求，拓展和深化军事斗争准备，努力把军事斗争准备提高到新的水平。

（7）加快转变战斗力生成模式。以信息技术为主要标志的高新技术的迅猛发展及其在军事领域的广泛运用，深刻改变着战斗力要素的内涵，从而深刻改变着战斗力生成模式。加快转变战斗力生成模式，是解决军队建设两个"不相适应"主要矛盾的内在要求，是推动国防和军队建设科学发展的必由之路。必须把加快转变战斗力生成模式作为国防和军队发展的主线，把战斗力生成模式切实转到以信息为主导、以新型作战力量建设为增长点、提高基于信息系统的体系作战能力上来，转到依靠科技进步、官兵素质提高、管理创新上来，转到走军民融合式发展路子上来。

（8）加快全面建设现代后勤。军队战斗力的提高，离不开强有力的后勤保障。必须加快推进全面建设现代后勤步伐，努力形成体现中国特色、符合现代军队建设规律、适应信息化条件下局部战争要求的科学的保障体制、保障方式、保障手段和管理模式，为建设信息化后勤、打赢信息化战争奠定坚实基础。

（9）实现武器装备的自主发展、跨越发展、可持续发展。高新技术武器装备是国家经济实力、科技实力、国防实力的综合反映，是国家战略能力特别是军事能力的重要物质基础和主要标志，是维护国家安全的重要手段和战略支撑。必须下决心把武器装备建设进一步搞上去，特别是加快信息化武器装备建设步伐，不断增强军队由机械化、半机械化向信息化转变的物质技术基础。

（10）加紧培养大批高素质新型军事人才。人是战争中武器装备的使用者、作战方法的创造者、军事行动的实践者，高素质的军人是现代军队这个复杂人机系统运行的决定性因素。加紧培养大批高素质新型军事人才，是实现建设信息化军队、打赢信息化战争战略目标的根本大计。

（11）把依法治军、从严治军作为全局性、基础性、长期性工作紧抓不放。依法治军、从严治军是军队建设的铁律，是战斗力生成的重要源泉，是推进国防和军队建设科学发展的重要保证。要坚持把依法治军、从严治军作为军队建设全局性、基础性、长期性工作紧抓不放，坚决贯彻到政治、军事、后勤、装备建设的各个领域，贯彻到部队建设的方方面面，贯彻到战斗力建设的全部过程。

从严治军，必须坚持严字当头，切实解决管理松懈、作风松散、纪律松弛的问题，确保部队高度稳定和集中统一。从严治军，很重要的一条就是坚持依法治军，依据条令条例和规章制度来指导和开展工作，保持部队正规的战备、训练、工作和生活秩序。要坚持把依法治军作为正规化建设的基本要求，进一步完善具有人民军队特色的军事法规体系，为从严治军提供健全的法规制度保证。要加大依法治军、从严治军力度，使军队现代化建设走上法制化、规范化和制度化的发展道路。要充分认清科学管理在军队建设中的重要地位和作用，积极探索具有人民军队特色的科学管理模式，不断提高部队管理工作的科学化、规范化和法制化水平，向科学管理要效益，向科学管理要战斗力。要强化军事训练对部队管理的促进作用，把抓教育、抓管理、抓养成与抓训练紧密结合起来，推动依法治军、从严治军方针的有效落实。要努力实现军队建设安全发展，深入研究和掌握新形势下部队安全工作的特点和规律，牢固树立和认真落实安全发展的理念，把安全工作作为事关全局的大事来抓，开展以防范重大安全问题为重点的综合治理，做好新形势下的隐蔽斗争和防间保密工作，建立保持部队安全稳定的长效机制。要高度重视做好抓基层、打基础的工作，各级党委、领导和机关要始终把工作重心放到基层，把主要精力用在抓基层、打基础上，推动基层建设全面进步、全面过硬。

（12）积极稳妥进行国防和军队改革。推进国防和军队现代化，动力在改革，出路也在改革。坚定不移地深化国防和军队改革，切实解决体制机制上制约军队发展的深层次矛盾和问题，对于推动部队建设又好又快发展，开创国防和军队现代化建设新局面，具有十分重要的意义。

要毫不动摇地坚持改革方向，不失时机地在一些重要领域和关键环节实现改革新突破。要适应机械化战争形态向信息化战争形态加速转变的新趋势，适应国家改革开放和社会主义现代化建设的新形势，适应国防和军队建设发展的新要求，深入推进军队组织形态现代化，争取形成一整套既有中国特色又符合现代军队建设规律的科学的组织模式、制度安排和运作方式。要着眼解决体制机制的突出矛盾，把调整改革的重点放在优化领导管理体制、联合作战指挥体制和力量结构上。要进一步调整完善体制编制。要优化领导管理体制，形成有利于实施集中统一领导和战略管理的军队领导管理体制，健全联合作战指挥体制以及与之相适应的联合训练体制和联合保障体制。要着眼构建中国特色现代军事力量体系，优化军种、兵种力量结构，充实新型作战力量和保障力量。要注重抓好政策制度调整改革，调整改革军事人力资源政策制度，完善干部考评、选拔、任用、培训制度，探索建立中国特色军官职业化制度，调整改革文职干部和文职人员制度，完善兵役制度和军人转业退伍安置制度。深化国防和军队改革，必须大力推进军事理论、军事技术、军事组织和军事管理等方面的创新，为国防和军队发展不断注入新的生机和活力；必须坚持战斗力标准，把提高战斗力作为国防和军队改革的出发点和落脚点，用战斗力标准统一改革思想、衡量改革措施、检验改革成效；必须正确处理借鉴外军和保持人民军队特色的关系，始终立足国情军情，从实际出发，以我为主，为我所用，走中国特色国防和军队改革发展之路；必须正确处理改革发展稳定的关系，正确处理深化改革和做好军事斗争准备的关系，搞好改革的总体设计，把握好改革时机和力度，坚持看准一项推出一项，提高改革决策的科学性，确保国防和军队改革顺利实施。

（13）提高军队党的建设科学化水平。军队党的建设是军队全部工作的基础和关键。在新的历史条件下提高军队党的建设科学化水平，必须坚持以能力建设、先进性和纯洁性建设为主线，认真贯彻党要管党、从严治党的方针，紧紧围绕中心任务全面推进思想建设、组织建设、作风建设、反腐倡廉建设和制度建设，坚持把保证党对军队的绝对领导作为根本任务，坚持把推进军队建设科学发展、提高履行使命任务能力作为出发点和落脚点，坚持把建设坚强的党委班子和高素质干部队伍作为关键环节，坚持把加强党性修养、弘扬优良作风作为重要课题，增强各级党组织的创造力、凝聚力、战斗力，把党的政治优势和组织优势转化为推动军队建设科学发展的强大力量。

（14）紧紧依靠人民办国防。人民战争历来是人民军队克敌制胜的法宝。无论武器装备怎样发展、战争形态怎样变化，人民战争都不会过时，"兵民是胜利之本"永远是颠扑不破的真理。要坚持人民战争的战略思想，紧紧依靠人民办国防，坚持实行精干的常备军和强大的后备力量相结合，不断增强国家战争潜力和国防实力。要适应形势任务的发展变化，不断发展高技术条件下人民战争的战略战术，创新人民战争的内容和形式，积极探索和发展人民群众参战支前的新途径、新方法，切实增强信息化条件下人民战争的整体实力。

习近平总书记作为党中央的核心、全党的核心和全军的统帅，在带领全党全军全国各族人民进行伟大斗争、建设伟大工程、推进伟大事业、实现伟大梦想的不平凡征程中，以马克思主义政治家的巨大理论勇气和战略智慧，对国防和军队建设作出深邃思考和战略筹划，提出一系列新思想新观点新论断新要求，形成了内涵丰富、博大精深的科学思想体系。党的十九大将习近平强军思想作为习近平新时代中国特色社会主义思想的重要组成部分，把坚持党对人民军队的绝对领导纳入新时代坚持和发展中国特色社会主义的基本方略，全面部署新时代的强军事业，标志着党的军事指导理论的与时俱进。

习近平强军思想深刻回答了新时代"人民军队听谁指挥、怎样铸牢军魂""为什么强军、怎样强军""打什么仗、怎样打胜仗"等基本问题，丰富发展了我们党建军治军思想和方针原则，指引了人民军队的强军新征程。提出建设一支听党指挥、能打胜仗、作风优良的人民军队，是实现"两个一百年"奋斗目标、实现中华民族伟大复兴的战略支撑，强调坚持总体国家安全观，人民军队要坚决维护中国共产党领导和我国社会主义制度，维护国家主权、安全、发展利益，维护地区和世界和平，进一步明确了国防和军队建设在全面建设社会主义现代化强国中的地位和作用，拓展和规定了我军新时代的使命任务。提出坚定不移走中国特色强军之路，实现党在新时代的强军目标，把人民军队建设成为世界一流军队，进一步明确了全面实现国防和军队现代化的目标引领，鲜明地确立了军队建设的时代主题。提出与时俱进创新军事战略指导，强调深入贯彻新形势下军事战略方针，坚持积极防御战略思想，提高基于网络信息体系的联合作战能力、全域作战能力，有效塑造态势、管控危机、遏制战争、打赢战争，立起了统揽军事力量建设和运用的总纲；强调更加注重聚焦实战、更加注重创新驱动、更加注重体系建设、更加注重集约高效、更加注重军民融合，强化作战需求牵引，提高创新对战斗力的贡献率，全面提高我军体系作战能力，提高国防和军队发展精准度，促进经济建设和国防建设的协调发展、平衡发展、兼容发展，进一步明确了军队建设发展的战略指导。提出坚持政治建军、改革强军、科技兴军、依法治军，强调政治建军是立军之本，必须坚持党对军队绝对领导，加强和改进新形势下我军政治工作，最紧要的是把理想信念、党性原则、战斗力标准、政治工作威信四个带根本性的东西立起来；强调改革是强军必由之路，必须着力解决制约国防和军队建设的体制性障碍、结构性矛盾、政策性问题，建设强大的现代化陆军、海军、空军、火箭军和战略支援部队，建设绝对忠诚、善谋打仗、指挥高效、敢打必胜的联合作战指挥机构，加快构建中国特色现代军事力量体系，完善和发展中国特色社会主义军事制度；强调科技创新是核心驱动，必须坚持自主创新的战略基点，提高科技创新对军队建设和战斗力的贡献率，建设创新型人民军队；强调依法治军是强军之基，必须强化全军法治信仰和法治思维，构建中国特色军事法治体系，按照法治要求转变治军方式，这些进一步明确了军队建设的重点领域、主攻方向、战略抓手，科学确立了强军兴军的战略布局。提出军队要向能打仗、打胜仗聚焦，加强练兵备战，强调牢固树立战斗力这个唯一的根本的标准，大力提高军事训练实战化水平，建设一切为了打仗的后勤，构建适应信息化战争和履行使命要求的武器装备体系，加强以联合作战指挥人才为重点的高素质新型军事人才建设，确保部队召之即来、来之能战、战之必胜，进一步明确了军队建设的根本指向，形成了全部心思向打仗聚焦、各项工作向打仗用劲的鲜明导向。提出深入推进军民融合发展，强调军民融合是国家战略，既是兴国之举又是强军之策，形成军民融合深度发展格局，构建一体化的国家战略体系和能力，进一步明确了实现发展和安全兼顾、富国和强军统一的重要途径。提出建设现代化武装警察部队，强调忠诚于党始终是第一位的政治要求，在任何时候、任何情况下都必须坚决听从党中央和中央军委的指挥，着力提高遂行多样化任务能力，不断提高信息化条件下防卫作战能力，永葆武警部队性质、本色、作风，进一步明确了武警部队建设的永恒课题和时代要求。提出全面掌握辩证唯物主义和历史唯物主义世界观和方法论，强化战略思维、辩证思维、创新思维、底线思维；强调正确认识和把握战争与和平、军事与政治、发展与安全、威慑与实战、人与武器以及军事训练中的辩证法，形成了具有时代性、独创性的军事辩证法思想，为强军打赢提供了科学思想方法和工作方法。

习近平强军思想与毛泽东军事思想、邓小平新时期军队建设思想、江泽民国防和军队建设思想、胡锦涛国防和军队建设思想，既一脉相承又与时俱进，是习近平新时代中国特色社会主义思想的"军事篇"，是马克思主义军事理论中国化、时代化的新飞跃，是人民军队的强军之道、制胜之道，升华了我们党对军事指导规律的认识，把马克思主义军事理论和当代中国军事实践提升到新境界，为我军实现强军目标、迈向世界一流提供了科学指南和行动纲领，点亮了照耀强军征程的时代灯塔。

党的十九大着眼全面建设社会主义现代化强国，对坚持走中国特色强军之路、全面推进国防和军队现代化作出战略部署，绘就了把人民军队加快建成世界一流军队的目标图和路线图，明确了全面贯彻习近平强军思想的实践要求。

第一，坚持党领导人民军队的一系列根本原则和制度。这是我们党在血与火的斗争中得出的颠扑不破的真理。推进强军事业，必须始终不渝坚持党对人民军队的绝对领导，全面推进军队党的政治建设、思想建设、组织建设、作风建设、纪律建设，把制度建设贯穿其中，深入推进反腐败斗争，确保部队绝对忠诚、绝对纯洁、绝对可靠。军委主席负责制是党对人民军队绝对领导的制度"龙头"，是确保国家长治久安的"定海神针"。我军维护核心、听从指挥，首要的是维护和贯彻军委主席负责制，强化政治意识、大局意识、核心意识、看齐意识，始终在政治立场、政治方向、政治原则、政治道路上同党中央、习主席保持高度一致，一切行动听从党中央、习主席的指挥。

第二，准确把握全面推进国防和军队现代化的战略安排。党的十九大把国防和军队建设放在完成新时代党的历史使命、全面建成社会主义现代化强国大目标下运筹谋划，对全面推进国防和军队现代化作出新的战略安排。到二〇二〇年基本实现机械化，信息化建设取得重大进展，战略能力有大的提升。到二〇三五年基本实现国防和军队现代化，这意味着将原来的"三步走"发展战略第三步目标实现时间提前了 15 年。到 21 世纪中叶把人民军队全面建成世界一流军队，体现了同国家现代化进程相一致和中国特色社会主义新时代对强军的战略要求，彰显了我们党加快强军步伐的决心气魄；强调全面推进军事理论现代化、军队组织形态现代化、军事人员现代化、武器装备现代化，就是要以先进军事理论引领军事实践，以先进组织形态解放和发展战斗力、解放和增强军队活力，以高素质人才方阵托举强军事业，以先进武器装备体系提供强大物质技术支撑，明确了国防和军队现代化的主要标志和实现路径。

第三，统筹推进军队建设改革重点任务落实。党的十九大报告围绕深入推进强军事业，部署了今后一个时期的战略任务，明确了战略要求。就是要坚持用习近平新时代中国特色社会主义思想武装全军，扎实开展"传承红色基因、担当强军重任"主题教育，让党的创新理论落地生根、开花结果。巩固拓展改革阶段性成果，在政策制度调整、运行机制创新、军事管理革命上聚焦发力，全面实现国防和军队改革目标。着眼打赢明天的战争，强化科技是核心战斗力的思想，扭住智能化这个重要发展方向，加快自主创新步伐，推进战略性、前沿性、颠覆性技术突破，加强军事人才培养体系和军事人力资源政策建设，努力建设创新型人民军队。完善和发展中国特色社会主义军事制度，强化法规制度执行，增强官兵法治素养，提高国防和军队建设法治化水平。

第四，聚焦备战打仗，提升履行使命能力。为实现"两个一百年"奋斗目标、实现中华民族伟大复兴提供战略支撑，要求我军履行使命能力有一个大的跃升。必须适应战争形态和作战样式发展趋势，加快构建中国特色现代作战体系。这个作战体系，力量基础是强大的现代化陆军、海军、空军、火箭军和战略支援部队，行动中枢是坚强高效的战区联合作战指挥机构，运行支撑是科学完备的联合作战体制机制，根本保证是党的集中统一领导。必须紧盯前沿、紧盯对手，加快提高基于网络信息体系的联合作战能力、全域作战能力。这一能力形态，描绘了一流军队全域全维遂行任务的制胜能力，揭示了信息化战争网络中心、信息主导、体系支撑、联合制胜的内在本质，明确了新时代我军能力建设的目标要求。必须适应国家安全环境的深刻变化，扎实做好各战略方向军事斗争准备，统筹推进传统安全领域和新型安全领域军事斗争准备，整体运筹备战与止战、维权与维稳、威慑与实战、战争行动与和平时期军事力量运用，坚决打败一切来犯之敌，切实担当起党和人民赋予的新时代使命任务。

第五，汇聚磅礴力量建设世界一流军队。人民战争伟力来源于人民，强军事业根植于国家经济社会深厚土壤。坚持富国和强军相统一，深入推进军民融合发展，关键在于强化统一领导、顶层设计、改革创新和重大项目落实，扎实推进体制和机制改革、体系和要素融合、制度和标准建设，加快形成全要素、多领域、高效益的军民融合深度发展格局，发挥社会主义制度能够集中力量办大事的政治优势，实现经济建设和国防建设综合效益的最大化。大力弘扬军爱民、民拥军的光荣传统，完善和落实军人荣誉制度体系，加强退役军人管理保障，维护军人军属合法权益，加强全民国防教育，完善国防动员体系，巩固和发展坚如磐石的军政军民关系，凝聚起建设世界一流军队的强大力量。

三、 中国共产党军事思想

（一）工农民主政权时期军事思想

在残酷的革命战争中逐步建立起来的人民军队和军队制度，一直以来都是中国共产党工作的一个要点。从最早的苏维埃政权到敌后抗日根据地，再到解放战争时期的人民民主政权与解放区，军队一直是红色政权得以保存的重要保证。在制度建设方面，中国共产党不遗余力地推动军队的思想建设、作风建设和军事素质建设，并妥善处理了军队与群众、军队事务与地方事务、军事斗争和经济生产等要素之间的关系，保障了军队的后勤供给，也十分注意保护士兵的正当权利。种种努力，使得人民军队一直保持着极强的凝聚力和战斗力，也使得军民之间的情感纽带更为坚实。

早在《中华苏维埃共和国国家根本法（宪法）大纲草案》中，对于工农红军就进行了原则性的规定：

第五，苏维埃政权解除地主资本家的武装而组织自己的武装——工农红军，由工农自己来指挥军事力量，以保障自己的政权。因此，决不像资产阶级的国家一样，决不怕手里拿着武器的兵士——工人和农民来参与和干涉政治。苏维埃政权，一切红军士兵都有选举权。[①]

苏维埃政权当中，无产阶级是政权的领导者，而农民阶级则是实践中占据多数人口的阶层。工农红军强调士兵的来源，亦是通过此种方式表明武装力量的阶级属性。中国共产党非常强调以工农自身来指挥武装，这不仅是吸取了先前革命失败的教训，而且也是应对其时复杂多变的政治形势和残酷的革命斗争的重要措施。另外，本条指出，资产阶级的国家非常害怕工人和农民参与政治，更害怕他们手中握有革命的武装。虽然，资产阶级不会在彻底的意义上排斥工人与农民参与政权，因为这与他们所谓的"普遍的民主"和"普遍选举"不完全一致，而且过于打压无产阶级的政治权利，也不利于履行国家的社会治理职能。但是，无论如何，他们不会允许无产阶级在政治上当家作主，引导国家大政方针的发展变化，更不会允许无产阶级手中掌握武装。因此，即便是资产阶级国家当中的士兵在出身上看属于工人阶级或者农民阶级，他们也不可能因为成为士兵或者因为维护了资产阶级的国家主权和阶级统治就被统治阶级赋予超越阶级的权利。在苏维埃的制度下，工农兵作为政权的组成部分，能够以国家政权主人的身份对于整个国家政权进行相应的保有和厘定，这样才能够说，他们真正享有了政治权利，尤其是选举权。但是问题在于，红军战士的革命任务和战斗任务，比工人和农民都更为现实、急迫，他们的行动在很大程度

---

① 《苏维埃中国》（第一集），1933 年版。另见中国社会科学院法学研究所、韩延龙、常兆儒编：《中国新民主主义革命时期根据地法制文献选编》（第一卷），中国社会科学出版社 1981 年版，第 2—7 页。

上是随着战斗情况之变化而变化的，因而很难在一个相对较长的时间段内将时间和精力投入立法工作；在行政与立法结合在一起的情况下，也较难履行行政管理的职能。

在《中华苏维埃共和国十大政纲》中，进一步规定了苏维埃政权当中的军事制度：

七、改善士兵生活，分配士兵土地和工作，红军士兵及其家属，应取得各种的优先权。

八、建立工农自己的武装——工农红军，由志愿兵制逐渐过渡到实行征兵制，一切剥削者应完全解除其武装，以消灭他们一切再握政权的企图与阴谋。①

志愿兵制是指招收志愿人员参加军队承担军事任务的制度。参军参战的人，出于高度的政治觉悟和民族大义，不计物质报酬，不计个人得失，为民族的利益和自身的解放而英勇战斗。这种建立在动员和武装人民群众基础上的新型的兵役制度，对于壮大人民武装力量，开展人民战争，取得革命的胜利，发挥了重大作用。但是，志愿兵制也有一些方面的弱点，比如在残酷的革命斗争中，不能有效保证参战士兵的数量和质量。从实践上看，需要在两种制度的权衡取舍中纳入考虑的因素还有很多，例如义务兵制可能无法保证士兵在较短的时间内就掌握武器装备的操作或者适应指战员的技术战术，虽然在当时红军的武器装备方面并不完全能够谈到需要特别专业的操作培训，然而在战术方面尤其是一些红军经常使用且极具杀伤力的战术如游击战、运动战以及非常艰苦的反"围剿"战斗等，士兵与将领的配合就变得极为重要，成为军事斗争胜利的重要因素和士兵生命的重要保障。而在志愿兵制下，士兵与军队的关系更为紧密，也更能够促使士兵和将领不断磨炼自身战斗技能。但是，从政治的角度看，苏维埃人民的权利和义务应该具有更加明确的对应关系，当我们谈到士兵所具有的种种权利尤其是作为政权的基础而享有的政治权利之时，一个非常自然的逻辑

---

① 韩延龙、常兆儒编：《革命根据地法制文献选编》（上卷），中国社会科学出版社 2013 年版，第 13 页。

前提是，士兵的范围应该适当性地有所扩大，而不应该是将政治权利仅仅赋予那些主动希望为苏维埃政权流血牺牲的战士们，如果片面强调志愿兵制，亦会带来此类隐患。综合种种因素，此时由志愿兵制逐步过渡到义务兵制，更加有利于推动革命的进程。

在中央苏区以外的其他苏维埃根据地，也都非常重视军事建制和军事制度的建设，如在《广州苏维埃宣言》中谈道：

二、苏维埃的武力：组织三军，第一军由赤卫队扩大组织而成，第二军是海陆丰的农民赤卫军，第三军是以教导团作中心，加上许多走到工农革命方面的军士组织而成。

三、为保护苏维埃，一切工人、农民、兵士及下级革命军官应该到红军中去反抗帝国主义、军阀及反革命派。在最近几天至少应该组织五万红军，我们所有的战利品可以武装我们的红军。红军不是军阀的军队，是志愿的革命军队。红军不是为军阀的腰包奋斗的，是为给米与工人吃，给土地与农民耕，解放一切被压迫阶级及给帝国主义与一切反革命的死亡而奋斗的。广州工人们即刻来广州市各处红军征募处登记。

四、应该一点都不怜惜的消灭一切反革命，应该枪毙一切有一点反共产行动或宣传，或有反苏维埃的行动或宣传，及与帝国主义做反革命宣传的分子。①

按照宣言中指出的，广州苏维埃的武力来源于三个方面，实际上反映出的是整个中国共产党在苏维埃政权当中军士的来源。红军士兵的来源非常广泛，其中以起义后的军队士兵和在革命根据地地区吸收的农民群众为主。为了保证红军战士取得相应的在土地方面的权利，同时也是为了保证农民能够没有顾虑地参加革命斗争，红军和赤卫队等官兵，以及由此而引申到一切在公务部门服务的人，都有权利分得土地。不仅如此，由于红军战士客观上很难对于土地进行及时的耕种，而且即便是将土地分给红军战士家庭，也可能因为战士征战在外，家属很难承担繁重的劳动，因此需要

---

① 中国社会科学院法学研究所、韩延龙、常兆儒编：《中国新民主主义革命时期根据地法制文献选编》（第一卷），中国社会科学出版社1981年版，第18—21页。另见广州起义纪念馆常设展览。

对于红军战士家庭的劳动进行帮助。从这个角度出发，苏区规定将留守的妇女进行组织，对于红军战士和军属、烈属等的家庭所分得的土地进行包耕、代耕，解决了他们的后顾之忧。针对苏区劳动力水平相对不足尤其是生产工具较为缺乏的情况，中国共产党还创造性地以"耕田队"等作为劳力工具的组织模式，有计划地对于生产资料进行调配。对于红军家庭的日常需要，如挑水、砍柴等家务，基层也以包干的方式，几个人共同负责一家的劳务。可以说，这是真正地将工农军队与民众之间的联系落到了实处，而且也从根本上保证了革命军队的高昂士气和顽强作风。与此类似，湘鄂赣边区也有相应的规定，且将合理待遇扩展到包括敌军在内的群体当中，体现出对于敌人强大的分化瓦解能力，为军事斗争的胜利提供了更多可能性。

面对复杂的军事斗争形势，中国共产党很早就已经认识到，发动广大群众一起参与军事斗争，全民皆兵打击敌人的重要性。在《湘鄂赣边革命委员会革命政纲》和《目前形势与川陕省苏维埃的任务》中，苏维埃明确指出：

二十一、改善士兵生活，发给士兵土地和工作，优待投诚来归的敌军官兵及俘虏士兵。

二十五、实行义务的征兵制，建立红军赤卫队，扩大工农武装。[1]

到处向群众宣传，刘湘、田颂尧这班狗强盗又要来抓穷人了。鼓动大家打强盗，女劝男、老劝少。鼓励工农和劳苦青年到红军里去，创造二十万铁的红军。在最近一月内要输送二万新红军到前线去托枪。同时要加紧把地方武装、游击队、赤卫军、战斗连、少先队等组织好，到处要做工事、架枪、架土炮，加紧站岗戒严，学习军事，实行全苏区的军事化；加紧组织担架队、运输队、卫生队配合红军行动。[2]

---

[1] 韩延龙、常兆儒编：《革命根据地法制文献选编》（上卷），中国社会科学出版社2013年版，第17页。

[2] 文件之标题名为《目前形势与川陕省苏维埃的任务》，载西华师范大学历史文化学院、川陕革命根据地博物馆编：《川陕革命根据地历史文献资料集成》（上册），四川大学出版社2012年版，第79页。

事实上，对于各地苏维埃而言，红军的绝对数量与其所面对的敌人数量基本上都是难以匹敌的，在武器装备等方面就更是不可相比。面对穷凶极恶的敌人，不仅要在红军的兵员方面加以保证，更要发动广大群众，为红军提供足够的支持。按照本条中所列的各个战斗单位看，地方武装强调地方归属性，游击队强调战术灵活性，赤卫军和战斗连基本属于独立的作战单位，而少先队如果能够属于军事作战单位的话，至少也是以青少年作为主体而非以成年男子等作为基础的。因而这些诸多的战斗单位之组织形式，与红军不仅不为重复，而且可以基本涵盖群众的各个层面。即便是以枪炮作战确有实际困难，如妇女等，也可以采取担架队、卫生队等方式加以组织，为红军的军事斗争服务。这种全民动员的行为从客观上看，是应对敌人攻击的唯一出路，但是从其逻辑前提上看，则是群众面对敌人入侵唯一可能的反应。中国共产党依据群众的强烈斗争意愿，因势利导，给民众合理方式表达自身诉求，为军事斗争出力，体现出灵活的军事策略和深刻的人民性。

（二）抗日民主政权时期军事思想

到了抗日战争时期，面对穷凶极恶的日本侵略者，抗战军民急需提振信心。在此时，毛泽东指出，抗日战争不是任何别的战争，乃是半殖民地半封建的中国和帝国主义的日本之间在 20 世纪 30 年代进行的一场决死的战争，全部问题的根据就在这里。毛泽东接着分析了敌我双方的基本特点。日本方面：它是一个强的帝国主义国家。它的军力、经济力和政治组织力在东方是一等的，这决定了中日战争的不可避免和中国的不能速胜。然而，日本发动的侵略战争是退步的和野蛮的，必然最大地激起它国内的阶级对立、日本民族和中国民族的对立、日本和世界大多数国家的对立，这就决定了日本战争必然失败。此外日本的军力、经济力和政治组织力虽强，但日本国度比较小，其人力、军力、财力、物力均感缺乏，经不起长期的战争。日本的侵略行为损害并威胁了其他国家的利益，因此得不到国际上大多数国家和人民的支持与同情。中国方面：中国是一个半殖民地半封建的国家，军事、经济、政治、文化虽不如日本之强，但中国的抗战是进步的、正义的，能唤起全国的团结，激起敌国人民的同情，争取世界多数国家的援助。中国又是一个很大的国家，地大、物博、人多、兵多，能够支持长期的战争，又有中国共产党及其领导的军队这种进步因素的代表。这些特点，规定了和规定着双方一切政治上的政策和军事上的战略战术，规定了和规定着战争的持久性和最后胜利属于中国而不属于日本。战争就是这些特点的比赛。这些特点在战争过程中将各依其本性发生变化，一切东西就都从这里发生。毛泽东由此得出结论："中国会亡吗？答复：不会亡，最后胜利是中国的。中国能够速胜吗？答复：不能速胜，抗日战争是持久战。"

毛泽东在《论持久战》中科学地预见了抗日战争将经历三个阶段：第一个阶段，是敌之战略进攻、我之战略防御的时期；第二个阶段，是敌之战略保守、我之准备反攻的时期；第三个阶段，是我之战略反攻、敌之战略退却的时期。毛泽东着重指出，第二阶段是整个战争的过渡阶段，也将是最困难的时期。为了实现持久战的战略总方针，毛泽东还提出了一套具体的战略方针。这就是在第一和第二阶段中主动地、灵活地、有计划地执行防御战中的进攻战，持久战中的速决战，内线作战中的外线作战；第三阶段中，应是战略的反攻战。

毛泽东在《论持久战》中还强调了"兵民是胜利之本"。他说："武器是战争的重要的因素，但不是决定的因素，决定的因素是人不是物"。"战争的伟力之最深厚的根源，存在于民众之中。"只要动员了全国的老百姓，就会造成陷敌于灭顶之灾的汪洋大海，造成弥补武器等缺陷的补救条件，造成克服一切战争困难的前提。

在此大方针的指导下，陕甘宁边区等敌后抗日根据地在军事斗争领域显示出必胜的决心，由此也展现出了善待俘虏、宽大为主的恢弘气度。例如在《陕甘宁边区施政纲领》中规定：

（三）提高边区武装部队的战斗力，保障其物质供给，改善兵役制度及其他后方勤务的动员制度，增进军队与人民的亲密团结。同时加强抗日自卫军、少先队的组织与训练，健全其领导系统。

（四）加强优待抗日军人家属的工作，彻底实施优抗条例，务使八路军及一切友军在边区的家属得到物质上的保障与精神上的安慰。

……

（二十）对于在战斗中被俘之敌军及伪军官兵，不问其情况如何，一律实行宽大政策，其愿参加抗战者，收容并优待之，不愿者释放之，一律不得加以杀害、侮辱、强迫自首或强迫其写悔过书。其有在释放之后又连续被俘者，不问被俘之次数多少，一律照此办理。国内如有对八路军、新四军及任何抗日部队举行攻击者，其处置办法仿此。①

同时，中国共产党也十分重视与国民党的合作。面对强大的外敌，必须建立起革命的统一战线。中国抗日战争取得完全胜利的关键，在于形成并基本坚持了以国共合作为主要内容的抗日民族统一战线。总结这个时期的统一战线经验，主要是坚持了以下四个原则。

其一为求同存异。处于半殖民地半封建社会的中国，要以弱小的综合国力战胜处于帝国主义阶段的日本，就必须实行全民族的大团结、大联合，建立起以国共两大军事、政治势力为主的统一战线。而中国共产党和国民党，是阶级基础和性质完全不同的党，特别是第一次国共合作破裂以后，汪精卫等在国民党内提出"宁可枉杀千人，不可使一人漏网"的反革命屠杀政策，无数共产党人遭到杀害。两党处于不共戴天的仇视状态，但在国难当头、民族危亡的时候，中国共产党以博大胸怀、捐弃前嫌，从国家和民族大局出发，提出与国民党开展第二次合作，建立抗日民族统一战线的主张。中国共产党为争取蒋介石政府抗日，求抗日之大同，在坚持独立自主的原则下，在许多非原则性问题上作了让步。中国共产党在国家受到侵略之际，以民族利益为重，团结国民党，共抵外敌。

其二为既统一又独立。为了抗日，中国共产党必须同国民党建立统一

---

① 《陕甘宁边区第二届参议会汇刊》，1942 年版。另见中国社会科学院法学研究所、韩延龙、常兆儒编：《中国新民主主义革命时期根据地法制文献选编》（第一卷），中国社会科学出版社 1981 年版，第 34—37 页。

战线；第一次国共合作的血的教训、共产党人的革命纲领，要求在统一战线中坚持独立自主的原则。国民党是执政的党，它对共产党的既定方针是限制以达到消灭。如果事事都要同国民党统一，征得它的同意，那只能是把自己的手脚束缚起来，向国民党全面投降。中国共产党在毛泽东的正确领导下，不仅制定了第二次国共合作的正确的路线、方针，而且适时地提出了许多处理合作中出现的问题的政策、策略，使统一战线能够得以维持，赢得了抗日战争的胜利，又使中国共产党的革命性、先进性得以保持，"在中国革命史上开辟了一个新纪元"。

其三为既联合又斗争。以蒋介石为首的亲英美派大资产阶级，是国民党政府中的当权派、势力派，但又是反共的顽固派。要建立抗日统一战线，必须与他们联合；要保持共产党的独立性，必须与他们的顽固反共行为进行坚决的斗争，并在斗争中不忘记联合抗日的大目标。为此，中国共产党对顽固派的斗争采取了有理、有利、有节的原则。由于中国共产党对顽固派采取了既联合又斗争的策略，尽管蒋介石政府在抗战中搞了不少摩擦，掀起了三次反共高潮，但没有发动全面内战，没有退出抗日统一战线。

其四为坚决依靠自己力量和争取外援相结合。国共两党从日本侵华战争爆发起，建立抗日统一战线，依靠全国人民自己的力量。同时也获得了国际反法西斯国家和人民的援助，例如苏联、美国等国家的援助。中国人民的抗战，正是因为首先立足于自己的力量，才能在强大的日本帝国主义的疯狂进攻下，坚持抗战，中国没有亡国，这是中国人民自力更生、艰苦奋斗的结果。当然在这之中，也获得了国际方面的援助。这是中国抗日民族统一战线同国际反法西斯统一战线相结合的结果，也是中国共产党坚持依靠自己的力量和争取外援相结合原则的伟大胜利。

在此方针的指导下，边区对于国共合作、瓦解分化敌人以及全民游击等非常重视，尤其是对于抗战团结的维护方面。例如，在晋察冀边区当中，其纲领性文件《中共晋察冀边委目前施政纲领》在第一条即规定：

（一）亲密国共合作，坚持团结抗战，坚决保卫与发展边区，肃清一切破坏团结抗战破坏边区的特务、奸细、托匪、妥协投降派。

（二）摧毁敌伪政权，没收日本帝国主义的财产充作对日战费。

（三）扩大边区人民子弟兵，充分保障其给养和经常的人员。瓦解敌伪军，争取伪军反正，优待敌军俘虏。

（四）实行全民武装自卫，广泛武装人民，开展群众游击战争，并逐渐实现义务兵役制。①

此时，另一个非常值得重视的军事制度改革是精兵简政。毛泽东曾指出："'精兵简政'这一条意见，就是党外人士李鼎铭先生提出来的。他提得好，对人民有好处，我们就采用了。"② 精兵简政，是抗日战争时期中国共产党为克服抗日根据地的物质困难，而采取的精简机关、充实基层的一项重要政策，是著名的"十大政策"之一。

1938年10月侵华日本军队占领武汉后，改变其侵华政策，逐步将主要军事力量转向中国共产党领导下的抗日根据地。同时，国民党顽固派也不断掀起反共高潮，加紧封锁与破坏抗日根据地。抗日根据地日渐缩小，物质供应极端困难。由于党、政、军、民机构庞大，脱产人员过多，难以适应农村游击战争环境，使根据地的供给能力不胜负担。1941年11月7日，中共中央军委在《关于抗日根据地军事建设的指示》中提出实行精兵主义。随后，党外人士、不久后就担任陕甘宁边区政府副主席的李鼎铭等11人在陕甘宁边区二届一次参议会上提出有关财政问题的提案，建议"政府应彻底计划经济，实行精兵简政主义，避免入不敷出、经济紊乱之现象"，还提出了五项具体实施办法。这个议案提出后，曾引起争议。有些人担心这会使边区在遭到敌军进攻时没有足够的力量来抵挡。毛泽东看到李鼎铭等人的提案后非常重视，在一旁加了一段批语："这个办法很好，恰恰是改造我们的机关主义、官僚主义、形式主义的对症药。"同年12月，中

---

① 晋察冀边区行政委员会：《现行法令汇集》（上册），1945年编印，第1—5页。另见中国社会科学院法学研究所、韩延龙、常兆儒编：《中国新民主主义革命时期根据地法制文献选编》（第一卷），中国社会科学出版社1981年版，第37—41页。

② 毛泽东：《为人民服务》，载《延安日报》1944年9月21日，第1版。

共中央发出指示，强调全党全军应实行精兵简政，要求党、政、军各级组织机构切实进行整顿，精简机关，充实连队，提高效能，节约人力物力，并把精兵简政确定为 1942 年全党全军的中心工作之一。1942 年 9 月 7 日，延安《解放日报》发表毛泽东起草的《一个极其重要的政策》的社论，阐明中共中央实行的精兵简政政策，是根本解决庞大机构与战争情况的矛盾，粉碎日军烧光、杀光、抢光"三光"政策，最后战胜敌人的重要办法。1942 年 12 月，毛泽东在《抗日时期的经济问题与财政问题》的报告中指出，精兵简政必须达到精简、统一、效能、节约和反对官僚主义五项目的。在中共中央领导下，陕甘宁边区首先实行精兵简政，并先后进行了三次精简，取得很大成效。随后，各根据地普遍实行了精兵简政，主要内容是：将党、政、军、民等组织机构的脱产人员缩减到占所在根据地总人口的 3% 以内，军队（含游击队）与党、政、民工作人员的比例为 3：1，从而使脱产人员与根据地的供养能力相适应，从根本上解决"鱼大水小"的矛盾；压缩与合并党、政、军、民领导机构，减少机关行政人员和部队的非战斗人员，充实基层和连队，将编余干部送到学校和训练班储备与学习；建立党的一元化领导体制，规定由中共中央代表机关及各级党的委员会统一领导所在地区的党、政、军、民工作，消除党、政、军各自为政现象。

精兵简政政策的普遍实行，对于减少消费、增加生产、减轻人民负担、克服物质困难、提高人员素质和工作效率，起到了积极作用。军队的精兵简政工作从 1941 年 12 月陆续开始，至 1943 年底基本结束。实行这一政策后，部队的数量虽然有所减少，但战斗力有所提高，并使主力军、地方军和民兵自卫队三结合的武装力量体制得到加强，从而更加适合敌后游击战争的环境。

除陕甘宁边区以外，晋察冀等边区也进行了精兵简政，例如在《晋察冀边区目前施政纲领实施重点》中有表述：

（一）继续进行精兵简政。边区精兵简政工作，始于民国三十年冬季，仅北岳、冀中两区，裁减人数先后已达四万。目前边区人民负担，虽比沦陷区人民，不知轻多少倍，但较之抗战前确重。这是由于战争的消耗，战费的浩大。为争取民族生存与子孙幸福，边区人民必须忍受一时困难，节衣缩食，供给前线，牺牲小我以成全大我，这是边区每个同胞对国家应尽的责任。今后为减轻人民负担，除继续发扬五年来政府的廉洁作风，子弟兵的艰苦生活，厉行节约运动，严惩贪污浪费外，军政双方，尤须贯彻精兵简政政策，裁汰不很必要的机关，减少不很必要的人员，缩小后方机关，加强干部质量，以增强抗战力量而舒民力。

……

（三）加强民兵组织训练，广泛开展群众游击战争。今后敌人对边区进攻，必然更加加紧，为粉碎敌寇进攻，打破蚕食阴谋，反对敌寇修路、挖沟、筑堡、征捕青年壮丁、掠夺、勒索、奸淫、烧杀等一切暴行，必须实行全民武装，广泛开展群众游击战争，加强民兵组织训练，使民兵成为人民武装中之坚强骨干，并团结沦陷区与游击区广大同胞，开展各种对敌斗争，摧毁敌伪政权、敌伪组织及其一切奴役中国人民之设施，拯救人民于水火。①

又如《对于巩固与建设晋西北的施政纲领》中也谈到减并机关而保有战斗力之问题：

（二）提高主力军的战斗力，缩并机关，充实战斗单位，保证其物质供给。组织相当数量的地方游击队与不脱离生产的民兵，以开展群众性的游击战争。尊重与爱护抗日军人，切实优待抗日军人家属，抚恤荣誉军人及阵亡将士遗族。

……

（四）保障一切抗日的人民之人权、地权、财权及言论、出版、信仰、居住之自由权，除司法机关得依法执行其职务外，任何机关、部队、团体及个人均无权逮捕、审讯、处罚及侵犯他人之一切权益。但在敌人扫荡时

---

① 晋察冀边区行政委员会：《现行法令汇集》（上册），1945 年编印，第 6—7 页。另见中国社会科学院法学研究所、韩延龙、常兆儒编：《中国新民主主义革命时期根据地法制文献选编》（第一卷），中国社会科学出版社 1981 年版，第 41—43 页。

及游击区等特殊情形之下，经政府受权者，不在此例。

……

（十四）瓦解敌伪军，争取敌伪军反正。对俘虏之敌伪军官兵，绝不杀害或加以侮辱，应一律释放之；其愿加入抗日工作者，政府应给予适当工作，并保障其生活。对反正之伪军，绝不强迫改编，保证其物质供给，与其他抗日部队平等待遇，团结其共同抗日。①

与此同时，各个边区基本上都专门强调了军队与民众血肉联系的极端重要性，如《晋冀鲁豫边区政府施政纲领》中创造性地将"子弟兵"这一称号写入宪法性文件，标志着中国共产党领导的革命军队与人民同根同源，同呼吸共命运。其表述为：

二、加强与扩大武装力量，实行全民武装自卫，建立人民子弟兵

甲、扩大与加强正规军。

乙、广泛开展游击战争，建立群众性的地方武装，特别加强青年武装的发展、训练与领导。

丙、保证抗日武装部队的满员与物质供给，改善兵役制及其他后方勤务动员。

丁、切实优待一切抗日军人家属（包括中央军、八路军、决死队及其他抗日部队），抚恤荣誉军人。

戊、增进人民与部队相互爱护的亲密关系，提高人民对于抗日部队的爱护与拥戴，建立人民子弟兵制。②

"子弟兵"的称谓古已有之，指统兵将帅率领乡勇（本乡本土的老百姓）所组成的军队。这些军队由于是建立在亲戚乡土基础之上的，加之统兵将领是本乡本土比较有威望的人，并且这些军队一般都有明确的政治目

---

① 《晋绥根据地资料选编》（第一集），中共吕梁地委党史资料征集办公室 1983 年 8 月编印，第 90—93 页。另见《华北人民政府法令选编》，中国法学会董必武法学思想研究会 2007 年 8 月编印，第 50—53 页。

② 晋冀鲁豫边区冀鲁豫行署：《法令汇编》（上册），1944 年版。另见中国社会科学院法学研究所、韩延龙、常兆儒编：《中国新民主主义革命时期根据地法制文献选编》（第一卷），中国社会科学出版社 1981 年版，第 43—50 页。

标，往往打出保家卫国的旗号，因此将士们打仗时都勇于冲锋陷阵，使这些军队以英勇善战而扬名。在现代革命斗争中，"子弟兵"的称谓来源于抗日战争时期聂荣臻元帅领导的晋察冀敌后抗日根据地。

1937年11月，晋察冀军区司令员兼政委聂荣臻率领3000余人的武装，在晋察冀三省边界地区创建了第一个敌后抗日根据地。建立根据地后，聂荣臻立即着手扩大人民武装力量，在当时的晋察冀便出现了不少带有地域色彩的部队，如"回民支队""平山团""阜平营""灵寿营"等。这些部队拥有群众基础，大家怀着保家卫国的热情，英勇顽强地打击日寇。1939年5月，聂荣臻发布通令，嘉奖平山团是"捍卫民族、捍卫边区和捍卫家乡的优秀的平山子弟兵"。这是"子弟兵"一词首次用于称呼共产党领导下的人民武装部队。"子弟兵"的称呼深受人民群众和广大指战员的拥护，很快家喻户晓，越叫越响亮。它最好地诠释了共产党领导下的人民武装部队来源于人民、根植于民族土壤，与人民和民族同呼吸、共命运的新型军民关系；把人民军队担负的使命任务和人民群众的切身利益紧密结合在了一起。"子弟兵"这个称呼体现了军民的鱼水深情，对团结民众抗日起到了积极的作用。1939年底，晋察冀军区冬季反"扫荡"战役取得胜利，社会各界发来大量祝贺函电，盛赞聂荣臻将军指挥有方，屡建奇功。聂荣臻在《抗敌报》上复信指出，晋察冀成为敌后抗战的坚固长城，是"全边区父老和子弟兵的血肉所创造出来的"。晋察冀军区创办的《抗敌三日刊》，也改名为《子弟兵》。著名民主人士李公朴先生在1940年春到晋察冀考察之后，撰写了《华北敌后——晋察冀》（同年出版）一书，书中称颂道："子弟兵是老百姓的儿子，坚决打鬼子的抗日部队的兄弟，是在晋察冀生了根儿的抗日军。"

在其他一些地区，虽然未明确提出子弟兵的称号，但也非常强调军民关系和官兵关系。例如在《东北各省市（特别市）民主政府共同施政纲领》中，中国共产党强调：

（五）巩固爱护东北民主联军和人民自卫武装，以保卫东北的和平民主。加强军队的政治教育，加强军队拥护民主政府与爱护人民的教育，巩固亲睦的军民关系与官兵关系，保证军队的供给，保证残废军人的生活，优待死难烈士的家属与军人家属。①

（三）解放区人民民主政权时期军事思想

抗战胜利后，全国人民的民族自信心被前所未有地激发出来，对于和平的期待也达到了空前的高度。在抗战中，中国共产党执行正确的战略战术，党领导的革命政权在战争中发展壮大，军事力量也得到了一定程度的增强。全国人民对于中国共产党领导之军队的深切爱国主义情怀、大无畏的牺牲精神、严明的纪律和出色的战斗技巧都有着极其深刻的印象和一致的高度评价。中国共产党领导的抗日武装不仅在战斗方面非常英勇，在屯垦生产方面也表现突出，为地区的经济发展和人民生活水平的提高作出了巨大贡献。相反，国民党领导的军队却斗志低下、纪律涣散、贪腐成风，不仅在作战方面罕有"硬骨头""真血性"，甚至还对于人民群众横加掠夺，名为"国军"而实与土匪无异。一些地方的群众甚至慨叹，宁愿被日本军队占领，也不愿国民党军队回来。因为日军扫荡过后，还可勉强留口粮度日，但国民党军队掠夺过后，连基本的生活都难保证了。

在这一大的环境下，中国共产党与国民党进行的和平会谈中军事领域的内容自然受到了空前的关注，也是国共两党在当时交锋最为激烈的领域之一。1945 年，蒋介石就假意邀请中国共产党到重庆进行谈判，其真实目的是拖延时间调兵遣将，以准备内战。但是中国共产党以人民的利益为重，毅然决定参与和谈。在美国赫尔利的参与下，国共两党的领导人和代表团就诸多问题进行了磋商。对于军事问题，其时中国共产党领导的解放区有 19 个，军队有 50 余个师，120 万余人，而国民党军队则是中国共产党军队的 5.5 倍左右，有 200 余个师，还掌握着诸多军事要塞、交通线路，并有美国的支持。因此，国民党气焰十分嚣张，他们在谈判桌上对于中国

---

① 东北人民政府办公厅《东北行政导报》，1946 年 9 月版。另见中国社会科学院法学研究所、韩延龙、常兆儒编：《中国新民主主义革命时期根据地法制文献选编》（第一卷），中国社会科学出版社 1981 年版，第 66—68 页。

共产党步步紧逼，只同意给中国共产党保留 12 个师，还要求中国共产党必须让出革命根据地。同时，国民党军队对解放区进行了猖狂的进攻。对于这些，中国共产党保持了最大限度的克制和退让。中国共产党表示，可以承认三民主义，可以承认蒋介石的领导地位，对于联合政府问题亦可让步为参加政府即可，军队方面不再要求保留 40 余个师而是降低为 20 个师，一部分革命根据地的地位可以再行探讨。同时，我军在上党等地给进犯的国民党军队迎头痛击，有力地支援了在谈判桌上的战斗。

面对中国共产党所表现出的巨大诚意，国民党也不得不开始进行让步。他们先是被迫同意中国共产党保留 20 个师，后又对中国共产党承认三民主义、承认蒋介石地位的举措大加赞赏。为了进一步显示诚意，中国共产党提出，可以将广东、浙江等 8 个地区的抗日军队撤出，让出这部分解放区。中国共产党在此问题上显示出了高超的战术思想。毛泽东指出，要应对人数上具有优势的国民党军队，必须集中优势兵力进行防守反击，那么对于这些"一抢就走"的地方，就应该主动放弃以集中兵力，再通过长期的、逐步的军事斗争加以夺回。

对于军队国家化的问题，这实际上是结束国民党党治的必由之路，因此中国共产党表示支持。这一问题在最后国共两党形成的《双十协定》中，表述得较为具体，并对前述军队整编问题进行了概括。

关于军队国家化问题：中共方面提出政府应公平合理地整编全国军队，确定分期实施计划，应重划军区，确定征补制度，以维军令之统一。在此计划下，中共愿将其所领导的抗日军队，由现有数目，缩编为二十四个师至少二十个师的数目，并表示可迅速将其所领导而散布在广东、浙江、苏南、皖南、皖中、湖南、湖北、河南（豫北不在内）八个地区的抗日军队着手复员，并从上述地区逐步撤退应整编的军队至陇海路以北及苏北、皖北的解放区集中。政府方面表示：全国整编计划正在进行，此次提出商谈之各项问题，果能全盘解决，则中共所领导的抗日军队缩编至二十个师的数目，可以考虑。关于驻地问题，可由中共方面提出方案。中共方面提出：中共及地方军人应参加军事委员会及其各部的工作，政府应保障人事制度，任用原部队人员为整编后的部队的各级官佐，编余官佐，应实行分区训练，设立公平合理的补给制度，并确定政治教育计划。政府方面表示：所提各项，均无问题，亦愿商谈详细办法。中共方面提出：解放区民兵，应一律编为地方自卫队。政府方面表示：自能视地方情势有必要与可能时，酌量编置。为具体计划本项所述各问题起见，双方同意组织三人小组（军令部、军政部及第十八集团军各派一人）进行之。①

但是显然，国民党对于和谈的诚意非常不够，在《双十协定》中，除了双方强调和平并且一致同意召开各党派代表和无党派人士共同参加的政治协商会议以外，并没有取得决定性的进展。对于军队国家化的具体形式等问题，国民党勉强同意留到政治协商会议上继续谈。1946 年元旦刚过，为对即将召开的政协会议表示诚意，中国共产党决定与国民党部队停战，并恢复交通，在美国的调停下，组织军事观察团，在发生冲突区域考察军事状况、交通情形以及其他与国内和平恢复有关事项，随时将事实真相提出报告并公布。很快，政协会议就在重庆召开，参加者包括国民党、中国共产党、民主同盟、青年党、无党派人士等各界代表共 30 余人，经过激烈的斗争，终于通过了和平"建国"纲领、关于军事问题的协议、关于国民大会的协议、关于宪草问题的协议、关于改组政府的协议等五项协议。其中，军队问题仍然是斗争的焦点。

国民党坚持"军令政令统一"的方针，要中国共产党将武装交给政府。青年党也强调要中国共产党先交出军队，再实行民主政治。民盟主张国共双方都交出军队。但是中国共产党认识到了国民党的阴谋，强调军队国家化必须以政治民主化为前提。政治民主化的前提是，国民党一党的独裁被全体党派共同参与的联合政府取代。国民党当时长期以国家动乱为借口，以国民党的独裁代替国家政府的民主，这种行为是完全不可接受的。如不废除独裁制，中国共产党将军队交出，只能为国民党吞并、消灭。事实上，国民党早已经开始了邪恶的进攻。因此，中国共产党强调，军队国

---

① 毛泽东：《关于重庆谈判》，载《毛泽东选集》（第四卷），人民出版社 1991 年版，第 1164 页。

家化和政治民主化必须同时进行。经过激烈争论，达成《关于军事问题的协议》，明确了建军原则：总体上说，军人和军队属于国家，军人责任在于卫国爱民，即肯定了军队国家化的原则。还确立了整军原则：实行军党分立、军民分治、以政治军等，这也有利于满足人民对于和平的期待。由三人军事小组按照原定计划，确定整编国民党军队和解放区军队的办法等。可以说，中国共产党对于其时中国的军事局势有着非常清醒明晰的判断，在确保革命胜利果实和保卫党和人民的事业方面毫不妥协，同时也在军事方面保持了最大限度的克制和让步，显示了超乎寻常的勇气和对于和平的诚意。但是，国民党并不想放弃其独裁的政策和地位，对于国家和人民的未来不讲信用、不负责任，不久就悍然撕毁了与中国共产党达成的协议，开始向解放区全面进攻。

进入解放战争时期以后，中国共产党领导的人民军队和参战的民众由于在长期的军事斗争中积累了较为丰富的斗争经验，也形成了极为有效的战略战术体系，因而比大多数军事家政治家预计的更快地取得了斗争的胜利。不能忽略的是，在解放战争中，民众在最大限度上给予了人民解放军支持，甚至可以说，解放战争的胜利是"人民用小推车推出来的"。陈毅在总结淮海战役胜利的报告中指出："淮海战役取得伟大胜利的最后一个原因，是人民群众的广泛支前。支前民工达500多万人，遍地是运粮、运弹、抬伤员的群众。他们不惜倾家荡产，历尽艰辛，冒着枪林弹雨，忍着风雪饥寒，支援子弟兵作战。这是人民解放军的真正优势。人民群众用小车、扁担保障了部队作战。"

在人民战争精神的指导下，华北人民政府作为中国共产党领导的解放战争时期重要的解放区人民民主政权，将军事斗争和支援前线等问题提到宪法的高度进行阐述，不仅是对当时军事斗争与后方支援的经验之系统总结，也是对军民关系一种极好的概括。在《华北人民政府施政方针》当中，中国共产党强调在军事方面首先要继续消灭国民党反动派残留在华北的军事力量，拔掉他们在华北解放区内部仅存的孤立据点，配合各兄弟解放区，彻底歼灭国民党北线蒋傅阎匪军，以解放华北的一切大小城市和乡村，并进一步配合全国人民解放军的胜利进攻，完成解放全中国的伟大任务。为达此目的，就必须提高华北野战军的战斗力，特别是攻坚作战的能力，继续加强部队攻坚的战术教育，巩固部队内部的团结，进一步密切军民的联系，严格执行三大纪律、八项注意，加强对于新解放区及新解放城市政策的教育，适当地在部队内部发扬民主，继续进行巩固纪律的教育，加强爱护解放区、节约民力的教育。

其次，应该继续建设和健全人民武装组织，参战，支前，并在军区和人民政府统一命令下，配合军警，担任巩固区域内部的警戒治安等工作。继续加强边沿区、接敌区的游击战争；自觉地、有计划地配合主力，主动地打击敌人，保田、保家、保粮、保丁；继续发挥地方兵团、游击队、武工队高度对敌坚决斗争的精神，配合主力军作战。

同时，应继续动员华北的人力、物力、财力，更有计划地、有效率地支援前线。为达此目的，就必须继续加强军火生产，尽可能地、不断地供给前方；继续加强各种军需工业的建设，以保证部队的供给；恢复和兴建铁路、公路、河路，改进各种运输工具，健全兵站运输；继续加强野战和后方医院，提高医务人员的技术，改善和提高对伤病员的医疗护理工作；切实帮助革命军人家属、革命烈士遗族解决困难，尽量保障其生活；对荣誉军人继续给予适当安置，并经常给予教育、照顾、帮助。但另一方面，必须十分爱惜民力，不能有丝毫浪费。前方战勤应更进一步精确计算、合理使用，后方勤务采取适当步骤和方法；严禁后方机关和工作人员假借战勤名义，随便支差。

此外，民族区域自治地方也开始建设非常独特的军事体系。其中内蒙古自治政府在其施政纲领中强调，应该建设与发展内蒙古人民自卫军，军队必须忠于民族，忠于人民，拥护政府，遵守政府法令，加强团结，严整纪律，必须保卫民族与人民的利益，坚决粉碎侵略，争取自卫战争胜利。政府必须爱护军队，保障兵源与供给，优待军属烈属，抚恤伤亡。政府与军队应该协力发展人民自卫武装，共同肃清土匪、奸细，保护交通，安定社会秩序。

第六章　宪法修正案及对
社会关系的变革

一、　思想解放与重塑实事求是

改革开放，首先是一场思想解放运动。

1978 年 5 月 10 日，中央党校《理论动态》发表了经时任中央党校副校长胡耀邦审定的《实践是检验真理的唯一标准》一文，5 月 11 日《光明日报》以特约评论员的署名公开发表。文章遭到了严厉的指责。在激烈的反对声中，理论工作者又在 6 月 16 日的《人民日报》上发表《关于真理的标准问题》的文章。此后，有一系列的文章直指"两个凡是"的要害，从哲学层面上讨论解决党内的路线分歧，在全国形成了前所未有的大讨论。

邓小平在 1978 年 11 月召开的中央工作会议结束时发表了重要讲话。他着重指出，关于实践是检验真理的唯一标准问题的讨论，实际上是要不要解放思想的争论。他说："一个党，一个国家，一个民族，如果一切从本本出发，思想僵化，迷信盛行，那它就不能前进，它的生机就停止了，就要亡党亡国。"① 他明确指出，真理标准问题的讨论，是个思想路线问题，是个政治问题，是个关系到党和国家的前途和命运的问题。邓小平的讲话，把问题提到了应有的高度，是对这个讨论所作的最好的总结。随后

---

① 邓小平：《解放思想，实事求是，团结一致向前看》，载《邓小平文选》（第二卷），人民出版社 1994 年版，第 143 页。

召开的党的十一届三中全会，对真理标准问题讨论作了高度的评价。这标志着真理标准问题讨论已经取得了成功。这场大讨论，实质上是一场呼唤社会主义新时期伟大变革的思想解放运动，是改革开放这一历史性巨变的先导。它标志着中国共产党历史使命意识和执政意识的新觉醒，为党和国家进行拨乱反正、实现伟大的历史转折，开辟中国特色社会主义的道路，创立中国特色社会主义理论体系奠定了坚实的思想基础。

此后，中国共产党在解放思想的道路上不断地进行着探索。邓小平1979年3月指出："解放思想，就是要运用马列主义、毛泽东思想的基本原理，研究新情况，解决新问题。"① 邓小平强调，我们讲解放思想，是指在马克思主义指导下打破习惯势力和主观偏见的束缚，研究新情况，解决新问题。解放思想决不能够偏离四项基本原则的轨道，不能损害安定团结、生动活泼的政治局面。邓小平将解放思想与实事求是的同质性加以揭示，他强调，解放思想就是使思想和实际相符合，使主观和客观相符合，就是实事求是。在邓小平的思维中，解放思想有四层含义：一是解放思想是在马克思主义科学理论指导下进行的，决不是离开科学理论的胡思乱想。二是解放思想是为了打破习惯势力和主观偏见的束缚，研究新情况，解决新问题。三是解放思想决不能够偏离四项基本原则的轨道，四项基本原则是立国之本。四是解放思想和实事求是是统一的。只有解放思想，才能达到实事求是；只有实事求是，才是真正的解放思想。②

在此思想的指导下，中国共产党人进行了一系列大胆的尝试和开拓。1978年，安徽省凤阳县小岗村18位农民签下"生死状"，将村内土地分开承包。开创了家庭联产承包责任制的先河。当年，小岗村粮食大丰收。1980年5月，邓小平对包产到户给予明确肯定，有力地推动了以家庭联产承包责任制为主要内容的农村改革。1980年9月，中央下发《关于进一步加强和完善农业生产责任制的几个问题》，肯定在生产队领导下实行的包

---

① 邓小平：《坚持四项基本原则》，载《邓小平文选》（第二卷），人民出版社1994年版，第179页。

② 陈俊宏：《中国特色社会主义理论体系核心观点解读》，中共中央党校出版社2011年版，第42页。

产到户不会脱离社会主义轨道。从 1982 年到 1984 年，中央连续三年以"一号文件"的形式，对包产到户和包干到户的生产责任制给予充分肯定，并在政策上积极引导，从而使包产到户和包干到户的责任制迅速在全国广泛推行，人民公社制度随之解体。此后，家庭联产承包责任制不断完善，最终形成农民家庭承包经营制度。1998 年修订后的《土地管理法》以及党的十五届三中全会通过的《关于农业和农村工作若干重大问题的决定》，确定了土地承包期再延长 30 年的政策。1999 年再次修改宪法时，将"家庭联产承包责任制"改为"家庭承包经营"。实践证明，家庭联产承包责任制的实行，使中国广大农民获得了充分的经营自主权，极大地调动了农民的生产积极性，解放和发展了农村生产力。

邓小平不仅坚持实践标准，而且随着改革开放实践的深入开展，进一步把实践标准具体化，提出了"生产力标准"和"三个有利于"标准。1978 年以后，由农村基层干部和群众创造的家庭联产承包责任制，就是对过去适合农业生产力发展水平的农业生产关系的恢复和发展。正是在这个背景下，邓小平先后指出：对实现四个现代化是有利还是有害，应当成为衡量一切工作的最根本的是非标准。社会主义经济政策对不对，归根到底要看生产力是否发展，人民收入是否增加。这是压倒一切的标准。各项工作都要有助于建设有中国特色的社会主义，都要以是否有助于人民的富裕幸福，是否有助于国家的兴旺发达，作为衡量做得对或不对的标准。邓小平在这一时期谈到经济体制改革、政治体制改革、改革开放成功与否时，多次提出要以是否有利于生产力的发展和人民生活水平的提高这两条为主要标准。"三个有利于"的前奏已经鸣响，"南方谈话"就是邓小平"三个有利于"判断标准提出的载体。

1991 年底，在东欧剧变、苏联和南斯拉夫解体，世界社会主义遭遇严重挫折的历史背景下，一些人对中国是否能坚持社会主义产生了怀疑，面对此种局面，1992 年初，邓小平在著名的"南方谈话"中，针对一段时期以来，中国共产党党内和国内不少人在改革开放问题上迈不开步子、不敢闯，以及理论界对改革开放性质的争论，指出："要害是姓'资'还是姓'社'的问题。判断的标准，应该主要看是否有利于发展社会主义社会的生产力，是否有利于增强社会主义国家的综合国力，是否有利于提高人民的生活水平。"① 从此，三个"是否有利于"成为人们评判一切工作是非得失的根本标准。三个"是否有利于"是解放思想的出发点和落脚点，解决了改革开放中认识和实践的关系问题。虽然我们打破了许多僵化的旧思想和旧观念，人们的思想有了很大的解放，然而在深化改革、扩大开放，建立社会主义市场经济体制的过程中，还需要更进一步解放思想，转换脑筋。特别需要强调的是，有的同志甚至至今还用姓"社"还是姓"资"的思维方式，作为衡量一切事物的标准；有的同志认为市场经济等于资本主义，计划经济才是社会主义；有的怕乱求稳，唯上是从，错失了改革开放的良机；等等。所以，需要用三个"是否有利于"作为衡量社会主义建设事业的标准，凡符合"三个有利于"的，就要大胆地闯、大胆地试、大胆地干。

1992 年，邓小平在"南方谈话"中指出："社会主义的本质，是解放生产力，发展生产力，消灭剥削，消除两极分化，最终达到共同富裕。"② 这一科学概括具有的显著特征：其一，在目标的层次上界定社会主义的本质，将社会主义与资本主义相区别；其二，突出生产力的基础地位，"解放生产力"，其根本目的就是要打破旧的生产关系对生产力的桎梏，为生产力发展开辟道路；其三，突出社会主义的价值目标，消灭剥削，消除两极分化，最终达到共同富裕，是社会主义的价值目标，也是社会主义和资本主义的本质区别；其四，在动态中描述社会主义的本质，社会主义是一个过程，社会主义的本质也有一个逐步实现的过程。

随着改革开放的深入和社会主义市场经济的发展，中国的社会生活发生了广泛而深刻的变化，社会经济成分、组织形式、利益分配和就业方式的多样化还将进一步发展。旧的平衡打破之后新的平衡尚处于建立和完善

---

① 邓小平：《在武昌、深圳、珠海、上海等地的谈话要点》，载《邓小平文选》（第三卷），人民出版社 1993 年版，第 372 页。

② 邓小平：《在武昌、深圳、珠海、上海等地的谈话要点》，载《邓小平文选》（第三卷），人民出版社 1993 年版，第 373 页。

的过程之中，人民内部矛盾日趋复杂化和多样化。与此同时，在一部分中国共产党党员干部中存在着思想僵化、信念动摇、组织涣散、作风漂浮，特别是腐败问题。再加上中国共产党正进入整体性新老交替的重要时刻，从 2000 年起到 21 世纪头十几、二十年，一大批年轻干部要走上中高级领导岗位。在这种情况下，从严治党，进一步全面提高全党特别是党的干部队伍的素质，成为一个十分紧迫的任务。所有这些，都必须紧密结合实际，来进行思考和研究，积极探索在新形势下加强党的建设的有效途径和办法，把"三个代表"的要求贯彻落实到党的建设的各项工作中去，保证我们党始终走在时代的前列，始终走在领导中华民族伟大复兴事业的前列，使我们党在思想上政治上组织上进一步巩固起来，经得起任何风险的考验。

时任中共中央总书记的江泽民于 2000 年 2 月 25 日在广东省考察工作时，从全面总结党的历史经验和如何适应新形势新任务的要求出发，首次对"三个代表"重要思想进行了比较全面的阐述。总结中国共产党七十多年的历史，可以得出一个重要的结论，这就是：中国共产党所以赢得人民的拥护，是因为中国共产党在革命、建设、改革的各个历史时期，总是代表着中国先进生产力的发展要求，代表着中国先进文化的前进方向，代表着中国最广大人民的根本利益，并通过制定正确的路线方针政策，为实现国家和人民的根本利益而不懈奋斗。[①]"三个代表"的重要思想具有鲜明的时代特征，不仅是中国共产党的建设的重大课题，同时，它事关改革开放和两个文明建设的成败，事关中国共产党、中国工作大局，事关党和国家的前途命运，是中国共产党的立党之本、执政之基、力量之源。

党的十六大以来，以胡锦涛同志为总书记的党中央，高举中国特色社会主义伟大旗帜，以邓小平理论和"三个代表"重要思想为指导，立足社会主义初级阶段基本国情，总结中国发展实践，借鉴国外发展经验，适应中国发展要求，提出了科学发展观这一重大战略思想。

---

① 参见中共中央党史研究室：《中国共产党的九十年：改革开放和社会主义现代化建设新时期》，中共党史出版社、党建读物出版社 2016 年版，第 96 页。

胡锦涛在 2003 年 7 月 28 日的讲话中提出 "更好地坚持全面发展、协调发展、可持续发展的发展观" ①。同年 10 月，党的十六届三中全会通过《中共中央关于完善社会主义市场经济体制若干问题的决定》，提出了 "坚持以人为本，树立全面、协调、可持续的发展观，促进经济社会和人的全面发展"，按照 "统筹城乡发展、统筹区域发展、统筹经济社会发展、统筹人与自然和谐发展、统筹国内发展和对外开放" 的要求推进各项事业的改革和发展的科学发展观，这也是中国共产党的重大战略思想。中国共产党第十七次全国代表大会把科学发展观写入党章，中国共产党第十八次全国代表大会把科学发展观列入党的指导思想。

党的十八大以来，国内外形势变化和我国各项事业发展都给我们提出了一个重大时代课题，这就是必须从理论和实践结合上系统回答新时代坚持和发展什么样的中国特色社会主义、怎样坚持和发展中国特色社会主义，包括新时代坚持和发展中国特色社会主义的总目标、总任务、总体布局、战略布局和发展方向、发展方式、发展动力、战略步骤、外部条件、政治保证等基本问题，并且要根据新的实践对经济、政治、法治、科技、文化、教育、民生、民族、宗教、社会、生态文明、国家安全、国防和军队、"一国两制" 和祖国统一、统一战线、外交、党的建设等各方面作出理论分析和政策指导，以利于更好地坚持和发展中国特色社会主义。

围绕这个重大时代课题，我们党坚持以马克思列宁主义、毛泽东思想、邓小平理论、"三个代表" 重要思想、科学发展观为指导，坚持解放思想、实事求是、与时俱进、求真务实，坚持辩证唯物主义和历史唯物主义，紧密结合新的时代条件和实践要求，以全新的视野深化对共产党执政规律、社会主义建设规律、人类社会发展规律的认识，进行艰辛理论探索，取得重大理论创新成果，形成了习近平新时代中国特色社会主义思想。2017 年 10 月 24 日，中国共产党第十九次全国代表大会通过了关于《中国共产党章程（修正案）》的决议，习近平新时代中国特色社会主义

---

① 胡锦涛：《在全国防治非典工作会议上的讲话》，载《十六大以来重要文献选编》（上），中央文献出版社 2011 年版，第 396 页。

思想写入党章。2018 年 3 月 11 日，第十三届全国人民代表大会第一次会议通过《中华人民共和国宪法修正案》，习近平新时代中国特色社会主义思想写入《中华人民共和国宪法》。

习近平总书记对于解放思想非常重视，2013 年 1 月 5 日，在《关于坚持和发展中国特色社会主义的几个问题》当中，习近平总书记指出：解放思想、实事求是、与时俱进，是马克思主义活的灵魂，是我们适应新形势、认识新事物、完成新任务的根本思想武器。全党同志首先是各级领导干部必须坚持马克思主义的发展观点，坚持实践是检验真理的唯一标准，发挥历史的主动性和创造性，清醒认识世情、国情、党情的变和不变，永远要有逢山开路、遇河架桥的精神，锐意进取，大胆探索，敢于和善于分析回答现实生活中和群众思想上迫切需要解决的问题，不断深化改革开放，不断有所发现、有所创造、有所前进，不断推进理论创新、实践创新、制度创新。①

2013 年 7 月 21 日至 23 日，习近平总书记在湖北考察改革发展工作时强调：应对当前我国发展面临的一系列矛盾和挑战，关键在于全面深化改革。必须从纷繁复杂的事物表象中把准改革脉搏，把握全面深化改革的内在规律，特别是要把握全面深化改革的重大关系，处理好解放思想和实事求是的关系、整体推进和重点突破的关系、顶层设计和摸着石头过河的关系、胆子要大和步子要稳的关系、改革发展稳定的关系。②

2013 年 10 月 7 日，在亚太经合组织工商领导人峰会上，习近平主席指出，中国要前进，就要全面深化改革开放。面对人民群众新期待，我们必须坚定改革开放信心，以更大的政治勇气和智慧、更有力的措施和办法推进改革开放，进一步解放思想、解放和发展社会生产力、解放和增强社会创造活力。

2013 年 11 月 9 日，习近平总书记在《关于〈中共中央关于全面深化改革若干重大问题的决定〉的说明》中强调：正是从历史经验和现实需要

---

① 习近平：《关于坚持和发展中国特色社会主义的几个问题》，载《求是》2019 年第 7 期。

② 《坚定不移全面深化改革开放　脚踏实地推动经济社会发展》，载《人民日报》2013 年 7 月 24 日，第 1 版。

的高度，党的十八大以来，中央反复强调，改革开放是决定当代中国命运的关键一招，也是决定实现"两个一百年"奋斗目标、实现中华民族伟大复兴的关键一招，实践发展永无止境，解放思想永无止境，改革开放也永无止境，停顿和倒退没有出路，改革开放只有进行时、没有完成时。面对新形势新任务，我们必须通过全面深化改革，着力解决我国发展面临的一系列突出矛盾和问题，不断推进中国特色社会主义制度自我完善和发展。①

坚持解放思想、实事求是。高举改革开放的旗帜，光有立场和态度还不行，必须有实实在在的举措。行动最有说服力。中央决定用党的十八届三中全会这个有利契机就全面深化改革进行部署，是一个战略抉择。我们要抓住这个机遇，努力在全面深化改革上取得新突破。要有新突破，就必须进一步解放思想。

冲破思想观念的障碍、突破利益固化的藩篱，解放思想是首要的。在深化改革问题上，一些思想观念障碍往往不是来自体制外而是来自体制内。思想不解放，我们就很难看清各种利益固化的症结所在，很难找准突破的方向和着力点，很难拿出创造性的改革举措。因此，一定要有自我革新的勇气和胸怀，跳出条条框框限制，克服部门利益掣肘，以积极主动精神研究和提出改革举措。

2013 年 11 月 12 日，在中共十八届三中全会第二次全体会议上，习近平总书记进一步指出：进一步解放思想、进一步解放和发展社会生产力、进一步解放和增强社会活力。全会决定提出的这"三个进一步解放"既是改革的目的，又是改革的条件。解放思想是前提，是解放和发展社会生产力、解放和增强社会活力的总开关。没有解放思想，我们党就不可能在十年动乱结束不久作出把党和国家工作中心转移到经济建设上来、实行改革开放的历史性决策，开启我国发展的历史新时期；没有解放思想，我们党就不可能在实践中不断推进理论创新和实践创新，有效化解前进道路上的各种风险挑战，把改革开放不断推向前进，始终走在时代前列。解放和发

---

① 习近平：《关于〈中共中央关于全面深化改革若干重大问题的决定〉的说明》，载《人民日报》2013 年 11 月 16 日，第 1 版。

展社会生产力、解放和增强社会活力，是解放思想的必然结果，也是解放思想的重要基础。①

全面建成小康社会，实现社会主义现代化，实现中华民族伟大复兴，最根本最紧迫的任务还是进一步解放和发展社会生产力。解放思想，解放和增强社会活力，是为了更好解放和发展社会生产力。邓小平说：革命是解放生产力，改革也是解放生产力，"社会主义基本制度确立以后，还要从根本上改变束缚生产力发展的经济体制，建立起充满生机和活力的社会主义经济体制，促进生产力的发展"。我们要通过深化改革，让一切劳动、知识、技术、管理、资本等要素的活力竞相迸发，让一切创造社会财富的源泉充分涌流。同时，要处理好活力和有序的关系，社会发展需要充满活力，但这种活力又必须是有序活动的。

2016 年 7 月 1 日，在庆祝中国共产党成立 95 周年大会上的讲话中，习近平总书记表示：坚持不忘初心、继续前进，就要坚定不移高举改革开放旗帜，勇于全面深化改革，进一步解放思想、解放和发展社会生产力、解放和增强社会活力，不断把改革开放推向前进。②

2016 年 10 月 11 日，在中央全面深化改革领导小组第二十八次会议上的讲话中，习近平总书记指出：中央和国家机关有关部门是改革的责任主体，是推进改革的重要力量。各部门要坚决贯彻落实党中央决策部署，坚持以解放思想、解放和发展社会生产力、解放和增强社会活力为基本取向，强化责任担当，以自我革命的精神推进改革，坚决端正思想认识，坚持从改革大局出发，坚定抓好改革落实。③

2016 年 10 月 21 日，习近平总书记在纪念红军长征胜利 80 周年大会上的讲话中强调：创新是引领发展的第一动力，我们必须解放思想、实事

---

① 习近平：《切实把思想统一到党的十八届三中全会精神上来》，载《人民日报》2014 年 1 月 1 日，第 2 版。

② 习近平：《在庆祝中国共产党成立九十五周年大会上的讲话》，载习近平：《论中国共产党历史》，中央文献出版社 2021 年版，第 39 页。

③ 《坚决贯彻全面深化改革决策部署　以自我革命精神推进改革》，载《人民日报》2016 年 10 月 12 日，第 1 版。

求是、与时俱进，坚定不移推进理论创新、实践创新、制度创新以及其他各方面创新，让党和国家事业始终充满创造活力、不断打开创新局面。①

习近平总书记还非常重视解放思想与实践的结合，2015 年 12 月 11 日，习近平总书记在全国党校工作会议上的讲话中指出：我们鼓励和支持解放思想，鼓励和支持对有关政策举措进行分析评估，但要把握好政治立场坚定性和科学探索创新性的有机统一，不能把探索性的学术问题等同于严肃的政治问题，也不能把严肃的政治问题等同于探索性的学术问题。不能一说学术问题可以研究，就不顾场合口无遮拦乱说一气，也不能为了沽名钓誉而标新立异。②

2018 年 4 月 13 日，在庆祝海南建省办经济特区 30 周年大会上的讲话中，习近平总书记强调：没有思想大解放，就不会有改革大突破。解放思想不是脱离国情的异想天开，也不是闭门造车的主观想象，更不是毫无章法的莽撞蛮干。解放思想的目的在于更好实事求是。要坚持解放思想和实事求是的有机统一，一切从国情出发、从实际出发，既总结国内成功做法又借鉴国外有益经验，既大胆探索又脚踏实地，敢闯敢干，大胆实践，多出可复制可推广的经验，带动全国改革步伐。③

2018 年 10 月，习近平总书记对自由贸易试验区建设作出重要指示，强调：面向未来，要在深入总结评估的基础上，继续解放思想、积极探索，加强统筹谋划和改革创新，不断提高自由贸易试验区发展水平，形成更多可复制可推广的制度创新成果，把自由贸易试验区建设成为新时代改革开放的新高地，为实现"两个一百年"奋斗目标、实现中华民族伟大复兴的中国梦贡献更大力量。④

2018 年 11 月 23 日，在纪念刘少奇同志诞辰 120 周年座谈会上的讲话

---

① 习近平：《在纪念红军长征胜利 80 周年大会上的讲话》，载《解放军报》2016 年 10 月 21 日，第 1 版。

② 习近平：《在全国党校工作会议上的讲话》，载《求是》2016 年第 9 期。

③ 习近平：《在庆祝海南建省办经济特区 30 周年大会上的讲话》，载《光明日报》2018 年 4 月 14 日，第 2 版。

④ 习近平：《继续解放思想积极探索　加强统筹谋划改革创新》，载《人民日报》2018 年 10 月 25 日，第 1 版。

中，习近平总书记高度评价了刘少奇同志解放思想的勇气和伟大的历史实践，他指出：坚持解放思想、实事求是，坚持真理、修正错误，是党和人民事业从胜利走向胜利的重要保证。今天，我们学习刘少奇同志，就要始终实事求是，勇于直面问题，随时准备坚持真理，随时准备修正错误。只有做到了这一点，才能把党建设成为始终走在时代前列、人民衷心拥护、勇于自我革命、经得起各种风浪考验、朝气蓬勃的马克思主义执政党，让21世纪中国的马克思主义展现出更强大、更有说服力的真理力量。[①]

改革开放四十年来，中国的国情社情发生了极大的变化，在政治、经济、文化等各项事业飞速发展的四十年里，中国共产党人始终坚持以实践作为检验真理的唯一标准，始终坚持实事求是的马克思主义观点，始终坚持解放思想，始终坚持在思想领域进行大胆探索，为马列主义注入了新的生机与活力，深刻体现出中国共产党的革命性和创造性。思想上的解放与探索，和实践领域的改革开放一道，是中国共产党领导中国在社会主义建设方面的伟大成就。

二、 改革开放的宪法表述

改革开放作为中国共产党领导中国进行的伟大变革，涉及政治、经济与社会等诸多方面，改革开放如果要取得相应成果，就必须以法律的方式尤其是以宪法的方式对改革开放的宏观政策和具体问题加以确定和保障。自1982年宪法颁布开始，历次宪法的修改和文本的变化，都与改革开放息息相关，在某种意义上看，不仅确保了改革开放的成果，也进一步推动了改革开放的历史进程。这种改革开放与宪法的良性互动，是中国宪法极为独特的一种优势，也是中国共产党对于宪法和国家大政方针的关系之理解进一步深入的标志。

---

①　习近平：《在纪念刘少奇同志诞辰120周年座谈会上的讲话》，载《人民日报》2018年11月24日，第2版。

制定"八二宪法"的时候，"文化大革命"结束并不久，我国处在新旧时代交替的十字路口。拿出一部什么样的宪法，体现什么样的精神，直接关系到我国发展的方向和前途。宪法修改的具体工作在两年多的准备时间内，讨论的内容变化非常大，都与如何改革以及改革到什么程度这个重大问题密切相关。"八二宪法"是一部旨在全面推动改革的宪法，但从具体内容上看，更恰当地说，它应当是一部致力于推动政治体制改革的宪法。"八二宪法"为日后的宪法演化提供了重要的经验。

一是在特定情况下，用立法推动政治体制改革是十分必要的。制定"八二宪法"是一次通过立法推动政治体制改革的具有历史意义的成功尝试。如果瞻前顾后、战战兢兢、畏缩不前，错失了通过立宪推动改革的良机，很可能给国家带来大的悲剧。二是政治体制改革是可以走在经济体制改革前面的。"八二宪法"的一个重要特点是，将政治体制改革置于经济体制改革之前，通过一系列政治体制改革的规定，为经济体制改革提供了政治制度的保障。从马克思主义的基本原理看，政治体制改革的立法走在经济体制改革立法的前面，就是用上层建筑的改革去推动经济基础的发展，用生产关系的改革去推动生产力的发展。在这方面，"八二宪法"为我们提供了成功的尝试。

1982年宪法当中明确指出：在法律规定范围内的城乡劳动者个体经济，是社会主义公有制经济的补充。国家保护个体经济的合法的权利和利益。国家通过行政管理，指导、帮助和监督个体经济。国家保护公民的合法的收入、储蓄、房屋和其他合法财产的所有权。国家依照法律规定保护公民的私有财产的继承权。国家通过提高劳动者的积极性和技术水平，推广先进的科学技术，完善经济管理体制和企业经营管理制度，实行各种形式的社会主义责任制，改进劳动组织，以不断提高劳动生产率和经济效益，发展社会生产力。国家厉行节约，反对浪费。国家合理安排积累和消费，兼顾国家、集体和个人的利益，在发展生产的基础上，逐步改善人民的物质生活和文化生活。国家在社会主义公有制基础上实行计划经济。国家通过经济计划的综合平衡和市场调节的辅助作用，保证国民经济按比例地协调发展。中华人民共和国允许外国的企业和其他经济组织或者个人依照中华人民共和国法律的规定在中国投资，同中国的企业或者其他经济组织进行各种形式的经济合作。在中国境内的外国企业和其他外国经济组织以及中外合资经营的企业，都必须遵守中华人民共和国的法律。它们的合法的权利和利益受中华人民共和国法律的保护。

1982 年宪法在政治体制改革和经济体制改革方面的成就是值得历史铭记的，中国共产党人不仅在一些重大历史问题上敢于直面，未有对于自身问题的躲闪，且在诸多大方向问题上，能够以历史的眼光和高度的责任感，进行了原则上的规定。此后，改革开放在宪法条文内不断铺开，社会主义经济建设和政治建设呈现出澎湃的生命力。

1988 年 4 月 12 日，第七届全国人民代表大会第一次会议通过了宪法修正案，对"八二宪法"进行了第一次修改，一是确立了私营经济的合法地位，规定私营经济是社会主义公有制经济的补充。二是规定土地使用权可以依照法律规定转让。

实践表明，国有企业在为我国经济社会发展作出巨大贡献的同时也呈现出一些弊端，如行政化倾向较重、机制不灵活、效率不高等。私营企业创造财富的活动符合经济学的效率原则，也符合公民个人和社会的整体及长远利益。在土地方面，中华人民共和国成立初期，农民享有对于土地的产权，1950 年颁布的《中华人民共和国土地改革法》将封建半封建式土地所有制变更为农民土地所有制，1954 年宪法还规定"国家保护农民土地所有权和生产资料所有权"。但 1962 年的《农村人民公社工作条例（修正草案）》把社员的自留地、宅基地等收归集体所有，1982 年宪法又把城市个人住宅下的土地收归国有，自此农村和城市的土地全部变为公有。党的十一届三中全会以后，我国农村实行家庭联产承包责任制，但随着农村经济制度和社会组织结构的变迁，曾作为农村改革滥觞的家庭联产承包责任制业已呈现一些缺陷，比如农民户均耕地较少、经营分散无法形成规模效应、土地净收益值较低等，而农村土地流转恰恰成为家庭联产承包责任制的重要补充形式。随着我国市场经济体制的不断完善，农业必将在更大范围、更高标准内实行规模化生产和集约化经营，农村土地流转也将迎来更大的发展空间，因为农村土地使用权和经营权的流转和集中是农业资源优化组合、实现规模化经营、提高配置效率的必经途径，这一过程将使现代生产要素与土地、劳动力等传统生产要素有机融合并产生"裂变"和"放大"效应，以最小成本实现最大产出，提升农业整体效益，促进农业又好又快发展。土地流转也将帮助农民提高经济收入，而这又将大幅增加我国内需的厚度，进一步缩小城乡差距，推动实现社会平等，促进公平正义。

1993 年 3 月 29 日，八届全国人大一次会议采用无记名投票的方式，通过了第二个宪法修正案。在本宪法修正案中，宪法序言第七自然段更加完整地表述了党的基本路线，增加了"我国正处于社会主义初级阶段"、"建设有中国特色社会主义的理论"以及"坚持改革开放"等内容。将宪法第十五条关于国家实行计划经济的规定修改为："国家实行社会主义市场经济。""国家加强经济立法，完善宏观调控。"并相应地将宪法第十六条关于"国营企业在服从国家的统一领导和全面完成国家计划的前提下，在法律规定的范围内，有经营管理的自主权"的规定修改为"国有企业在法律规定的范围内有权自主经营"，将宪法第十七条关于"集体经济组织在接受国家计划指导和遵守有关法律的前提下，有独立进行经济活动的自主权"的规定修改为"集体经济组织在遵守有关法律的前提下，有独立进行经济活动的自主权"。删去宪法第八条中的"农村人民公社"，增加规定家庭联产承包责任制的内容。将宪法有关条文中的"国营经济"改为"国有经济"。

中国共产党之所以能够比较自觉地把探索社会主义社会发展阶段的问题提到日程上来，原因是全党全国的工作重心转入经济建设后实行改革开放的实践，提出了认识社会主义发展阶段问题的迫切需要。党的十一届三中全会以后实行的一系列新政策虽然在实践上取得了明显成效，然而在理论上却同过去人们对社会主义的理解发生了冲突，有些人怀疑改革开放的路线和政策是否符合马克思主义，另一些人则否定坚持社会主义方向和道路的必要性。为了坚持推进改革开放，坚持改革开放的社会主义方向，必须从理论上深入开展关于社会主义社会发展阶段问题的研究。

　　新时期党对社会主义发展阶段的认识经历了一个过程。党的十一届三中全会以后不久，邓小平就提出，底子薄、人口多、生产力落后，这是中国的现实国情。强调中国的现代化建设必然是长期的。叶剑英在庆祝新中国成立 30 周年大会的讲话中也指出：我国社会主义制度还处在幼年时期，还不成熟、不完善，在我国实现现代化，必然要有一个初级到高级的过程。1981 年党的十一届六中全会通过的《关于建国以来党的若干历史问题的决议》，第一次提出我国社会主义制度还处于初级阶段。1986 年 9 月中国共产党第十二届中央委员会第六次全体会议通过了《中共中央关于社会主义精神文明建设指导方针的决议》，对这一阶段的精神文明建设等内容作了一定的分析。但总的来说，这三次提出社会主义社会初级阶段或初级发展阶段时，都还没有把它作为建设中国特色社会主义的全局性问题加以把握，因而也还没有把它作为制定党的路线和政策的根本依据加以展开和发挥。

　　党的十三大召开前夕，邓小平强调指出："我们党的十三大要阐述中国社会主义是处在一个什么阶段，就是处在初级阶段，是初级阶段的社会主义。社会主义本身是共产主义的初级阶段，而我们中国又处在社会主义的初级阶段，就是不发达的阶段。一切都要从这个实际出发，根据这个实际来制订规划。"[1] 这个论述，第一次把社会主义初级阶段作为事关全局的基本国情加以把握，明确了这一问题是党制定路线、方针、政策的出发点和根本依据。党的十三大之所以能够把初级阶段问题提到全局高度加以论述，一是因为我们已经有了一段在改革开放中进行社会主义现代化建设的经验；二是因为要继续推进改革开放和现代化建设，必须破除各种思想障碍，从根本上解决对我国社会主义建设出发点问题的认识。党的十三大对社会主义初级阶段和党的基本路线的系统阐述，表明了党对社会主义和中国国情的认识上的一次飞跃。

　　党的十五大进一步强调社会主义初级阶段问题，指出，面对世纪之交

① 邓小平：《一切从社会主义初级阶段的实际出发》，载《邓小平文选》（第三卷），人民出版社1993 年版，第 252 页。

改革攻坚和开创新局面的艰巨任务，我们解决种种矛盾，澄清种种疑惑，认识为什么必须实现现在这样的路线和政策，关键还在于对所处社会主义初级阶段的基本国情要有统一认识和准确把握。正是基于我国现在处于并将长期处于社会主义初级阶段这一基本认识，党的十五大制定了党在社会主义初级阶段的基本纲领，精辟地回答了什么是社会主义初级阶段中国特色社会主义的经济、政治和文化，以及怎样建设这样的经济、政治和文化，进一步统一了全党全国人民的思想。当我国人民生活总体上达到小康水平后，党的十六大指出，我国正处于并将长期处于社会主义初级阶段，现在达到的小康还是低水平的、不全面的、发展很不平衡的小康，巩固和提高目前达到的小康水平，还需要进行长时期的艰苦奋斗。党的十七大进一步指出，经过新中国成立以来特别是改革开放以来的不懈努力，我国取得了举世瞩目的发展成就，从生产力到生产关系、从经济基础到上层建筑都发生了意义深远的重大变化，但我国仍处于并将长期处于社会主义初级阶段的基本国情没有变，人民日益增长的物质文化需要同落后的社会生产之间的矛盾这一社会主要矛盾没有变。

正是由于对社会主义初级阶段的基本国情有了一个科学认识和正确把握，我们才得以成功地走出了一条建设中国特色社会主义的新道路，使社会主义在中国显示出蓬勃生机和活力，使社会主义现代化建设取得了举世瞩目的巨大成就。

社会主义市场经济体制是一种史无前例的体制，也是中外经济学经典中前所未有的一个概念。因此，从理论上说，这是我们党的一个重要的理论创新，是马克思主义中国化的一个光辉典范。从实践上说，这是社会主义经济体制的真正变革，是中国特色社会主义道路探索中的一个伟大创举。

改革开放以后，我们党在解放思想、实事求是的思想路线指导下，坚持实践是检验真理的唯一标准，从社会主义初级阶段的实际出发，认真总结国内外改革和发展的经验教训，大胆突破传统理论观点的束缚，逐步提出和丰富了社会主义市场经济理论。其中，在 1982 年，党的十二大正式提出以计划经济为主、市场调节为辅的观点。1984 年，党的十二届三中全会正式提出社会主义经济是公有制基础上的有计划的商品经济的观点。1987 年，党的十三大正式提出社会主义有计划商品经济的体制应该是计划与市场内在统一的体制的观点。邓小平从 1979 年提出"社会主义也可以搞市场经济"，到 1992 年提出"计划多一点还是市场多一点，不是社会主义与资本主义的本质区别。计划经济不等于社会主义，资本主义也有计划；市场经济不等于资本主义，社会主义也有市场"等重要论断，从根本上破除了市场经济姓"资"、计划经济姓"社"的传统观念，为社会主义市场经济理论的提出和社会主义市场经济体制的建立指明了方向。在上述基础上，1992 年 6 月 9 日，江泽民在中央党校所作的讲话中，首次肯定了"社会主义市场经济体制"的提法。之后，10 月 12 日在党的十四大报告中正式提出："我国经济体制改革的目标是建立社会主义市场经济体制。"从上述社会主义市场经济体制提出的过程来看，可以说，这在我们党的历史上是一次重大的理论突破，也是我国经济体制改革和中国特色社会主义道路探索中的一个非常正确的选择。也正是这一改革方向的正确选择和种种改革举措的步步实施，才使我国经济体制改革进入了制度创新的崭新阶段，从而也有力地推动了我国经济持续多年的高速发展。

国家能够进行强有力的宏观调控，是社会主义市场经济的重要特征之一。实践证明，市场机制固然可以通过生产要素特别是劳动要素在部门间、地区间的流动来调节和平抑收入水平，但市场机制在本质上并不能实现收入的公平分配。效率主要是市场的任务，公平主要是政府的任务。在人类社会和平发展时期，市场经济是最具效率、最能够促进生产力发展的经济制度，"没有市场万万不能"；但是"市场并不是万能的"。因此，中国共产党如果希望拥有驾驭社会主义市场经济的能力，首要的是必须具备有效克服市场经济弊端的能力。这就要求中国共产党在高度重视市场机制在配置资源的基础性作用、坚定不移地坚持改革的市场化取向的同时，必须加强政府治理和宏观调控，有效抑制市场经济的负面影响，创建一种能够避免市场经济负面效应的、具有鲜明社会主义特色的市场经济制度，宏观调控便应运而生。

1999 年 3 月 15 日，九届全国人大二次会议采用无记名投票的方式，通过了第三个宪法修正案。在改革开放方面的主要内容包括：确立了邓小平理论的指导思想地位，增加了依法治国、建设社会主义法治国家的相关规定，增加规定社会主义初级阶段基本经济制度和分配制度，规定了农村集体经济组织实行家庭承包经营为基础、统分结合的双层经营体制，增加规定在法律规定的范围内的个体经济、私营经济等非公有制经济，是社会主义市场经济的重要组成部分。

2004 年 3 月 14 日，第十届全国人大第二次会议采用无记名投票的方式，通过了第四个宪法修正案。在改革开放方面的主要内容包括：推动物质文明、政治文明和精神文明协调发展，明确国家对于发展非公有制经济的方针，完善私有财产保护和土地征用制度，建立健全社会保障制度等。

财产权的入宪，对我国政治生活、经济生活和社会生活产生了重大而深远的影响。一般而言，财产权保障的宪法规范体系包括三重结构，即保障条款、制约条款和损失补偿条款。其中保障条款确定了现代财产权保障制度的一般前提，制约条款则旨在对财产权的保障加诸一种适当的限定，而损失补偿条款进而对这种限定进行制约，从而既维护了不可侵犯条款所确立的前提规范，又为制约条款在整个规范内部提供了恰到好处的缓冲机制。2004 年宪法修正案很好地满足了对财产权的保障要求。第一，对私人财产权的保障更为全面。宪法原有条款对私人财产权的保障，偏重于保障公民的合法收入、储蓄、房屋和其他合法财产的所有权，而轻视了对公民或其他财产权主体的生产资料的保障。另外，宪法原第十三条第一款规定"国家保护公民的合法的收入、储蓄、房屋和其他合法财产的所有权"，而财产所有权只是物权的一种形态，并不包括其他物权的种类，也不包含债权、知识产权等其他财产权。这次宪法修正案改为"公民的合法的私有财产不受侵犯""国家依照法律规定保护公民的私有财产权和继承权"。这就进一步明确了国家对全体公民的合法的私有财产都会给予保护，保护范围既包括生产资料，又包括生活资料。同时，用"财产权"代替原条文中的"所有权"，在权利含义上更加准确、全面。第二，在规范体系中原来缺乏财产权的保障条款和补偿条款，在这次宪法修正案中得到补充。宪法修正案将宪法第十三条"国家保护公民的合法的收入、储蓄、房屋和其他合法财产的所有权""国家依照法律规定保护公民的私有财产的继承权"，修改为："公民的合法的私有财产不受侵犯"，"国家依照法律规定保护公民的私有财产权和继承权"，"国家为了公共利益的需要，可以依照法律规定对公民的私有财产实行征收或者征用并给予补偿"。增加了公民私有财产的保障条款和补偿条款，并且提出了征收的三项条件：一是为了公共利益的目的；二是必须严格依照法律规定的程序；三是必须予以补偿。宪法第十条第三款"国家为了公共利益的需要，可以依照法律规定对土地实行征用"，修改为："国家为了公共利益的需要，可以依照法律规定对土地实行征收或者征用并给予补偿。"这为土地征用规定了补偿条款。我国几个现行法律根据不同情况已经作出了征收或者征用的规定，在宪法中增加规定对私有财产的征收、征用制度，为在具体法律中进一步完善相关制度提供了宪法依据，有利于正确处理私有财产保护和公共利益需要之间的关系。

财产权入宪有着重要的意义。首先，有利于坚持和完善我国社会主义初级阶段基本经济制度，促进非公有制经济发展。个体、私营等非公有制经济是社会主义市场经济的重要组成部分，是促进社会生产力发展的重要力量。发展非公有制经济和保护私有财产权之间有着密切联系。只有承认和保护私有财产权，才能产生和发展非公有制经济。在宪法中进一步加强对公民的合法的私有财产的保护，可以鼓励公民从事个体工商业和创办企业，还可以使现有的个体工商户和私营业主放心大胆地搞经营、谋发展，也有利于引进和吸收海外资本，解除非公有制经济发展的后顾之忧。其次，有利于调动广大人民群众全面建设小康社会的积极性和创造性。财产权体现了对公民个人合法的物质利益的保护，以及对追求个人合法物质利益的肯定，可以促使人们追求和创造财富。我国宪法保护私有财产，显然有利于极大地调动人们创造物质财富的积极性、创造性和主动性，鼓励个人合法致富、勤劳致富，增加公民的家庭财产，使人们的生活殷实起来，从而促进全面建设小康社会目标的实现。

社会保障制度是在政府的管理之下，以国家为主体，依据一定的法律和规定，通过国民收入的再分配，以社会保障基金为依托，对公民在暂时或者永久性失去劳动能力以及由于各种原因致使生活发生困难时给予物质帮助，用以保障居民的最基本的生活需要。社会保障制度是通过集体投保、个人投保、国家资助、强制储蓄的办法筹集资金，国家对生活水平达不到最低标准者实行救助，对暂时或永久失去劳动能力的人提供基本生活保障，逐步增进全体社会成员的物质和文化福利，保持社会安定，促进经济增长和社会进步。社会保障制度是国家通过立法而制定的社会保险、救助、补贴等一系列制度的总称，是现代国家最重要的社会经济制度之一。其作用在于保障全社会成员基本生存与生活需要，特别是保障公民在年老、疾病、伤残、失业、生育、死亡、遭遇灾害、面临生活困难时的特殊需要，由国家通过国民收入分配和再分配实现。由社会福利、社会保险、社会救助、社会优抚和安置等各项不同性质、作用和形式的社会保障制度构成整个社会保障体系。现代国家必须制定社会保障法律规范，保证社会保障制度真正得到贯彻实施。

社会保障制度可为市场经济的正常运行提供良好的社会环境和保证条件。这是因为，市场经济遵循价值规律的要求运行，价值规律和市场机制作用的结果，一方面促进了经济效益的提高和生产的发展，另一方面又会导致在收入分配上存在较大差距，一部分人收入很高，生活富裕，一部分人收入很低，陷入贫困的境地。同时，由于优胜劣汰的竞争规律的作用，使部分企业破产，工人失业，一部分人陷入生活无着的困境。由此可见，市场经济自发向效率倾斜，并不能自发地实现社会公平分配。而收入分配不公，是社会不稳定的隐患。

在市场经济条件下建立和完善社会保障制度，通过收入再分配兼顾到社会公平，能起到维护社会稳定和安全的作用，为改革和发展提供保证。同时，社会保障制度可以分散劳动者可能遇到的各种风险，也是对市场经济缺陷的一种弥补。此外，在市场经济条件下，劳动力作为主要的生产要素，需要在不同地区、不同所有制的企业合理流动，如果没有社会化的社会保障制度为劳动者提供养老、医疗、失业等保障，劳动力就无法流动，劳动力资源的合理配置就难以实现。建立和完善社会保障体系，有利于保证劳动力平等地进入市场，参加竞争，使劳动力资源得到充分开发和合理利用，以维护经济更快更好地发展。

我国原有的保障制度，是企业保障制度。在这种制度之下，一切保障费用均由企业自行筹措和负担，而各个企业发生风险的人数有多有少，退休人员与在职职工的比例有高有低，发生的风险的程度有大有小，因而在保障费用的负担上畸轻畸重。在这种情况下，企业不可能平等竞争。建立和完善社会保障制度，可以帮助企业卸掉包袱、轻装上阵，为企业创造平等的竞争条件。同时，实行社会保障制度，企业为职工缴纳的社会保障费用的费率是统一的，这就均衡了各个企业社会保障费用的负担，为企业提供了平等竞争的条件。此外，竞争必然导致优胜劣汰，通过社会保障能使失业者的基本生活得到保障，从而为企业竞争和资源优化组合配置提供良好的外部环境，促进经济的发展。

劳动者在劳动中可能发生工伤风险、疾病风险和失业风险，女职工可能要生育子女。这将使部分职工丧失劳动能力和劳动岗位，失去和减少维持生活的收入来源。此外，劳动者也必然会由青年走向壮年，最后步入老年而丧失劳动能力。如果这些人的基本生活得不到保障，他们就难以生存下去，必将影响到社会的稳定和发展。建立和完善社会保障制度，就使劳动者在暂时或永久丧失劳动能力之时，可以获得社会给予的物质帮助和保障，能够正常地继续生存下去。这就解除了劳动者的后顾之忧，有利于调动职工的劳动积极性，有利于社会的稳定。可见，社会保障制度是社会和经济发展的"稳定器"。

建设一个民主法治、公平正义、诚信友爱、充满活力、安定有序、人与自然和谐相处的社会主义和谐社会，是我国各族人民的共同愿望。构建社会主义和谐社会，客观上要求我们更加注重解决困难群众的社会保障问题，使广大人民群众都能够分享到经济增长、社会进步和改革开放的成果。社会保障制度在调节收入分配、维护社会公平、保障社会成员的基本人权和社会权利、促进社会和谐等诸方面发挥着至关重要的作用，是其他制度所难以替代的，尤其是在经济转型时期，我国还存在不少影响社会和谐的矛盾和问题，如就业难、就医难、读书难、贫困等关系群众切身利益的问题。建立和完善社会保障制度，有利于化解社会矛盾，消除社会不和谐的因素，促进社会和谐。

2018 年 1 月 18 日至 19 日，中国共产党第十九届中央委员会第二次全体会议审议并通过了《中共中央关于修改宪法部分内容的建议》，习近平总书记作了重要讲话，张德江就建议草案向全会作了说明。1 月 26 日，中共中央向全国人大常委会提出《中国共产党中央委员会关于修改宪法部分内容的建议》。1 月 29 日至 30 日，第十二届全国人大常委会召开第三十二次会议，中共中央政治局常委、宪法修改小组副组长栗战书受中共中央委托，就中央修宪建议向常委会作了说明。会议讨论了中央修宪建议，一致表示坚决拥护党中央关于宪法修改工作的决策部署，一致赞同党中央确定的这次宪法修改的总体要求和原则，一致认为中央修宪建议是成熟的。受委员长会议委托，全国人大常委会法制工作委员会以中央修宪建议为基础，拟订了《中华人民共和国宪法修正案（草案）》和《全国人民代表大会常务委员会关于提请审议〈中华人民共和国宪法修正案（草案）〉的议案》；经会议审议和表决，决定将宪法修正案（草案）提请十三届全国人大一次会议审议。3 月 11 日，十三届全国人大一次会议在人民大会堂举行第三次全体会议，经投票表决，最终通过《中华人民共和国宪法修正案》。

本次宪法修改的总要求是：高举中国特色社会主义伟大旗帜，全面贯彻党的十九大精神，坚持以马克思列宁主义、毛泽东思想、邓小平理论、"三个代表"重要思想、科学发展观、习近平新时代中国特色社会主义思想为指导，坚持党的领导、人民当家作主、依法治国有机统一，把党的十九大确定的重大理论观点和重大方针政策特别是习近平新时代中国特色社会主义思想载入国家根本法，体现党和国家事业发展的新成就新经验新要求，在总体保持我国宪法连续性、稳定性、权威性的基础上推动宪法与时俱进、完善发展，为新时代坚持和发展中国特色社会主义、实现"两个一百年"奋斗目标和中华民族伟大复兴的中国梦提供有力宪法保障。

本次宪法修改坚持了四项原则：

一是坚持党对宪法修改的领导。坚持党中央集中统一领导，增强政治意识、大局意识、核心意识、看齐意识，坚定中国特色社会主义道路自信、理论自信、制度自信、文化自信，坚定不移走中国特色社会主义政治发展道路和中国特色社会主义法治道路，把坚持党中央集中统一领导贯穿于宪法修改全过程，确保宪法修改的正确政治方向。

二是严格依法按程序推进宪法修改。宪法第六十四条对宪法修改作出了明确规定。在党中央领导下，通过历次宪法修改实践，已经形成了符合宪法精神、行之有效的修宪工作程序和机制。先形成《中共中央关于修改宪法部分内容的建议（草案）》，经党中央全会审议和通过；再依法形成《中华人民共和国宪法修正案（草案）》，由全国人大常委会提请全国人民代表大会审议和通过。

三是充分发扬民主、广泛凝聚共识。宪法修改关系全局，影响广泛而深远，既要适应党和人民事业发展要求，又要遵循宪法法律发展规律。做好宪法修改工作，必须贯彻科学立法、民主立法、依法立法的要求，充分发扬民主，广泛凝聚共识，注重从政治上、大局上、战略上分析问题，注重从宪法发展的客观规律和内在要求上思考问题。

四是坚持对宪法作部分修改、不作大改。我国现行宪法是一部好宪法。对各方面普遍要求修改、实践证明成熟、具有广泛共识、需要在宪法上予以体现和规范、非改不可的，进行必要的、适当的修改；对不成熟、有争议、有待进一步研究的，不作修改；对可改可不改、可以通过有关法律或者宪法解释予以明确的，原则上不作修改，保持宪法的连续性、稳定性、权威性。

本次宪法修改，主要内容包括以下几个方面：

（1）确立科学发展观、习近平新时代中国特色社会主义思想在国家政治和社会生活中的指导地位。宪法修正案（草案）将宪法序言第七自然段中"在马克思列宁主义、毛泽东思想、邓小平理论和'三个代表'重要思想指引下"修改为"在马克思列宁主义、毛泽东思想、邓小平理论、'三个代表'重要思想、科学发展观、习近平新时代中国特色社会主义思想指引下"。同时，在"自力更生，艰苦奋斗"前增写"贯彻新发展理念"。主要考虑是：科学发展观是党的十六大以来以胡锦涛为主要代表的中国共产党人推进马克思主义中国化的重大成果，党的十八大党章修正案已经将其确立为党的指导思想。习近平新时代中国特色社会主义思想是马克思主义中国化最新成果，是党和人民实践经验和集体智慧的结晶，是中国特色社会主义理论体系的重要组成部分，是全党全国人民为实现中华民族伟大复兴而奋斗的行动指南，是党的十八大以来党和国家事业取得历史性成就、发生历史性变革的根本理论指引，其政治意义、理论意义、实践意义已被实践所充分证明，在全党全国人民中已经形成高度共识。党的十九大党章修正案已经将其确立为党的指导思想。在宪法中把科学发展观、习近平新时代中国特色社会主义思想同马克思列宁主义、毛泽东思想、邓小平理论、"三个代表"重要思想写在一起，确立其在国家政治和社会生活中的指导地位，反映了全国各族人民的共同意愿，体现了党的主张和人民意志的统一，明确了全党全国人民为实现中华民族伟大复兴而奋斗的共同思想基础，具有重大的现实意义和深远的历史意义。

创新、协调、绿色、开放、共享的新发展理念是党的十八大以来以习近平同志为核心的党中央推动我国经济发展实践的理论结晶，是习近平新时代中国特色社会主义经济思想的主要内容，必须长期坚持、不断丰富发展。把"新发展理念"写入宪法，有利于从宪法上确认这一重要理论成果，更好发挥其在决胜全面建成小康社会，开启全面建设社会主义现代化国家新征程中对我国经济发展的重要指导作用。

（2）调整充实中国特色社会主义事业总体布局和第二个百年奋斗目标的内容。宪法修正案（草案）将宪法序言第七自然段中"推动物质文明、政治文明和精神文明协调发展，把我国建设成为富强、民主、文明的社会主义国家"修改为"推动物质文明、政治文明、精神文明、社会文明、生态文明协调发展，把我国建设成为富强民主文明和谐美丽的社会主义现代化强国，实现中华民族伟大复兴"。与此相适应，在宪法第三章《国家机构》第三节第八十九条第六项"领导和管理经济工作和城乡建设"后面，增加"生态文明建设"的内容。主要考虑是：从物质文明、政治文明和精神文明协调发展到物质文明、政治文明、精神文明、社会文明、生态文明协调发展，是我们党对社会主义建设规律认识的深化，是对中国特色社会主义事业总体布局的丰富和完善。把我国建设成为富强民主文明和谐美丽的社会主义现代化强国，实现中华民族伟大复兴，是党的十九大确立的奋斗目标。作这样的修改，在表述上与党的十九大报告相一致，有利于引领全党全国人民把握规律、科学布局，在新时代不断开创党和国家事业发展新局面，齐心协力为实现"两个一百年"奋斗目标、实现中华民族伟大复兴的中国梦而不懈奋斗。

（3）完善依法治国和宪法实施举措。宪法修正案（草案）将宪法序言第七自然段中"健全社会主义法制"修改为"健全社会主义法治"。主要考虑是：从健全社会主义法制到健全社会主义法治，是我们党依法治国理念和方式的新飞跃。作这样的修改，有利于推进全面依法治国，建设中国特色社会主义法治体系，加快实现国家治理体系和治理能力现代化，为党和国家事业发展提供根本性、全局性、稳定性、长期性的制度保障。同时，在宪法第一章《总纲》第二十七条增加一款，作为第三款："国家工作人员就职时应当依照法律规定公开进行宪法宣誓。"主要考虑是：全国人民代表大会常务委员会已于2015年7月1日通过了关于实行宪法宣誓制度的决定，不久前全国人大常委会又作了修订，将宪法宣誓制度在宪法中确认下来，有利于促使国家工作人员树立宪法意识、恪守宪法原则、弘扬宪法精神、履行宪法使命，也有利于彰显宪法权威，激励和教育国家工作人员忠于宪法、遵守宪法、维护宪法，加强宪法实施。

（4）充实完善我国革命和建设发展历程的内容。宪法修正案（草案）将宪法序言第十自然段中"在长期的革命和建设过程中"修改为"在长期的革命、建设、改革过程中"；将宪法序言第十二自然段中"中国革命和建设的成就是同世界人民的支持分不开的"修改为"中国革命、建设、改革的成就是同世界人民的支持分不开的"。作这些修改，党和人民团结奋斗的光辉历程就更加完整。

（5）充实完善爱国统一战线和民族关系的内容。宪法修正案（草案）将宪法序言第十自然段中的"包括全体社会主义劳动者、社会主义事业的建设者、拥护社会主义的爱国者和拥护祖国统一的爱国者的广泛的爱国统一战线"修改为"包括全体社会主义劳动者、社会主义事业的建设者、拥护社会主义的爱国者、拥护祖国统一和致力于中华民族伟大复兴的爱国者的广泛的爱国统一战线"。主要考虑是：实现中华民族伟大复兴的中国梦已经成为团结海内外中华儿女的最大公约数。实现中国梦，需要凝聚各方面的力量共同奋斗。只有把全体社会主义劳动者、社会主义事业的建设者、拥护社会主义的爱国者、拥护祖国统一和致力于中华民族伟大复兴的爱国者都团结起来、凝聚起来，实现中国梦才能获得强大持久广泛的力量支持。将宪法序言第十一自然段中"平等、团结、互助的社会主义民族关系已经确立，并将继续加强"修改为"平等团结互助和谐的社会主义民族关系已经确立，并将继续加强"。与此相适应，将宪法第一章《总纲》第四条第一款中"维护和发展各民族的平等、团结、互助关系"修改为"维护和发展各民族的平等团结互助和谐关系"。主要考虑是：巩固和发展平等团结互助和谐的社会主义民族关系，是党的十八大以来以习近平同志为核心的党中央反复强调的一个重要思想。作这样的修改，有利于铸牢中华民族共同体意识，加强各民族交往交流交融，促进各民族和睦相处、和衷共济、和谐发展。

（6）充实和平外交政策方面的内容。宪法修正案（草案）在宪法序言第十二自然段中"中国坚持独立自主的对外政策，坚持互相尊重主权和领土完整、互不侵犯、互不干涉内政、平等互利、和平共处的五项原则"后增加"坚持和平发展道路，坚持互利共赢开放战略"；将"发展同各国的外交关系和经济、文化的交流"修改为"发展同各国的外交关系和经济、文化交流，推动构建人类命运共同体"。作这样的修改，有利于正确把握国际形势的深刻变化，顺应和平、发展、合作、共赢的时代潮流，统筹国内国际两个大局、统筹发展安全两件大事，为我国发展拓展广阔的空间、营造良好的外部环境，为维护世界和平、促进共同发展作出更大贡献。

（7）充实坚持和加强中国共产党全面领导的内容。宪法修正案（草案）在宪法第一章《总纲》第一条第二款"社会主义制度是中华人民共和国的根本制度"后增写一句，内容为"中国共产党领导是中国特色社会主义最本质的特征"。主要考虑是：中国共产党是执政党，是国家的最高政治领导力量。中国共产党领导是中国特色社会主义最本质的特征，是中国特色社会主义制度的最大优势。宪法从社会主义制度的本质属性角度对坚持和加强党的全面领导进行规定，有利于在全体人民中强化党的领导意识，有效把党的领导落实到国家工作全过程和各方面，确保党和国家事业始终沿着正确方向前进。

（8）增加倡导社会主义核心价值观的内容。宪法修正案（草案）将宪法第一章《总纲》第二十四条第二款中"国家提倡爱祖国、爱人民、爱劳动、爱科学、爱社会主义的公德"修改为"国家倡导社会主义核心价值观，提倡爱祖国、爱人民、爱劳动、爱科学、爱社会主义的公德"。主要考虑是：社会主义核心价值观是当代中国精神的集中体现，凝结着全体人民共同的价值追求。作这样的修改，贯彻了党的十九大精神，有利于在全社会树立和践行社会主义核心价值观，巩固全党全国各族人民团结奋斗的共同思想道德基础。

（9）修改国家主席任职方面的有关规定。宪法修正案（草案）将宪法第三章《国家机构》第七十九条第三款"中华人民共和国主席、副主席每届任期同全国人民代表大会每届任期相同，连续任职不得超过两届"中"连续任职不得超过两届"删去。主要考虑是：这次征求意见和在基层调研过程中，许多地区、部门和广大党员干部群众一致呼吁修改宪法中国家主席任职期限的有关规定。党的十八届七中全会和党的十九大召开期间，与会委员代表在这方面的呼声也很强烈。大家一致认为，目前，党章对党的中央委员会总书记、党的中央军事委员会主席，宪法对中华人民共和国中央军事委员会主席，都没有作出"连续任职不得超过两届"的规定。宪法对国家主席的相关规定也采取上述做法，有利于维护以习近平同志为核心的党中央权威和集中统一领导，有利于加强和完善国家领导体制。

（10）增加设区的市制定地方性法规的规定。宪法修正案（草案）在宪法第三章《国家机构》第一百条增加一款，作为第二款："设区的市的人民代表大会和它们的常务委员会，在不同宪法、法律、行政法规和本省、自治区的地方性法规相抵触的前提下，可以依照法律规定制定地方性法规，报本省、自治区人民代表大会常务委员会批准后施行。"增加这一规定，有利于设区的市在宪法法律的范围内，制定体现本行政区域实际的地方性法规，更为有效地加强社会治理、促进经济社会发展，也有利于规范设区的市制定地方性法规的行为。

（11）增加有关监察委员会的各项规定。为了贯彻和体现深化国家监察体制改革的精神，为成立监察委员会提供宪法依据，宪法修正案（草案）在宪法第三章《国家机构》第六节后增加一节，作为第七节"监察委员会"，就国家监察委员会和地方各级监察委员会的性质、地位、名称、人员组成、任期任届、领导体制、工作机制等作出规定。与此相适应，还作了如下修改。①将宪法第一章《总纲》第三条第三款中"国家行政机关、审判机关、检察机关都由人民代表大会产生"修改为"国家行政机关、监察机关、审判机关、检察机关都由人民代表大会产生"。②将宪法第三章《国家机构》第六十五条第四款"全国人民代表大会常务委员会的组成人员不得担任国家行政机关、审判机关和检察机关的职务"修改为"全国人民代表大会常务委员会的组成人员不得担任国家行政机关、监察机关、审判机关和检察机关的职务"。③将宪法第三章《国家机构》第一百零三条第三款"县级以上的地方各级人民代表大会常务委员会的组成人员不得担任国家行政机关、审判机关和检察机关的职务"修改为"县级以上的地方各级人民代表大会常务委员会的组成人员不得担任国家行政机关、监察机关、审判机关和检察机关的职务"。④在宪法第三章《国家机构》第六十二条第六项后增加一项，内容为"选举国家监察委员会主任"；

在宪法第六十三条第三项后增加一项，内容为"国家监察委员会主任"；在宪法第六十七条第六项中增加"国家监察委员会"；在宪法第六十七条第十项后增加一项，内容为"根据国家监察委员会主任的提请，任免国家监察委员会副主任、委员"。⑤将宪法第三章《国家机构》第一百零一条第二款中的"县级以上的地方各级人民代表大会选举并且有权罢免本级人民法院院长和本级人民检察院检察长"修改为"县级以上的地方各级人民代表大会选举并且有权罢免本级监察委员会主任、本级人民法院院长和本级人民检察院检察长"；将宪法第一百零四条中的"监督本级人民政府、人民法院和人民检察院的工作"修改为"监督本级人民政府、监察委员会、人民法院和人民检察院的工作"。⑥删去宪法第三章《国家机构》第八十九条第八项"领导和管理民政、公安、司法行政和监察等工作"中的"和监察"。删去宪法第一百零七条第一款"县级以上地方各级人民政府依照法律规定的权限，管理本行政区域内的经济、教育、科学、文化、卫生、体育事业、城乡建设事业和财政、民政、公安、民族事务、司法行政、监察、计划生育等行政工作"中的"监察"。作上述修改，反映了党的十八大以来深化国家监察体制改革的成果，贯彻了党的十九大关于健全党和国家监督体系的部署，也反映了设立国家监察委员会和地方各级监察委员会后，全国人民代表大会及其常务委员会和地方各级人民代表大会及其常务委员会、国务院和地方各级人民政府职权的新变化以及工作的新要求。

本次宪法修改是党中央从新时代坚持和发展中国特色社会主义全局和战略高度作出的重大决策。自2004年修改宪法以来，党和国家事业又有了许多重要发展变化，特别是党的十八大以来，以习近平同志为核心的党中央团结带领全党全国各族人民毫不动摇坚持和发展中国特色社会主义，创立了习近平新时代中国特色社会主义思想，统筹推进"五位一体"总体布局、协调推进"四个全面"战略布局，推进党的建设新的伟大工程，推动党和国家事业取得历史性成就、发生历史性变革。党的十九大对新时代坚持和发展中国特色社会主义作出了重大战略部署，确定了新的奋斗目标。为全面贯彻党的十九大精神、更好地发挥宪法在新时代坚持和发展中国特色社会主义中的重大作用，需要对宪法作出适当修改，把党和人民在实践中取得的重大理论创新、实践创新、制度创新成果上升为宪法规定。

本次宪法修改是推进全面依法治国、推进国家治理体系和治理能力现代化的重大举措。全面依法治国是党治国理政的基本方略，是实现国家治理现代化的重要依托。习近平总书记强调，没有全面依法治国，我们就治不好国、理不好政，我们的战略布局就会落空。必须坚持把依法治国作为党领导人民治理国家的基本方略、把法治作为治国理政的基本方式，不断把法治中国建设推向前进。坚持依法治国首先要坚持依宪治国，坚持依法执政首先要坚持依宪执政。完善以宪法为核心的中国特色社会主义法律体系，是全面推进依法治国的必然要求，是完善和发展中国特色社会主义制度、推进国家治理体系和治理能力现代化的重大举措。

本次宪法修改是党领导人民建设中国特色社会主义实践发展的必然要求。我国宪法以国家根本法的形式，确认了党领导人民进行革命、建设和改革的伟大斗争和根本成就，确立了国体和政体等国家的根本制度，确立了国家的根本任务、领导核心、指导思想、发展道路、奋斗目标等国家生活中带有全局性、根本性的问题。中国特色社会主义进入新时代，这是我国发展新的历史方位。我国宪法应该坚持与时俱进，更好体现党和国家事业发展的新成就、新经验、新要求。根据新时代坚持和发展中国特色社会主义的新形势、新任务，对我国宪法作出适当修改是必须的、适时的，既符合宪法发展规律，也符合时代发展和实践的需要。